古本屋ツアー・イン・首都圏沿線

小山力也

本の雑誌社

まえがき

首都とは一国の中央政府がある都市のことである。そして首都圏とは、一説によれば日本の場合、東京都・神奈川県・埼玉県・千葉県の範囲を指している。その首都には、首都だからこそ人が集まり、様々なものが集まり、ワンサカ固まっている。もちろん古本屋もである。

この本では、首都圏に網の目のように走る鉄道路線を基本として、その沿線に並ぶ古本屋を紹介している。まずは首都圏全体を五つのエリアに分け、【東京エリア】【東京～神奈川方面】【東京～埼玉方面】【東京～千葉・茨城方面】【地下鉄エリア】とした。そこからだいたい東京方面を起点として、神奈川県は県立大学駅や小田原駅まで。東京都は町田駅や高尾駅まで。埼玉県は飯能駅や本川越駅や大宮駅まで。千葉県は千葉駅や我孫子駅まで。茨城県はつくば駅までのお店を取り上げている。

各路線ごとに、主だった駅にある、主だった店（個人的見解による）については詳細に紹介し、それ以外のお店については魂を込めて端的に特徴や特性を紹介している。神保町古本屋街を除いた、その数およそ700店。もちろん純粋な古本屋だけでなく、古本を置いている他業種のお店や兼業も含まれている。

この本を携え街に出て、掲載店を訪ねれば、もう小さな旅は始まっている。一店見終わったら、さらにひとつ先の駅へ。そんなことを繰り返し、古本屋をハシゴして行けば、今まで行ったことのない、意外に身近な新天地に、いつの間にかたどり着いていることだろう。

さぁ、電車に乗って、古本屋へ！

◉目次

3 埼玉エリア

4 千葉・茨城エリア

5 地下鉄エリア

首都圏沿線古本屋一覧

JR中央線

東京
八重洲ブックセンター アウトレットブックコーナー
大久保
修文書房
市ヶ谷
六本脚
飯田橋
Arteria
新宿
disk union シネマ館 BIBLIOPHILIC & book union 新宿
中野
観覧舎
古書うつつ
古書ワタナベ
タコシェ
ブックス・ロンド社
古本案内処
まんだらけ中野店
高円寺
藍書店
アニマル洋子
アバッキオ
Amleteron
越後屋書店
えほんやるすばんばんするかいしゃ
円盤
大石書店
五十歩百歩
古書サンカクヤマ
ゴジラや
コミックスコレクターズ
古書十五時の犬
七星堂古書店
中央書籍
都丸書店
BLIND BOOKS
古本酒場コクテイル
阿佐ヶ谷
銀星舎
古書コンコ堂
千章堂書店
ネオ書房
古本ブック流通センター
穂高書房
ゆたか。書房
荻窪
岩森書店
ささま書店
象のあし書店
竹中書店
竹陽書房
6次元
西荻窪
花鳥風月
かんばら書房
古書音羽館
古書西荻モンガ堂
盛林堂書房
待晨堂
TIMELESS
中野書店
にわとり文庫
ねこの手書店
のまど
比良木屋
古本バル月よみ堂
beco cafe
忘日舎
吉祥寺
青と夜ノ空
すうさい堂
外口書店
バサラブックス
百年
藤井書店
古本センター
古本よみた屋
Main Tent
三鷹
上々堂
水中書店
点滴堂
フォスフォレッセンス
BOOKS三鷹
無人古本屋BOOK ROAD
武蔵境
境南堂
浩仁堂
BOOKS バリオ
プリシアター・ポストシアター
東小金井
BOOK・ノーム
武蔵小金井
中央書房
古本ジャンゴ
古本はてな倶楽部
国分寺
国分寺超山田堂
才谷屋書店
中央書房支店
古本雲波
まどそら堂
ら・ぶかにすと
国立
銀杏書房
ブックステーション門
みちくさ書店
ユマニテ書店
立川
地球堂書店
八王子
佐藤書房
田中書店
まつおか書房
有隣堂セレオ八王子店アウトレットブック
西八王子
散田書房
さわやか記念文庫
古本一歩堂
高尾
高尾文雅堂書店

JR八高線

東福生
Good King's

JR山手線

池袋
光芳書店
古書往来座
夏目書房
八勝堂書店
Budo Shop
平和堂書店
大塚
ペンギン堂雑貨店
駒込
古書ミヤハシ駒込店
停車場
パックレコードとしょしつ
田端
古本屋の中村
日暮里
古書信天翁
BOOK BOY 日暮里店
峯尾文泉堂
上野
U-BOOK 上野店
有楽町
宝塚アン
新橋
交通書房
五反田
Good Day Books
目黒
弘南堂書店
恵比寿
Selecao
トップ書房
渋谷
國學院大学生協
古書アップリンク
古書サンエー
SUNDAY ISSUE
巽堂書店
東塔堂
中村書店
Flying Books
まんだらけ 渋谷店
高田馬場
BOOK TASTE
ふるほん横丁（芳林堂書店）
マイルストーン
目白
貝の小鳥
ポポタム

京王線

笹塚
BAKU
下高井戸
古書豊川堂
TRASMUNDO
ポポ
八幡山
カルチャーステーション
グランマーズ
千歳烏山
イカシェ天国
仙川
ツヅキ堂書店 仙川店
文紀堂書店
つつじヶ丘
手紙舎
調布
タイムマシーン
古本海ねこ
円居
西調布
ブックスタジアム
ブックランド
府中
木内書店
古書夢の絵本堂
聖蹟桜ヶ丘
博蝶堂書店聖蹟桜ヶ丘店

京王高尾線

山田
池畑書店

京王井の頭線

駒場東大前
河野書店
池ノ上
由縁堂書店
東松原
瀧堂
永福町
エーワンブック永福町店
ドエル書房
三鷹台
ばくの店

小田急線

代々木八幡
SO BOOKS
リズム&ブックス
代々木上原
Los Papelotes
下北沢
いーはとーぼ
気流舎
クラリスブックス
古書ビビビ
July Books
白樺書院
DARWIN ROOM
Brown's Book&Cafe
ほん吉
メンヨウブックス
豪徳寺
玄華書房
靖文堂書店
経堂
うつきい
遠藤書店
小野田書房
大河堂書店
祖師ヶ谷大蔵
祖師谷書房
文成堂書店
成城学園前
キヌタ文庫
喜多見
古本林書店
狛江
ふる本屋狛江店
登戸
ツヅキ堂書店登戸店
百合ヶ丘
ざりがに堂
玉川学園前
Books三十郎
町田
高原書店
小田急相模原
ツヅキ堂書店 相模原店
二の橋書店
相武台前
青木書店
海老名
えびな平和書房
東海大学前
ZONE
BOOK ECO
渋沢
ブックキングダム

小田急多摩線
- **小田急永山** あしたやみどり／佐伯書店

小田急江ノ島線
- **大和** 古本市場
- **本鵠沼** 古南文庫

東急田園都市線
- **池尻大橋** e-Books／江口書店／山陽書店
- **三軒茶屋** SOMETIME／TROPE
- **駒沢大学** SNOW SHOVELING
- **用賀** からさわ書店／古書月世界
- **高津** 小松屋書店
- **溝の口** 明誠書房／綿屋明誠堂
- **梶が谷** グリーンブック／橘リサイクルコミュニティセンター
- **青葉台** 博蝶堂書店

東急世田谷線
- **若林** 十二月文庫
- **松陰神社前** nostos books
- **上町** 林書店 上町店

東急東横線
- **代官山** STRANGE STORE／蔦屋書店／nostos books 代官山店
- **中目黒** COW BOOKS／杉野書店／デッサン
- **祐天寺** 北上書房
- **学芸大学** 飯島書店／SUNNYBOY BOOKS／BOOK&SONS／古本遊戯 流浪堂
- **都立大学** 博文堂書店／ROOTS BOOKS
- **自由が丘** 東京書房／西村文生堂
- **田園調布** 古書肆 田園りぶらりあ
- **新丸子** 甘露書房
- **元住吉** 凸っと凹っと／ブックサーカス motto店
- **日吉** ダダ書房／BOOK JOY
- **綱島** FEEVER BUG
- **大倉山** Libnos 横浜大倉山店
- **白楽** 相原書店／小山書店／高石書店／Tweed Books／鐵塔書院
- **反町** 孫悟空／ひだ文庫

みなとみらい線
- **馬車道** 誠文堂書店
- **元町・中華街** 関帝堂書店

東急目黒線
- **武蔵小山** 九曜書房／HEIMAT CAFE
- **洗足** BOOKOPEN
- **大岡山** 金華堂書店／タヒラ堂書店／古本カフェ ロジの木／ふるほん現代屋
- **奥沢** PINNANCE BOOKS／ふづき書店

東急大井町線
- **下神明** 星野書店
- **中延** 源氏書房
- **九品仏** D&DEPARTMENT／木鶏堂書店

東急多摩川線
- **鵜の木** ブックマート村上書店
- **矢口渡** ひと葉書房

東急池上線
- **戸越銀座** 小川書店 平塚店
- **旗の台** みやこ書房

JR根岸線
- **桜木町** 天保堂苅部書店／古本ちかいち
- **関内** 活刻堂／川崎書店／なぎさ書房
- **石川町** books & things green point
- **山手** 一寒堂書店／自然林／BOOK STAR／古本イケダ
- **根岸** たちばな書房
- **新杉田** 神保書店
- **洋光台** 公文堂書店日野店
- **港南台** ぽんぽん船 港南台店

JR横須賀線
- **鎌倉** ウサギノフクシュウ／鎌倉キネマ堂／公文堂書店／古書藝林荘／ヒグラシ文庫／books moblo／游古洞
- **逗子** 古本イサドととら堂
- **東逗子** 海風舎

JR京浜東北線
- **大井町** 海老原書店／松林堂書店
- **大森** 松村書店
- **蒲田** 石狩書房／一方堂書林／南天堂書店 蒲田店
- **鶴見** 閑古堂／西田書店

JR東海道線
- **川崎** 大島書店 追分店／近代書房／ブックスマッキー 川崎店／朋翔堂
- **横浜** 喫茶へそまがり
- **戸塚** ブックサーカス 戸塚モディ店・トッカーナ店／ブックショップすずらん
- **藤沢** 湘南堂ブックサーカス 藤沢／太虚堂書店 藤沢駅北口支店／葉山古本店／光書房／古本小屋本店／ぽんぽん船 藤沢店／リブックス 藤沢店
- **辻堂** tiny zoo／古本の店 つじ堂／洋行堂
- **茅ヶ崎** 書肆楠の木／古本大學 茅ヶ崎店／古本屋パラレル／MOKICHI
- **平塚** 萬葉堂書店
- **鴨宮** 古書店 楽々堂
- **小田原** お濠端古書店／高野書店／猫企画

京急本線
- **新馬場** 街道文庫／古書わらべ
- **青物横丁** 古本うさぎ書林
- **梅屋敷** ブックアニマル 梅屋敷店
- **京急蒲田** ディーン 蒲田店
- **鶴見市場** 普賢堂書店
- **戸部** 古書 翰林書房
- **日ノ出町** 黄金町アートブックバザール
- **黄金町** 紅葉堂長倉屋書店／誠和堂書店／たけうま書房／バイアップ／博文堂書店／BOOKS Garage
- **南太田** 久保田書店
- **井土ケ谷** 駄菓子屋ばぁば
- **弘明寺** パンドラブックス
- **上大岡** 読書館 上大岡店／ホンキッズ
- **杉田** ふるほん村 杉田店
- **金沢文庫** INFINITYぶっくす
- **横須賀中央** 市川書店／沙羅書店／BOOKS2106
- **県立大学** 港文堂書店

京急逗子線
- **新逗子** 勿忘草

京急空港線
- **大鳥居** マンガハウス
- **穴守稲荷** BOOK&BAR 羽月

相鉄線
- **西横浜** 三田商店
- **鶴ヶ峰** 文教堂書店
- **二俣川** 友書房

JR南武線
- **浜川崎** 若木屋
- **尻手** 福書房
- **鹿島田** 南天堂書店 鹿島田店
- **矢野口** ブックランド 稲城店
- **府中本町**

落兵衛図書園

JR横浜線

大口
遊人

淵野辺
晶美堂りら書店

相模原
博蝶堂書店相模原2号店

橋本
白山書店

JR相模線

上溝
博蝶堂書店相模原3号店

西武新宿線

中井
onakasuita

新井薬師前
BOOK GARAGE
文林堂書店

沼袋
天野書店
BOOK LIFE沼袋店

都立家政
大村書店
ブックマート都立家政店

鷺ノ宮
うつぎ書房

上井草
SLOPE

武蔵関
えほんのがっこう
古本工房セイレーン

西武柳沢
エーワンブック保谷店

花小金井
ねこじたゴリラ堂

久米川
下井草書房
ブックステーション久米川店

東村山
きりん館
なごやか文庫

所沢
ブックブック所沢店

航空公園
古書つくし

新所沢
午後の時間割
祥文堂書店

狭山市
北村書店
BOOKS ACT-1

新狭山
狭山書店

本川越
古本カフェ Agosto

西武国分寺線

鷹の台
KIKI RECORD
古本ゆめや
みどり文庫

西武拝島線

玉川上水
清水書店

西武池袋線

椎名町
古書ますく堂
新宿広場
春近書店

江古田
根元書房 本店・日芸前店

桜台
島書店

練馬
一信堂書店

中村橋
ドラゴンブック

富士見台

新井書店

石神井
エコキーパーズ
きさらぎ文庫
久保書店
草思堂書店

大泉学園
古本喫茶マルゼン46
ポラン書房

保谷
アカシヤ書店

ひばりヶ丘
近藤書店

清瀬
臨河堂

秋津
古本らんだむ

武蔵藤沢
茶々文庫
古本ほんこ屋

入間市
古書高倉堂

飯能
古書ブックブック飯能店
文祥堂書店

東武東上線

大山
銀装堂書店
ぶっくめいと

ときわ台
高田書房常盤台店

上板橋
林家書店
BOOK STYLE
ブックセンターサカイ北町店

東武練馬
和光書店本店

下赤塚
司書房

成増
コミックジャングル

志木
ブックス友

上福岡
SUNDAY GARAGE
トトロ
ブックブック大井店

都電荒川線

都電雑司が谷
ジャングルブックス
旅猫雑貨店

庚申塚
かすみ書店

滝野川一丁目
龍文堂書店

王子駅前
山遊堂
古本カフェくしゃまんべ
リバティ鑑定倶楽部

梶原
梶原書店
ろここ書店

東尾久三丁目
サンマリンブック

町屋駅前
古本応援団

三ノ輪橋
古書ミヤハシ三ノ輪店

JR埼京線

板橋
板橋書店
木本書店
坂本書店
ブックス橘屋

十条
鴨書店

赤羽
平岩書店

北赤羽
桐北書店

戸田公園

古本くらの

南与野
アワーズ

大宮
橋本書店

JR京浜東北線

東十条
あざぶ本舗

西川口
葵書店 本店・駅前店
一力堂宇佐美書店
創文堂書店
Bステーション

蕨
旭書房
春日書店
古書なごみ堂
武蔵野書房わらび店

浦和
askatasuna records & Co.
浦和古書センター利根川書店
金木書店
ブックサイクル
武蔵野書店ヨーカ堂前店
んぐう堂

北浦和
野出書店
ブック&トイ・號
古本喫茶酒場狸穴
平和堂書店

埼玉高速鉄道線

南鳩ヶ谷
しん理書房

日暮里・舎人ライナー

西新井大師西
古本のりぼん

東武伊勢崎線

とうきょうスカイツリー

業平駅前書店

曳舟
TOTOとLULU

五反野
四季書房
秀画堂

西新井
書麓高田書店

竹ノ塚
永瀬書店

蒲生
プラハ書房

武里
読書人

東武大師線

大師前
漫画人BOOKS

JR武蔵野線

北府中
BOOK-1府中店

東浦和
古本童里衣夢

東川口
suiran
武蔵野書房

吉川
ブックスター

南流山
ブックジャム

東武野田線

東岩槻
コスモ書店

川間
生活応援隊野田店
よんだら堂書店

江戸川台
ヤスイBOOK

初石
古本倶楽部TOKIO初石店

つくばエクスプレス

柏の葉キャンパス
古書絵本ブックススズキ

つくば
学園都市古書センター
PEOPLE BOOKSTORE
文庫堂天久保店

JR常磐線

三河島
稲垣書店
TOKIOブックチェーン日暮里店

南千住
大島書房

北千住
おたけちゃん書店
なざわ書店

亀有
栄眞堂書店
BOOKトミー

金町
金町一草洞
五一書房
書肆久遠
文福

松戸
阿部書店

北松戸
万葉書房

南柏
書斎

柏
太平書林
古本カフェかわうそ堂

我孫子
本のさんぽ道

京成線

新三河島
丹青通商

堀切菖蒲園
青木書店

お花茶屋
青木書店
ブックステーション お花茶屋店
BOOKS-U お花茶屋店

青砥
竹内書店

京成立石
岡島書店

押上
甘夏書店
イセ屋
シネマッドカフェ

市川真間
アトリエローゼンホルツ・石英書房
智新堂書店

京成大久保
キー・ラーゴ

八千代台
雄気堂

志津
日置書店

新京成線

松戸新田
つなん書房

みのり台
永末書店

五香
BOOK BOY 六高台店

高根公団
鷹山堂

JR総武線

秋葉原
買取商店幸智
ジャングル秋葉原古書部
フレンズ
ポポンデッタ
まんだらけコンプレックス

浅草橋
遊星堂

錦糸町
救世軍バザー
ほんジャマー家

亀戸
古書ミヤハシ

平井
漫画人Books本店

新小岩
オールドブックゼウス
誓和堂

小岩
高橋書店
どですか書店
ブックバザール小岩店

市川
即興堂

本八幡
川井古書店
山本書店
ロシナンテ

下総中山
smoke books

船橋
三栄堂書店
わかば堂書店

津田沼
ポポンデッタ

幕張
草古堂 幕張店

新検見川
草古堂 検見川店

西千葉
鈴木書房
ムーンライトブックストア

千葉
トレジャーリバーブックカフェ

東武亀戸線

亀戸水神
古本屋 JON

小村井
BOOK-R 小村井

東京メトロ丸ノ内線

四谷三丁目
だあしゑんか

新宿御苑前
昭友社書店
蒼穹舎

新宿三丁目
エジンバラ
ブルックリンパーラー

中野新橋
伊呂波文庫

中野富士見町
救世軍バザー
元禄堂

新中野
プリシラ古書店

東高円寺
イココチ

南阿佐ヶ谷
あきら書房
中央線物産館

都営大江戸線

森下
古書ドリス
古書ほんの木
文雅堂書店

本郷三丁目
井上書店
大山堂書店
木村書店
山喜房佛書林
泰雲堂書店
大学堂書店
棚澤書店
Mitte
琳琅閣書店

牛込柳町
十二月書店

都営新宿線

曙橋
雄松堂書店

小川町
手文庫

馬喰横山
イズマイ

東京メトロ千代田線

赤坂
双子のライオン堂 赤坂店

湯島
STORE FRONT

根津
EXPO
古書カフェ 狐白堂
タナカホンヤ
ツバメブックス

千駄木
喜多の園
結構人ミルクホール
古書ほうろう
bangobooks
BOUSINGOT

北綾瀬
コミックハウストワイライト
BOOK GARAGE

東京メトロ半蔵門線

神保町
夢野書店

清澄白河
EXLIBRIS
しまぶっく
smoke books 清澄白河店

住吉
書店山北

東京メトロ銀座線

表参道
かぐれ
HADEN BOOKS
Rags Mcregor
Rainy Day Bookstore
ロンバルディ

青山一丁目
BOOK CLUB KAI

上野広小路
文行堂

東京メトロ日比谷線

日比谷
酒井好古堂

東銀座
木挽堂書店

八丁堀
書肆逆光

茅場町
酒井古書店

入谷
サンカンオー

都営三田線

白金高輪
小川書店 白金高輪・三田店

三田
雄文堂

春日
大亞堂書店

白山
誠文堂書店

板橋区役所前
いのいち
坪井書店

本蓮沼
三和サービス

蓮根
ブックセンターサカイ
ブックセンターハスネ

高島平
ブックバンク
リブックス

都営浅草線

高輪台
石黒書店

日本橋
地図の宝島ぶよお堂
ワールド・アンティーク・ブック・プラザ

蔵前
浅草御蔵前書房

浅草
おもしろ文庫
地球堂書店
チケットビートル
BOOKS&CAFE FUGAKU

東京メトロ南北線

後楽園
白木書店

東大前
Gallery & Books ヴァリエテ本六
柏林社書店
伸松堂書店
第一書房

本駒込
相馬古道具

東京メトロ有楽町線

新富町
閑々堂

麹町
紀尾井茶房

護国寺
青聲社
沼田書店

東京メトロ東西線

早稲田
浅川書店
渥美書房
安藤書店
あんとれボックス
飯島書店
五十嵐書店
江原書店
オペラ・バフ
岸書店
古書英二
古書崎人堂
古書崎人堂ガレージ店
古書現世
さとし書房
三幸書房
三楽書房
照文堂書店
二朗書房
TIGER BOOKS
立石書店
谷書房
虹書店
ひとえブックストア
平野書店
ブックス・アルト
ブックスルネッサンス
古本茶屋岩狸
文英堂書店
丸三文庫
ヤマノヰ本店

神楽坂
神楽坂サイクル
ここん
古本と雑貨クラシコ書店

門前仲町
古書朝日書店

東陽町
写真屋さんホックス

南砂町
たなべ書店 本店・南砂町駅前店

妙典
古書肆スクラム

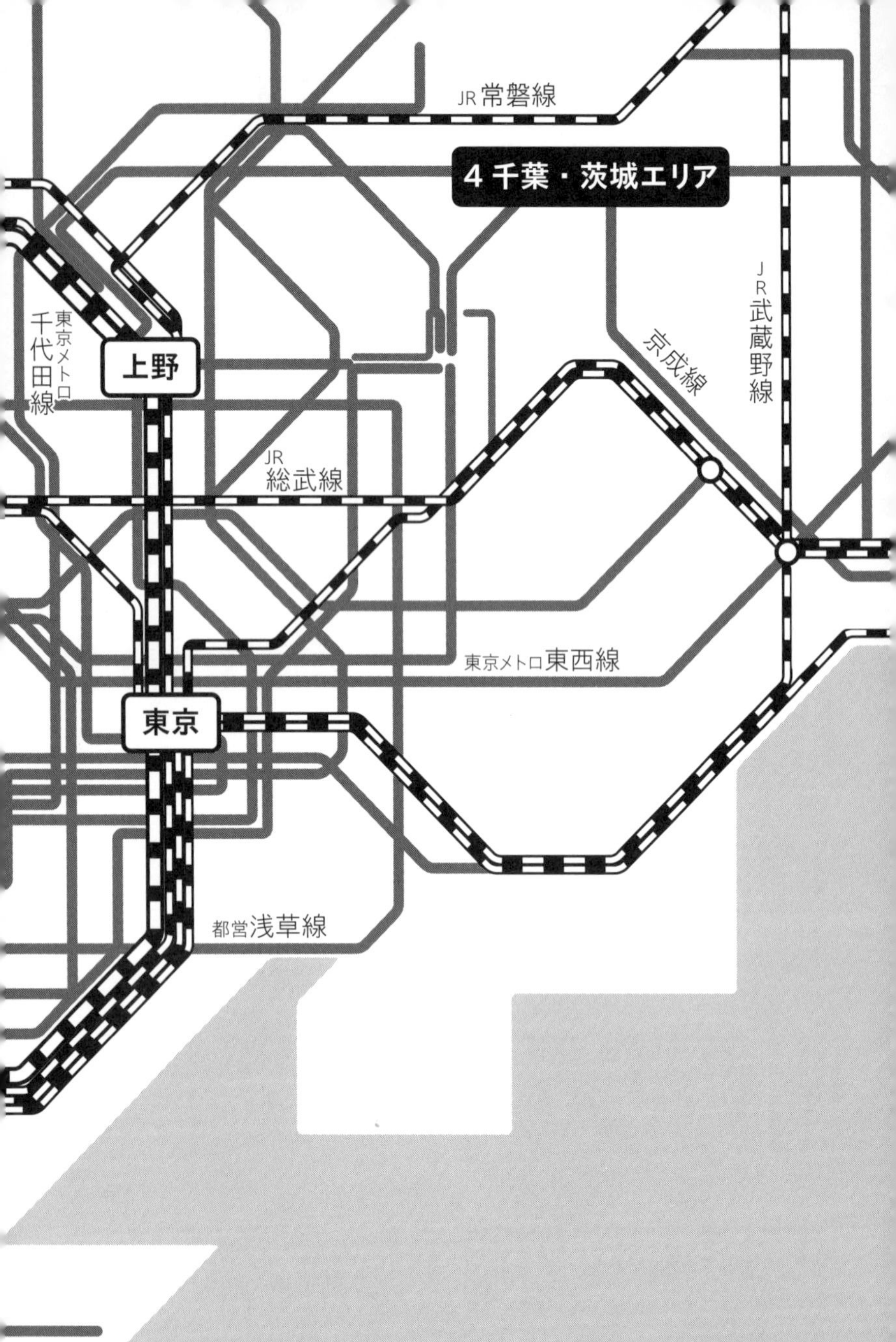
JR 常磐線
4 千葉・茨城エリア
JR武蔵野線
京成線
東京メトロ千代田線
上野
JR総武線
東京メトロ東西線
東京
都営浅草線

首都圏路線図

3 埼玉エリア
JR埼京線
東武東上線
JR山手線
都営三田線
池袋
西武池袋線
都営大江戸線
東京メトロ丸ノ内線
東京メトロ有楽町線
西武新宿線
JR中央線
1 東京エリア
京王井の頭線
都営新宿線
新宿
5 地下鉄エリア
半蔵門線
東京メトロ千代田線
東京メトロ日比谷線
渋谷
東京メトロ銀座線
東急田園都市線
東急東横線
東急目黒線
東急大井町線
品川
2 神奈川エリア
東急池上線
京急本線
東急多摩川線
JR横須賀線
JR東海道線
JR京浜東北線
JR南武線

造本　真田幸治

1 東京エリア

ＪＲ中央線
ＪＲ八高線
ＪＲ山手線

修文書房

土地柄大衆店だと侮るなかれ

電話 03・3361・2064

駅のホームに立つと、焼魚の匂いと連なり重なる屋根に浮かぶ視点に、しばしボーっと呆けてしまう。

北口から大久保通りに出て西へ。この辺りは、猥雑の終わりもしくは始まりな街。すぐに北新宿一丁目交差点にぶつかるので、横断歩道を渡って小滝橋通りを南へ。おや？ この辺りに昔の「新宿ＬＯＦＴ」があったような…などと思いながら、次の信号でビルとビルの間の小道を西へ。すると、あぁっ！ こんな所に古本屋さんがあったなんてっ！ 一体いつ出来たのだろうか…？

雑居ビル一階の店舗で、まだまだ新しい雰囲気。横のビル看板に店名があり、軒には赤い日除け、その下に安売り文庫棚と単行本棚、路上ギリギリにデカ過ぎる〝古本〟の立看板…。

白っぽい店内に入ると、ラジオが流れ意外に広い。壁際は本棚、フロアに背中合わせの棚が二本、その入口側棚脇に雑誌ラックが一台。右奥に凹んだ小スペースがあり、壁際は本棚で、真ん中に低めの背中合わせの棚が一本。奥に帳場があり、しっかりした押井守の如き店主が、静かに静かに座っている。

左壁棚は様々なサイズの本が並び、横にジャンルが続く形である。実用・ビジネス・写真・紀行・ガイド・囲碁・将棋・趣味・鉄道・時代小説文庫・海外文学文庫・児童文学。柱を挟み後半は低めの棚に変化して、落語・音楽・映画・ＴＶ・演劇と並ぶ。ここは質的に、中々凝った棚造りがされている。向かいは日本文学文庫がズラリと並び、時折単行本もグイッと混ざり込んでいる。下の平台には文庫揃いがズラズラ。

二番目の通路左側は、雑学文庫・中公文庫・ちくま文庫・岩波文庫・海外文学文庫・日本純文学文庫・探偵小説文庫・幻想文学文庫・絶版文庫と、奥に進むほど濃密に。下にも古い本や小説新書などが並んでいる。右側は新書・辞書から始まるが、残りはジャンルの摑み難いカオスのような並びとなっている。しかしここの本はすべてビニール梱包され、しっかりしたセレクト感が漂う。心理学・現代史・文化・ノンフィクション・幻想文学・戯曲・映画・漫画評論などなど。

入口右横には廉価コミック・サブカル・自然などの小さめな棚が二本。第三の通路左側は、端に少量の歴史本が並んだ後は、絶版・復刻を交えつつ体系的に並べられた漫画たち。細やかな仕事である。右奥スペースのフロア棚は、最近刊コミックの裏に官能文庫が収まる。壁棚には、大判ビジュアル本・東京・美術・ビジネス・雑本・文化・日本文学・宗教・科学と続き、後は帳場横までアイドル系写真集やアダルトとなっている。

パッと見は新しめの街の古本屋さんに見えるが、映画・音楽・探偵文庫・漫画体系棚が、確実に逸脱した濃密な香りを放っている。隠された爪が鋭いお店なのである。値段は普通〜ちょい高。しっかり値付けではあるが、買い易くもある。

静かなる精算を済ませて外へ出て、ビルの谷間で心の中で「このお店、全然知らなかった〜〜〜〜ぁ」と仮絶叫。池田書店『阪妻の世界／佐藤重臣』、角川ホラー文庫『粘膜蜥蜴／飴村行』を購入。

古本案内処

中央線に現れた超新星

営業時間　11時〜22時（土日祝10時〜22時）　定休日　火　電話　03・3228・1005

中野駅からは、北口から長いサンモール商店街を突き抜け、続いて現れる中野ブロードウェイの誘惑を振り切って一階を突き抜け、早稲田通りに出て、南側歩道を東に50メートル。あいロードの入口が見える信号手前で〃本お売り下さい〃の看板が目に入る。

通りに元気よく張り出したオレンジ色の日除けの下には、白いフレームとアコーディオンドアの店頭が浮かび上がり、左に小さな100均新書棚、右に200〜500円洋書棚が置かれている。

上がり込むような感じで、薄い市松模様床の店内に進むと、誰もが入り易い雰囲気。しかしいきなり細かな通路が迫って来る。フロアは手前が狭く、奥が右に広がり、中央右側帳場前の広い空間で、二つのゾーンに分けられている。

手前側は壁棚とフロア棚で狭い三本の通路が生み出され、まずは入口左横に小さな100均文庫棚。右には棚裏に安売り函入り本コーナーが設けられている。左端通路は壁棚に、100均文庫・100均単行本棚が豪勢に（客側にとって）続く。特に単行本棚が良く、文学復刻本も多く揃っている。向かいは新しめの本が並び、エッセイ・現代サブカル・セレクトコミック・ミステリ&エンタメなど。真ん中通路は、社会・現代戦争問題・ビジネス・旅・暮らし・食・女性などが集まり、ジャンルごとに小さな手書きのポップが貼り込まれている。右端の鍵型通路には、作家五十音順日本文学文庫・海外文学文庫・絶版文庫・雑学系文庫が、充実の品揃えで収まっている。

帳場前を横断し、奥へ。右壁棚には、日本語・言葉・古典文学・中国・歴史・大判本と続き、そのまま曲がり込んで奥壁棚に戦争・「丸」・音楽となって行く。通路棚には落語・歌舞伎・伝統芸能・日本風俗・書・

日本美術・美術・宗教が並ぶ。中央通路は、左に海外文学・映画・演劇・サブカル、右に日本文学・詩集・文学評論・写真・漫画評論（大いに充実！）・手塚治虫となっている。右端通路は、左に思想・政治・社会学・西洋文明・オカルト・博物学・力の入ったトイレ文化。右に民俗学&歴史文庫・哲学&思想系文庫を丁寧に集め、硬くまとめている。

荻窪の名店「ささま書店」から枝分かれした出自を持つが、何時行っても、何かしら満足出来るレベルの高いお店である。手前ゾーンはわりかしライトであるが、奥のゾーンは濃厚な棚造りがされている。各ジャンルがそれぞれに奥深く、古い本も時折混ざるので感心することしきり。そして、値段が安い！

いつまでもいつまでもこのレベルを保ち、突き進んで欲しい。店内を彷徨う多くのお客さんたちも、間違いなくそう思っているはずだ！　第一書房『夜月集／山口誓子』（函ナシだが何故か帯が本体に巻かれており、見返しには著者献呈札・昭和十四年の誓子コラムが掲載された新聞の切り抜き二種・吉田絃二郎全紀行集二色刷栞が挟み込まれて１００円！）、新潮文庫『天國の記録・街のルンペン／下村千秋』、（昭和八年の初版で３００円）を購入する。単純にこういう本がこういう値段で見つかるのは、文句なしに良いお店として脳内に刻み込まれるのだ！

古書サンカクヤマ

庚申通りに咲く古本の花

営業時間 12時～21時 定休日 水 電話 03・5364・9892

駅から北口に出て、西寄りの高円寺純情商店街を北に突破。突き当たったら西に曲がり、賑やかな庚申通り商店街に出たら北へ向かう。段々と早稲田通りが近付いて来ると、オアシスのように古本屋が左手に出現する。

店頭にはぴったりと100均棚が並び、主に単行本を放出している。足元には同じく100均新書箱や雑誌箱も置かれている。

左のビニールカーテンのかかる入口から店内へ。空間と通路はゆったり目でわりと広く、しっかりとしたスチール棚が壁を覆っている。フロア右寄りに背中合わせの棚が横向きに三本置かれ、左側に帳場が造られている。そこに立ち、忙しく働くのは、キノコ頭のうら若き女性店主である。

入ってすぐ左には50均文庫棚。その隣りには100均コミックがドッサリと続く。帳場下には新書が白い背を見せて集合している。右の窓際にはグラビア雑誌やファッション誌やムックが集まり、デザインやファッション関連本も置かれている。向かいは日本文学を核にした棚になっており、時折古い本も紛れ込む。高い右壁棚には絵本・児童文学・洋書絵本・サブカル・音楽・映画が並び飾られ、柱の奥に民俗学・オカルト・宗教・西洋文明などが続く。第二通路は海外文学とセレクトコミックが収まり、第三通路手前側が日本文学文庫、奥側が海外文学文庫で埋められている。最奥の通路は、通路棚にちくま文庫・講談社学術文庫・岩波文庫を並べ、壁棚には音楽CD・美術・アートブック、そしてレコード箱が置かれている。非常にバランスが良く、若者向けの展開を見せるお店である。値段は安め～普通。評論社『夜中 出あるくものたち／ジョン・メイスフィールド』を購入。

27-5
脳内革命
脳内革命
1冊¥50. 3冊¥100

古書コンコ堂

玉石混淆の絶妙バランス

営業時間 12時～22時 定休日 火 電話 03・5356・7283

駅北口ロータリーを突っ切り、一旦ビルの自由通路に入って、古本屋もある小さな商店街北口アーケード街を抜ける。さらにブロック敷きの旧中杉通りを北に２００メートルも進めば、阿佐ヶ谷で今のところ一番新しく強力なお店が目の前に出現する。

陶製タイルに覆われたビル一階に、優しいフォントで店名の入った白い日除けが張り出している。その下には入口の左右に、均一棚が展開。右には文庫・コミック・最近刊雑本・児童文学、左には単行本の日本文学・人文系・古書・雑誌となっている。文庫にも単行本にも、時々油断ならぬ本が姿を現すので、素通りは厳禁である。

自動ドアの向こうの店内は横に広がり、コンクリと木材の棚で空間が構成されている。それを薄明るく優しく照らし出すのは、小さなスポットライトと、笠のある白熱電球。

左壁と奥壁の奥まった左半分が壁棚。それに続くようにガラスケースと細い棚が置かれ、右奥に帳場が設置されている。入口右横には高い台付きの棚が並び、柱の向こうの窓側にさらに本棚が並び、帳場横まで続く。

フロアにはドッシリとした木製の同タイプの棚が並び、縦に三本の通路、右側に横向きの回遊通路を造り出している。この棚は下部がスカートのように広がっているので、その安定性が見た目にも伝わって来るシロモノである。

入口左横にまずは３０９～５１５円安売り棚。左壁は最近刊ミステリ&エンタメ類から始まり、平岡正明・小林信彦・植草甚一など、70～80年代カルチャー牽引者の本が丁寧に集まるゾーン。続いてロックやテクノなどの音楽・クラシック音楽・映画・美術と流れて行く。奥壁には文明・歴史・民俗学・社会・犯罪・オカルト。向かいの通路棚には、文学新刊と共に日本文学仙花紙本・セレクト日本文学・文学評論、奥に充実の詩集が続く。

真ん中の通路は、左に本&古本・ミステリ・SF・幻想文学・海外文学・哲学思想・歌舞伎・伝統芸能・演劇、右に絶版漫画・カルトコミック・セレクトコミック・漫画評論・現代思想・文化評論・性愛と並ぶ。通路はゆったりしており、非常に本は見易い状況。

入口右横には人文系の最近刊と暮らし&女子系の最近刊が、質高く揃っている。帳場前に到る第三通路は、左に自然・旅・郷土・科学・出版社別文庫と続き、奥には棚上にリトルプレスが置かれている。ガラスケースにはプレミア本が飾られ、その多くはアートブックや写真集である。ラリー・クラークや田中小実昌の生原稿が眩しく輝きを放っている。隣りには新書と岩波文庫を収めた硬めの棚がひっそりと佇む。

手前右奥は、フロア棚に絵本・児童文学・写真関連・写真集・建築・デザインを固め、窓際の棚に暮らし・生活・海外都市・女子・竹久夢二・女流作家近現代文学・日本現代文学を集めている。

バランスよく、安値で良書を並べる、二十一世紀型の良店である。古本をとことん商品として扱い供給する姿勢が、とても好ましい。棚には疎かにしている部分は一切なく、一度入ってしまえば、必ず何冊かの本を手にしてしまうことになるだろう。

余談だが店主は本業以外にも、時にファッションモデルを務めたりするほどの洒落者。そしてこのお店は、実はミュージシャンのPV撮影や、映画やドラマの撮影によく使われている。テレビを見ていて、ちょっと洒落た古本棚が映り込んだ時に「コンコ堂では?」と疑ってかかると良いかもしれない。

文藝春秋社『侏儒の言葉/芥川龍之介』(裸本、背コワレ)、鏡浦書房『ポー代表作選集 下巻』、メディアファクトリー『楽器と武器だけが人を殺すことができる/宇野常寛』を購入する。

竹陽書房

雑本棚に何かが潜む

電話 03・3398・7792

荻窪駅を発車したときに見える、遠目から見てもギュウギュウなお店。ビルの一階にあり、店前の100円均一台は、文庫やコミック・児童書が唸りをあげている。入口にもすでに未整理の本が進出し（ドアのストッパーとして使っている⁉）広さを1／2にしてしまっている。

店内は壁一面の棚と真ん中に背中合わせの棚が置かれるシンプルパターン。右通路では店主が本を整理中なので、左から検分開始。廉価コミックと美少女コミック棚を横目に通路に入る。目に入るのは通路に積まれた美少女コミックとアダルト雑誌。くっ！…ドギツイっす！　しかしその上の棚はいつもの古本屋。

左の壁際はハードカバー。一見オールジャンルの雑本が無造作に並んでいるようなビジュアルだが、よく見るとちゃんと手が入った棚になっている！　本と本のゆったりとしたつながりが、ちょっと気持ちよかったりする。向かいの文庫も少ないスペースでしっかりとジャンル分けされている。動きも止まっておらず、店主の努力が垣間見られる。その店主はといえば、壮年のご夫婦（予想）。いつも仲良く何か会話している。ちなみにレジの周りは未整理の古本の山…。そして右側の通路、ここも本が溢れている。文庫棚の裏も文庫が収まる。壁際には図録と多ジャンルのハードカバーが並んでいる。

店外に出ると目の前に線路。そしていつもより大きい空が覆いかぶさってくる。このお店は上半分と下半分が違うお店のような、ギュウギュウな古本屋である。そして見事なまでの雑本店である。しかしマメに通い続けると、ときたま素晴らしい本が素晴らしい安値で手に入ることがあるので、決して疎かには出来ぬお店なのである。

古ツア定点観測店

ささま書店

荻窪駅

JR中央線

以前は腰高の店頭100均棚が入口から低い垣根のように並んでいたが、今は胸高の棚となり、わりとすっきりした店頭になっている。しかしその質だけは、昔も今も変わらない。一見無造作に、雑本が大量に並んでいるように見えるが、決して油断してはならない。たとえ薄手の小冊子であろうと、引き出してタイトルを確認するのが賢明というもの。人がたくさん群がっていたとしても、人はそれぞれ違うので、己の嗜好をフル回転させて棚に挑めば「何故これが手つかずで?」と思える本を掴めることがあるだろう。そして人間は完璧ではない。じっくりと見て、何もなかったとたとえ思っても、二巡目に突入すれば、見逃していた本を新たに発見出来たりする。それだけ、ここの店頭は奥深い。そして店頭がスゴければ、店内も比例してスゴいことになっているものなのだ。

古書音羽館

古本左心室・古本右心室

営業時間　12時〜23時　定休日　火　電話　03・5382・1587

北口に出ると、駅前の広場は広いが道路は狭い。そのちょっと狭い西荻一番街女子大通りを、西北に延び上がるままに歩いて行く。油断すると後ろに迫り来るバスに気を付けつつ、南側の脇道を大小含めて五本通り過ぎ、一番街バス停の次の角を南西に曲がり込むと、左手に〝古本〟とある、人間大の立看板が現れる。

レンガタイルマンション一階に入ったお店だが、良く見ると入口が左右二ヶ所にあり、二つのテナントをつなぎあわせたお店であることが見て取れる。店頭にはいつも人がたくさん集まり、みな熱心に目をギラギラ輝かせている。右側の入口横には100均文庫棚と100均単行本棚。最下段にはわけありの古書が出ていることがあるので要注意。二つの入口の間には、400円前後の単行本箱が置かれている。左側の入口横には新しめの100均単行本棚と文庫棚が並び、さらにマンションの出っ張りを利用した単行本・雑誌・ムック箱地帯に続く。

左の入口から店内に進むと、木床が軋み、棚に並ぶ古本に優しく包み込まれる錯覚を覚える。右壁に本棚が貼り付き、その奥に右部屋への通路がある。フロアには縦に背中合わせの棚が置かれ、左壁にも棚が貼り付き、途中壁から二本の背中合わせの棚が飛び出し、中間に小スペースを作り出している。奥壁にも未整理本の山の向こうに大きなスチール棚が据えられている。店内にもお客さんが多いので、通路を譲り合いお互いをよけあい、棚に食らいついて行く。

右壁には絵本と児童文学・料理・食・暮らし・健康・SFと収まり、その向かいにはデザイン・建築・プロダクトデザイン・セレクトコミック。入口左横には、ビジュアル本のラックがあり、そのまま左壁の現代社会・ノンフィクション、そして日本ミステリ&エンタメと続く。中間の小スペースに入ると、新書・日本文学・詩集・河出文庫などに囲まれた空間となっている。

さらに奥に進むと、ちくま文庫・民俗学・世相・風俗・歴史・絶版文庫&新書・仙花紙本・古書・辞書と続く。向かいのフロア棚は、海外文学文庫・岩波文庫・講談社文芸文庫など、教養度高めな文庫並びとなっている。奥壁には様々なカルチャー全般。そして右部屋への通路近くにロック・テクノなどの音楽棚が、CD棚と向かい合って佇んでいる。

左右フロアの通路は意外に天井が低くなっているので、頭をぶつけぬようにして右部屋へ。入口を基準にすると、左は壁棚。そして通路の奥に本の山に囲まれた帳場が隠れている。フロア中央には平台付きの背中合わせの棚がひとつ。入口右横には棚付き平台。そして右壁棚・奥壁棚（上部にショウケースあり）と続く。左壁には社会学・政治・哲学・思想。向かいのフロア棚には、新刊・日本文学・海外文学。裏にはオカルト・幻想文学・ミステリ・写真・演劇が控えている。入口右横では神速の新刊群が微笑み、右壁棚に美術・映画・クラシック音楽と続く。奥壁にはバウハウス関連が多数飾られ、足元には可憐なリトルプレスたちが肩寄せあっている。

西荻窪の文化度の深さを体現しているお店である。古本好きから地元民までにくまなく愛され、安値で多ジャンルの本を今日もドシドシ供給し続けているのだ。どこの駅前にもこういうお店が一軒あるならば、非常に楽しい世の中となるであろう。中公文庫『鯨神／宇野鴻一郎』、全国菓子協会・日本チョコレートココア協会『菓子食品害虫要覧』、大日本雄辯會講談社『人肉の市／窪田十一』（裸本で落丁あり）を購入する。

古本よみた屋

ガードを潜ると知の楽園が

営業時間 10時〜22時　**定休日** 無休　**電話** ０４２２・４３・６５５０

公園口改札から混雑するバス通りに出て井の頭通りに入り、東南に歩いて井の頭線ガードを潜れば、すぐに居並ぶ店頭古本棚に出会うことが出来る。改装成った「よみた屋」である。

古書を時折混ぜ込む１００均単行本棚は変わらない。入口近くに固まる、雑誌ラック・ワゴン・函入り本棚を眺めてから自動ドアを潜る。やや！　見通しが良くなって、ちょっとシックな雰囲気になったぞ。ここは初期にツアーしたために、さらっとライトにレポートしただけなのである。今見れば、これはサラリと書くことなど出来ぬ強敵であることが、一目瞭然！

一段上の木床に上がる。左のウインドウ前には帳場兼作業場が広がり、女子店員さんたちがキビキビと立ち働いている。奥のパソコン席に座る半白の紳士が澄田氏であろうか…。

入口右横にはかなり大好きな50均文庫棚が一本。右壁には長く奥まで頑丈なスチール棚が設置され、ここは大きく変化した所のひとつである。縦長の広いフロアは前部と後部に分けることが出来、前部の様子が帳場も含め大きく変わっている。角度を持った胸までの高さの木製本棚が四本並び、五本の通路を生み出している。奥は以前と変わらぬ四本のスチール棚が立ち、左奥に硬軟プレミア本を飾ったガラスケースが置かれている。そして奥は壁棚に覆われている。グッと気合いを入れて、棚にぶつかって行く。

右壁はムックや雑誌から始まり、美術系写真集・美術図録類・大判＆豪華作品集が、店内を圧倒するように大量に収まる。向かいには、前部に映画・音楽・モンドカルチャー・趣味・落語・ヨーロッパ・本＆古本・ファッション・武道・80年代カルチャー、後部に写真・伝説・芸能・アート・美術・工芸となっている。

隣りの第二通路には、前部に映画・新刊系単行本・海外文学・幻想文学・SF&ミステリ・日本文芸・文芸研究・フォアレディィスシリーズ・詩歌・時代小説文庫・日本文学文庫・ノンフィクション文庫が集まり、後部は自然科学・原子力・物理化学・郷土史・日本史となっている。

続いて第三通路は、前部に出版社別文庫群、後部に社会科学・犯罪・差別・人権・ヒトラーとナチス・沖縄・キリスト教・仏教など。

さらに第四通路は、前部に日本近代文学&純文学文庫・SF文庫・海外文学文庫・絶版漫画、後部に宗教・神秘学・魔術・悪魔学・ユング・フロイト・心理学・精神が。最後に左端通路は、前部通路棚に新書・映画&芸能文庫・コミック・漫画評論、それに帳場横から左壁沿いに洋書絵本・絵本・作家別絵本・児童文学・マニアック児童書・ジュブナイルが低めに並んで行く。後部は民俗学・人類学・正統&異端&古典文学と刺激的な戦前古書となり、奥壁に日本の思想・現代思想・社会学・論理学・現象学がビシッと収まる。

前部は丁寧な並びの古本屋さんスタイルで、後部は人文系に硬めな古書店スタイルとなっている。だが、様々な所に遊び心な並びもみられ、幅広いジャンルへの知識がバックグラウンドにあることを窺わせている。値段はちょい安〜ちょい高。いい本にはしっかり値。

鶴書房『青い鳥』『十五少年漂流記』共に竹森一男、青弓社『脱獄者たち/佐藤清彦』、光文社文庫『サバイバル東京ひとり暮らし/RED BOX』、大日本雄辯會講談社『読切名講談集/佐野孝』を計800円で購入。

…ふぅ〜、やはり凶悪に強敵であった…。

水中書店

静かに燃える詩とアートへの情熱

営業時間 12時〜22時 **定休日** 火 **電話** 0422・27・7783

北口ロータリー東端から銀杏並木の大通りに入って東に進み、北側の信号もある三本目の脇道の広めな通りを北へ。陽の当たらぬマンションの谷間に震えていると、右手前方のフェンス空地の前に、新しめの茶色のマンションがあり、通りから東に入った脇道沿いに、美しく今時な古本屋さんの姿が！

鮮やかな青緑の日除けには、デザイン文字の店名が白くプリントされ、レンガタイルに覆われた店頭には、左に100均単行本棚が二本（時々スゴいものが紛れ込むという噂の棚）に雑誌箱、右に文庫棚が一本と洒落た雑誌ラックが置かれている。

入口からほんの少しだけ高くなる店内に入ると、床・什器はすべて木材で設えられており、優しく落ち着いた雰囲気を醸し出している。左右は背高な壁棚で、左奥からは中央帳場の脇まで、壁棚に囲まれたミニスペースを造りながら続いている（帳場脇には夏葉社新刊や委託新刊がズラリ）。フロアには目線までの高さの三本の棚が縦に並び、店内に見通しの良さを生み出している。中央奥に帳場があり、ココリコ田中＋妻夫木聡÷2風の長身青年店主が真面目に懸命に働いている。彼は中央線沿線に相応しく、西荻窪「音羽館」の出身である。

入口左横には最近刊棚、右横にはビジュアルムック・写真集ラックが置かれている。

左端通路は、壁棚に絵本・児童文学・食・旅・暮らし・世界・エッセイ・女性・風俗・民俗学・サブカル・文学などが並び、向かいはセレクトコミックですべて埋まっている。奥の帳場横小スペースには、ウェッジ文庫・旺文社文庫・講談社文芸文庫・大衆文学館・音楽CDが集まる。

第二通路は、左に最近刊日本文学・日本文学文庫・

ちくま&ちくま学芸文庫、右に新書・講談社学術文庫・河出文庫・岩波文庫。第三通路は、左にすさまじいほどの詩集がガッツリと集まり、端っこに歌集ゾーン。ここの入口側棚脇には平台が付属しており、その時々のオススメ本を面陳で並べている。右には文学評論・海外文学・函入り本中心の日本私小説純文学。

右端通路は、通路棚に本&古本・幻想文学・演劇・落語・音楽・心理学。壁棚には美術大判本&美術展図録・美術・写真・映画・建築・デザインと並ぶ。

キレイな本がほとんどで、中央線文化をスマートに若い目線で体現したお店である。コミック・詩集・音楽・映画・美術が激しく突出している。店主の思考&嗜好の原液がそのまま並ぶ感じなのだが、それは決して独りよがりではなく、買う人の目線になって緻密に組み立てられているのだ。値段はちょい安〜普通。

ちなみに店内に〝水中〟らしさは見られない。なのでいつの日か、「金沢21世紀美術館」にある作品「レアンドロのプール」のようなお店にして下さい！　世界初の水底の古本屋さん！

国書刊行会『夢の遠近法 山尾悠子初期作品選』、荒地出版社『スパイ入門／グレアム・グリーン兄弟編』、ちくま文庫『マジメとフマジメの間／岡本喜八』、中公文庫『川上澄生全詩集』、旺文社文庫『つげ義春旅日記／つげ義春』を購入。

浩仁堂

賑やかだけど掘り出せるかも

営業時間 10時～18時 **定休日** 日 **電話** ０４２２・５５・１５３３

北口東側の階段を下り、新しい高架沿いに東へ進む。すぐに高架下を貫く通りにぶつかるので、そのまま北へ。すると境一丁目交差点の手前右手に、お店を発見する。ネット販売から実店舗を立ち上げた、障害者の雇用を目指して行くお店とのことである。

軒には白いスクリーン状の日除け、右壁に大きな店名看板がある。左の店頭入口周りには、飾られた花鉢と、上部が箱で下が本棚の木製１００均棚が一本。上部には文庫、下には単行本やソフトカバー本。たくさんの人が出入りし、何だか活気に溢れている。車椅子の人や松葉杖の人も忙しく動き回っている。中に入ると「いらっしゃいませ」の声が降りかかり、クリーニング屋さんのようなキレイな店内。広いのだが、そのほとんどが事務所&作業所&倉庫的スペースで、古本屋さんとしての部分は入口付近だけに止まっている。

入口右横に小さな棚が二本、奥に高い棚が二本あり、足元には本の入った箱が五箱ほど。正面左手に帳場があり、その右横に二本の本棚、足元に木箱が八箱。ちなみに店内はバリアフリーな造りとなっている。入口右横に、文庫・ガイドブック・資格・音楽ＣＤ・映画ＤＶＤ・らくたび文庫・時代小説文庫・海外ミステリ文庫・ノンフィクション・ハウツー本・エッセイ・実用・全集類。正面棚には、歴史系文庫・ノンフィクション文庫・児童文学・絵本・ミステリ・教育・社会・ビジュアルムックなど。足元の箱は１００均で、文庫・日本文学・実用・エッセイなどなど。

値段はとにかく安く、高くても３００円ほど。活気があるので、本を見るには少し喧しかったりする。古本屋さんというよりは、コミュニケーションスペースとして機能しているかのようだ。ちくまプリマー新書『古代から来た未来人 折口信夫／中沢新一』を購入。

古本

古本はてな倶楽部

武蔵野を歩きたどり着こう

営業時間　10時～21時　定休日　月　電話　042・315・6791

駅北口の高架際の空は広いが、今にも冷たい雨を落として来そう。目の前の行幸通りを西にグングン進んで行く。京王のバス溜まりを過ぎ、続いて編まれた籠のようなＪＡを過ぎれば、貫井北一丁目交差点に到着。ここから立派な桜並木の新小金井街道を北に歩き始める。

百人ほどの制服姿の小学生がバス停に列を為す奇景に驚き、左手に展開する、まるで王国の如き東京学芸大学の敷地をなぞるように進み続ける。一旦、街の賑わいからは遠ざかるが、大学の敷地が尽きると同時に、道は緩やかな坂となり、商店や飲食店が再び姿を現し始める。その坂を上がり切り、遠くに五日市街道を認めた所で、左手に「こんな所に古本屋がっ！」と純粋に思ってしまう、ちゃんとしたお店が姿を現す。…それほど、駅からは遠いのである…。

箱のように小さな二階建ての住宅兼店舗が建ち、壁面の色鮮やかな陶タイルに覆われた、古めかしいスタイル。しかし店舗である一階部分は、木材を上手に使った今時なスタイルである。それにしても、まるで昔のクイズ問題集のような、おかしな店名である。

右側窓下窓横に造り付けの壁棚が広がり、「そとにある本　１００えん～　たくさん本をよみましょう」と書かれている。左側には大きな１００均本テーブルもあり。ウインドウにはクリスマスな飾り付けの絵本類。

現代的なフォントの看板文字が立体的な洋風扁額の下、引き戸をスライドさせて中に入ると、表同様に暗い色調の木材で化粧された、暖かみのあるまとまった空間。左壁・奥壁・右壁・窓下はすべて造り付けの棚となっており、フロアには左に背中合わせの棚と、右に三面の棚が置かれている。右奥に帳場があり、ちょっとハスキーボイスな女性が本の手入れ中。

木床を踏み締め、左壁に取り付く。自然科学系の児童書・絵本・図鑑から始まり、タレント・カルチャー・音楽・映画・漫画・漫画評論・古い漫画雑誌・山岳・登山・丸山健二と続いて行く…何故か大胆に登山靴までもが飾られているが…。奥壁には写真集・美術・料理・食、それにちょっと不気味な「ドールボールペン」などの雑貨類も置かれている。

左のフロア棚は、左面に文学復刻本・江戸・歴史・旅・アジア・文学・民俗学、右面は上段に児童文学下段に絵本のスタイルである。右の三面棚は、絵本・洋書絵本・児童文学がディスプレイされている。入口右横窓下棚は、文庫・新書・選書・社会が並び、窓横に宮脇俊三と種村直樹を核とした鉄道棚。そして右壁のほとんどに充実の建築関連が揃い、端にデザインが集まっている。

一見洒落たセレクトショップのようだが、棚造りは意外性がチラホラし、古い本もチラホラ。旅・登山・建築を中心とする大人な棚が、絵本&児童文学の子供な棚を包み込んでいるのだ。ぱっちりプレミア値の付く本もあるが、基本は安めな値付け。

帳場では、それほど汚れていない本なのに、丁寧に本を拭いていただいた。ありがとうございます！　有隣堂『文学神奈川地図』、ポプラ社『人間豹／江戸川乱歩』を購入。

古本雲波

緩やかな時間の中に集う良書

営業時間 11時〜20時　**定休日** 水木　**電話** 042・321・2258

北口に出ると駅前の再開発がジリッと進み、頑張っていた本屋さんなどが消え去り、柵に囲まれた空地が広がってしまっている。大きな空の下を歩き始め、駅前から大学通りを東に奥まで進んで行く。ちょっと坂を下って、国分寺本町一丁目交差点で国分寺街道に入る。坂を上がって北に向かい、坂上の国分寺七小入口信号の目の前で、新しい古本屋さんが営業を始めていた。

黄色味のかかった外壁に映える空色の日除け。大きな引戸の左には空を描いた看板があり、右には均一本が疎らに並ぶことにより、構成主義的な美しさを見せる壁棚…なるほど、同じ方が手掛けただけあって、ここは武蔵小金井の「古本はてな倶楽部」に似ている。

中に入るとスロープがあり、木床は一段高くなっている。横長でわりとゆったりした空間も、木で造り上げられ、すっかり紙と木の王国と化している。壁面は造り付けの壁棚に覆われ、中央奥に帳場カウンター。フロア右側に下部に傾斜の付いた背中合わせの木製棚が二本並び、左にはテーブル棚が置かれている。柔らかだが、ちょっと緊張した初日の空気。お客さんは他に女性が二人。

入口右側にそっと屈み込み、窓下の棚を覗き込む。岡崎武志・みうらじゅん・新書・ノンフィクション。右壁棚に移って、海外文学・バイク・車・プロレス・格闘技・哲学・思想・野坂昭如・中上健次・文化・音楽・映画・日本純文学文庫。棚はそのまま帳場横まで続き、性愛・文化的エロ・犯罪・コミック・出久根達郎・本・本屋・古本・古本屋（あっ！『古本屋ツアー・イン・ジャパン』がっ！　ついに古本として出会ったが、やはり気恥ずかしく気後れして触れることも出来ず…）・「BOOK5」。フロア棚には、右に日本文学文庫・美術・写真・荒川洋治・長田弘・詩集・橋本治・片岡義男・坪内祐三・南伸坊・SF文庫・海外文学文庫・海外文学。左には日本文学文庫・山田稔・吉本隆明・三浦しをん・寺山修司・小田嶋隆・舞城王太郎・山田風太郎・ミステリ&エンタメ・イッセー尾形・川本三郎などが揃う。特定の作家を徹底的に並べることにこだわりあり。

左のテーブル棚には、松尾スズキ・内澤旬子・ナンシー関・タモリなど、クセのある作家本が集まっている。帳場の左横には、未整理文庫棚の下に岩波文庫・ちくま文庫・新書があり、少し奥まった左壁一面には自然・洋書絵本・「こどものとも」・絵本・児童文学・教育関連が大きく広がっている。入口左横にはワケあり本を詰めた〝ご自由にどうぞ〟箱が置かれ、棚には女流作家&文庫・暮らし・料理・今江祥智・椋鳩十が並ぶ。全体に知の染み渡る棚が連続している。

非常に硬派で頑固な棚造りが清々しくもあり、絵本&児童文学との対比が鮮やかである。値段は安め〜普通。三冊を選び帳場に差し出すと、ゴーゴリ「外套」の主人公を演じていただきたくなるような実直紳士に、レジの操作も初々しく応対していただく。ミュージックマガジン『にっぽん情哥行／たけなか・ろう』(200円！ ひゃっほう！)、ハヤカワポケミス『ドグラ・マグラ／夢野久作』、あかね書房『おしゃべりゆわかし／佐藤さとる』を購入する。

表に出て空を見上げると、そこにはまさに風に流れ形を変える雲波が。開店おめでとうございます！ これでこの国分寺街道沿いには、斜向いの「才谷屋書店」そして線路を越えた南の「まどそら堂」(近くの国分寺マンション下に移転)と、三店が揃うこととなった。おぉ、坂道の小さな〝古本屋街道〟だ。

ユマニテ書店

道の果てに慎ましくある

電話 042・572・6341

駅南口から南東に旭通りを進む。600メートルほどで應善寺前の信号を過ぎた左手にお店が見える。茶色い看板に茶色い日除け、そこには知の象徴・フクロウの絵が。窓には〝なつかしい本 さがしていた本にめぐりあうかも…〟と書かれた紙が貼られている。

中に入ると奥行きのある少し薄暗い店内。静かで時間の流れが、ゆったりとしたものに変化する。壁際は古い木製の本棚、真ん中に背中合わせの棚が一本、奥に帳場とガラスケースがある。私の気配を感じ取り、奥から出て来たご婦人が帳場に立つ。

左の壁際は文庫から始まるが、その前にはラックが置かれているため良く見ることが出来ない。そこから、建築・ビジュアル誌・歴史・文化・古代史・山岳・心理学・映画・日本文学・幻想文学などが続き、帳場横には古い文庫本がワンサカ並んでいる。京都関連本が所々で目に付き印象が残る。向かいには、実用・児童文学・教養系文庫・国立&武蔵野関連本・科学・プレミア新書・美術と並ぶ。帳場前を通ると「いらっしゃいませ」と何だか優しげな声。右壁は学術&専門書が大半だが、帳場側に文学を中心としたドイツとパリの本が集められている。通路棚にはアメリカ文学本が並び、新書・一般文庫へと続いて行く。入口近くには揃いの文庫が並んだ回転式ラックも。

古い本が多く見応えたっぷり。ジャンルごとの深さが、棚前に立つ時間を自然と長くする。基本は普通な値段だが、いい本にはしっかりとした値付け。レジで本を包んでもらい「ありがとうございます」とお礼を言うと、ご婦人は非常に恐縮した体で頭を下げる。BGMに薄く流れていたクラシックが心地良く身体を包む。岩波新書『犯科帳/森永種夫』、中公文庫『城と街道/南條範夫』を購入。

古ツア定点観測店

竹陽書房

荻窪駅
JR中央線

小さく雑然としているお店だが、両壁の雑本棚は、定点観測を続ける価値がある。オヤジさんの視線は鋭いし、蔵書量も少ないし、棚にいつまでも残っている本も目にするが、それでもあきらめ切れない何かを、このお店の棚は持っている。それは、古本を古本として見ている、オヤジさんの大衆的な目線と姿勢が、そう思わせてくれるのかもしれない。プレミア値の付いた本が、ほとんど見当たらぬのは、本を古本として捌いている故なのではないだろうか。ほとんどの本は大衆的目線と定価を基準に、平等に扱われているのだ。だからこそ、光る本が雑本として売られているのを見つける喜びを、時に味わえるのだろう。文庫は新しいものが主なので、単行本にいつでも熱い視線を注いでいる。今日は何も見つからなくとも、次こそはきっと！

まつおか書房　1号店　2号店

ビルの谷間で向かい合う兄弟

営業時間　10時半〜23時　定休日　無休　電話◉1号店　042・646・6310　◉2号店　042・646・7177

北口に出てロータリー沿いに西に進み、北へとのびる一方通行の道、ジョイ五番街通りへ。ひとつめの交差点と左手の「佐藤書房」をやり過ごし、そのまま北へ進み続ける。するとビルとビルの間に東への小道が出現。そこに入り込んで行くと古本屋さんが見えて来る。ビルの谷間にこんなお店が…と近付いてみると、向かいにも古本屋さんがある。何だっ、どうなってる?…身体を捻り両店を見比べると、どうやら南側が小さめな2号店、北側が大きめな1号店ということらしい。

1号店は角地となっており、オレンジの日除けがぐるっと軒を巡っている。右壁には文庫を満載した八本の壁棚（いい感じに古い文庫が紛れているので探す楽しさあり）、スポーツ新聞ラック、漫画雑誌ラック。そして左側にはコミック・単行本の詰まった壁棚、雑誌・コミック・単行本の路上棚二本が並ぶ。値段は50円100円150円と様々。ちなみにこちら側にも出入口あり。

店内は広めで壁は本棚、真ん中に背中合わせの棚が四本並ぶ。通路は広く棚は見易い。入口側の壁際に、カウンターレジがあり、若者が二人働いている。左端通路のアダルトと店奥&右側通路のコミックが目立っているが、真ん中辺りにしっかりと古本が集められている。

入口左横にも最近刊文学とビジュアル本の棚がある。左側二番目の通路には、海外文学・宗教・民俗学・歴史・戦争・詩歌・随筆・日本文学・文学評論が並ぶ。第三の通路には、児童文学・教育・タレント・自然・政治・社会・囲碁・将棋・専門書・建築・スポーツ・音楽・映画・サブカル・カルト・音楽CDなど。これら各ジャンルには、文庫も織り交ぜられている。第四の通路には絶版漫画と共にゲーム攻略本、右端通路にはラノベもあり。

古い本もあるが、新古書店な面もバッチリ備えている。ジャンルとしてはマニアックな棚もあり。値段は普通〜ちょい高。ペヨトル工房「夜想13 シュルレアリスム」を購入。

＊

そして四階建て店舗の3号店が閉店となり、その機能を移植した2号店へ。ビルの壁面から小さな飲み屋のような看板がひとつ。こちらも角地である。店頭には100均の文庫棚・新書・単行本が立て込み、ちょっとした均一デッキになっている。めんどうくさがらずに、裏も表も上も下もしっかりチェックすると、面白い本が見つかりそう。サッシのガラスの向こうには背の高い本棚が立つ、以前とは異なる光景が！

スラッと中に入ると、函入り本の多い硬めな香りが漂っている。2号店の主、ご婦人の居場所たる帳場は、中央手前から右側手前に移動。そのため二つあった出入口は、左側だけが生き残ることに。壁際は本棚、フロアに背の高く長い背中合わせの棚が二本並ぶ。

左壁は音楽から始まり、演劇・映画・美術・美術展図録&作品集・中国美術&文学と続き、奥壁に神道など。壁棚下の横長ミニ平台には、東洋文庫がドドドと一列に並んでいる。向かいには海外文学・日本文学・幻想文学。真ん中の通路は、左に多摩・八王子・武蔵野・東京・社会経済、右に哲学・心理学・精神科学・社会科学。右端の通路は、通路棚に世界文明&歴史・思想、壁棚に講談社学術文庫・歴史・江戸・近代・日本思想となっている。

こちらは旧3号店の専門書精鋭を抽出した、エッセンス的店舗である。そのためか、以前の文庫店時代より、店内がすっきりした印象になっている。

古本　一歩堂

店番猫も可愛い穴場店

電話　042・622・9036

北口から出ると細長い駅前広場。東から銀杏並木の甲州街道へ抜けて北東へ。千人町交差点から市役所通りに入り、八王子市役所に向かってひたすら北へ。焼却灰レンガの敷き詰められた歩道を進み、日吉町の交差点で陣場街道を越えると、100メートルほどで右手にお店が見えて来る。

一階に店舗がある、ほぼ住居のような建物である。路上に出た店名立看板と、サッシの向こうの本棚が無ければ素通りは確実であろう。扉横に植わっている黄色い実のなる木を好ましく思い、日に当たった100均棚を眺めてから店内へ。奥からテレビの音が聞こえてくる。以前は鈴木清順風老人が店主だったのが、今は雀士のようなオヤジさんが、可愛い白黒猫と共にお店を切り盛りしているようだ。

店内は左右に分かれており、入口付近からは向こう側の様子を窺うことは出来ない。壁際はビッシリと本棚、真ん中に天井までの背中合わせの棚が一本。左右の行き来は奥の帳場前でしか出来ない。左側は複雑な構造になっており、手前・奥ともに背中合わせのラックが真ん中に置かれ、帳場側のラックが壁棚へとつながり、左端壁際に行き止まりの通路を前後に二本造り出している。右部屋からツアースタート。

壁棚は入口側が雑本（硬めである）・古書・紙物・貸本漫画・絶版漫画・古雑誌・風俗などが程良く交錯し、帳場側が美少女コミックで埋め尽くされている。左の通路棚は、カオス並び文庫・海外文学文庫・日本文学文庫・時代小説文庫・講談社学術文庫・ちくま文庫・官能文庫・講談社文芸文庫・岩波文庫・新書・タレントムックと並んでいる。こちらも足元に雑誌・文庫・単行本の山が連なる。文庫は絶版が程よく混ざっているので、じっくりしっかり見る破目に。

狭い帳場前を通り過ぎて左部屋へ。

真ん中の通路棚は、文学評論・思想・日本文学・海外文学・詩歌などが、ちょっとカオスにズラッと収まり、奥に宗教・美術・釣り・図録などが集まっている。左部屋をさらに分ける真ん中のラックには、入口側がアジア関連・世界・美術、帳場側が文学・戦争・民俗学と並んでいる。

帳場横には充実の東京（文学散歩系充実！）＆多摩本。そのまま左壁にまたもや東京・江戸・歴史と続き、少量の辞書と充実の民俗学が行き止まりの通路を覆っている。途中の古い日本文学文庫を眺め、入口側左奥通路へ。ここには、落語・映画・山岳・自然・動植物・写真・料理・占い・囲碁・将棋・書・化石・新書・古い海外文学文庫が集まる。

東京本と民俗学が充実した、侮れないお店である。東京のコーナーに、ゲーム「東京魔人学園剣風帖」の副読本『東京異譚─東京魔人学園剣風帖紀行』が並んでいるのは、賞賛に値する棚造りである。以前と比べると、左部屋はほぼそのまま保存されているようだが、右部屋の壁棚が大きく変化し、現店主の古本屋的方向性が、大きくにじみ出している。値段は安〜ちょい高と様々。単行本類には比較的しっかり値が付けられている。
狭い通路を縫うように戻り、帳場に本を差し出す。店主の背後には、闖入客を目を丸くして見詰める、白黒猫の姿が。古本屋に来て古本を買う以外の喜びが、ここにひとつある。大和書房『世界の廃墟物語／五島勉編』、岩波新書『日本の天文学／中山茂』を購入。

高尾文雅堂書店

東京最西端の古本屋

営業時間 10時〜20時　定休日 不定休　電話 042・665・3944

中央線快速に乗り、陽の光を反射する屋根並を眺めながら西へ。ホームに電車が滑り込むと、出迎えてくれるのは巨大な天狗の顔の像。やはり都心部より気温が低く、空気が清冽である。

南口から出て、東側の階段を下り、京王線の高架と京王ストアの間の道を進む。すると目の前に現れるのは高尾名店街という、頭上に巨大な住宅群を掲げ持つ、ミニショッピングモール。入口右側に、写真付きでテナントを紹介する案内板が見える。近寄りマジマジと眺めると、中段に目指すお店を確認。地元の人たちの流れに乗り、中に潜入する。

通路を中心として、両側に店舗が展開している。進んで行くとやがてT字路に突き当たる。そこを右に曲がると、右手行き止まりに〝古書〟と書かれた立看板を発見！　向かいは大きなスーパーの入口…そこから「ロッキーのテーマ」がジャカジャカ流れて来る。煽られたようにシャカシャカとお店に近付く…この既視感は、本郷三丁目の「大学堂書店」にシチュエーションが似ている！

入口はちょっとすぼまっているが、中は広めで縦長。廊下の天井からは、名店街共通の店名プレートが下がり、その後ろには〝売りましょ買いましょ〟などと書かれた看板がある。店頭には、右に雑誌の並んだラック、真ん中に最新刊の〝暦〟二割引ワゴン、その後ろにビジュアル本の並ぶラックが一台。店内には二〜三人の熱心な老人男性がおり、出入りも頻繁である。店内両壁は本棚、真ん中に背中合わせの棚が二本（右側は手前と奥に分かれている）、正面奥にレジ、その左横に棚が囲んだアダルトスペースがある。

右の壁際は、児童文学・絵本・実用・山岳・自然・囲碁&将棋（異様に古い本あり）・辞書・郷土本・カオス的な棚、となっている。向かいの手前には、日本文学文庫・海外文学文庫・雑学文庫・女流作家文庫が収まる。奥の棚には岩波文庫・中公文庫がズラリ。真ん中通路は、右側手前に時代小説文庫・文庫揃い・官能文庫・ミステリ&エンタメ文庫、奥にちくま・講談社文芸・朝日・日本純文学文庫・絶版文庫が並ぶ。左側には、新書・ノベルス・戦争文庫・カオス的文庫棚となっている。また入口側棚脇には松本清張が多く並ぶ、社会派推理棚がある。

レジでは若い男性が、外から戻って来たご婦人と打ち合わせ中。パソコンと首っ引きである。レジ横のアダルトを覆う棚には函入り本が多く、文学・郷土本・全集・歴史など様々なジャンルが混ざり合っている…おぉ、織田一磨の武蔵野本が！

左壁棚は奥から、詩歌句・古典・文学評論・歴史・民俗学・風土・江戸と続く。入口側のナナメになる棚には、選書・図録・ビジュアル本・大判本・雑本と並ぶ。向かいは、哲学・思想・心理学・文化・古本・出版・映画・美術と言った並び。店内には古本だけではなく、紙物・和本・ホーロー看板・額装版画など様々なものが散らばっている。レジの後ろには巨大な曼荼羅絵も。

くぅ〜、よもや高尾山の麓にこんなお店があったとは！　棚造りは多少カオス的な部分もあるが、品数豊富&品質上質なのでたっぷりと楽しめる。値段も安めで嬉しさ倍増だが、登山の前に立ち寄るのは愚の骨頂であろう。中公文庫『青春の賭け／青山光二』、集英社新書『死刑執行人サンソン／安達正勝』を購入。

まだまだあります、古本屋

JR中央線

◉東京駅　駅至近の「八重洲ブックセンター」八階には、結構な量のアウトレットブックコーナーがある。純粋な古本ではないが、お買い得でラインナップもなかなか良い。

◉市ヶ谷駅　「昆虫文献 六本脚」は昆虫採集の道具や昆虫専門書を扱う特殊店。昆虫古書も天下一品である。

◉飯田橋駅　「Arteria」は裏路地に潜む美術書専門店。作家ごとに美しく分類された棚が見物である。

◉新宿駅　「BIBLIOPHILIC&book union新宿」は音楽・映画・サブカルを中心に棚造りしている。また新宿に集まる本体の「disk union」も、それぞれの館に小さな古本棚を揃えている。特に良いのは「シネマ館」で、何故かSF文庫が充実している。

◉中野駅　もはや世界の観光地となっている「中野ブロードウェイ」内に多数のお店が集まる。「まんだらけ中野店」は言わずと知れた漫画メインのお店だが、四階の「海馬」にミステリ・SF・ジュブナイル・写真集・オカルトの古書を集めている。他の鉄道・映画などの各店にも、古本は置かれている。それ以外には、四階にミステリ&SFの「古書ワタナベ」があるが、お店を開けていることは少ない。「観覧舎」は映画グッズの専門店で、隅に同ジャンルの古本棚がある。三階の「タコシェ」は同人からメジャーまでのマニアック本を扱っているが、店頭には古本箱が置かれている。二階には「古書うつつ」があり、幻想文学・詩集・日本文学に力を入れている。「ブックス・ロンド社」は雑誌中心のお店。ブロードウェイ内には、他にも古本を少し置いているお店がいくつかあるので、時間の許す限りくまなく歩き回ることをお薦めする。

◉高円寺駅　「都丸書店」は駅ホームから看板が見える社会科学本の老舗。その都丸から独立したガード下商店街の「藍書店」は外の均一壁棚が有名。店内中央文学棚にも時々出物がある。同じくガード下二階の「ゴジラや」は懐かし玩具のお店だが、隅に特撮・アニメ系の古本棚がある。

中通りの「古本酒場コクテイル」は古民家を利用した人気の古本酒場。文士料理が絶品である。庚申通りの「アバッキオ」は狭い横路地にある古本屋兼酒場である。「五十歩百歩」は中古レコード店だが、質の良い店主のサブカル系蔵書を販売。「BLIND BOOKS」は主にアートブックを扱う酒場であるが、古本も少々。雑居ビル二階の「七星堂古書店」は、古本＋古着の若さみなぎる融合店。

あづま通りに移ると最初にあるのは「中央書籍」。店内はいささか、乱雑だが古めの本も多く楽しめる。「Amleteron」は女子度の高い雑貨屋内に女子度の高い古本棚を設置。「古書十五時の犬」は店内が圧縮本棚迷宮と化したミステリ・SF・ホラーに強いお店。「越後屋書店」はオーソドックスな街の古本屋である。

線路の南側には、古本も並ぶ中古レコード屋「円盤」や、ギャラリーも併設した絵本と児童文学の「えほんやるすばんばんするかいしゃ」、アメコミ専門店の「コミックスコレクターズ」。それに「ルック商店街」に、人文系に硬い「大石書店」とおかしな本を安値で扱う「アニマル洋子」がある。

◉阿佐ヶ谷駅 北口アーケード商店街にあるのは、外観と店内の古さがマッチした「千章堂書店」。さらに旧中杉通りを進むと元貸本屋の「ネオ書房」がある。中杉通りには小さいながらも良質な品揃えの「銀星舎」と、同じく小さいながらも渋く硬めな「ゆたか。書房」が存在。さらに早稲田通りまで出ると、完全に棚の動きと時間を停めた「古本ブック流通センター」に出会える。駅近くでは登山・山岳専門店の「穂高書房」が孤高に営業している。

◉荻窪駅　駅北側の「象のあし書店」は個性的なリサイクル店。一度閉店宣言を出したが、何故か今も営業中。線路際の「6次元」はカフェに古本棚を並べ、読書・古本イベントなども開いたりしている。南側の駅前にあるのが「岩森書店」。硬軟ジャンルすべてに堅実な品揃えを見せる。「竹中書店」は学術系の硬めなお店である。東寄りにある「ささま書店」は店頭の100均棚群に良書を放出することで有名。広い店内も入れば、必ず何か発見出来る恐ろしい棚造りが為されている。

◉西荻窪駅　駅南側の平和通りには小さな「にわとり文庫」がある。絵本から貸本小説までと男子と女子の夢が見事に融合。「待晨堂」はキリスト教系の専門店で、一部に古本が並んでいる。「ねこの手書店」は荻窪「象のあし書店」と同系列のリサイクル店である。

　西荻南中央通りの先にある「盛林堂書房」は店頭100均にも力を入れているが、店内の探偵小説・日本文学・山岳関連がとにかく突出。駅からちょっと歩くが「古本バル 月よみ堂」は古本売場と飲食席がしっかり別れた古本カフェである。駅北側には東寄りに「比良木屋」があり、人文と芸術に深みあり。また駅北口前の細道に「TIMELESS」があり、若者向けの落ち着いた品揃えを見せている。「beco cafe」は読書用の棚と販売用古本棚を備えた、読書家に人気のカフェ。北口の西友を西に抜けた所に新しく出来た「忘日舎」は、文学や思想を独自の視点で集めて奮闘している。西北に延びて行く女子大通りには旅関連の新刊と古本を扱う「のまど」、オールマイティな「花鳥風月」が揃い、道の果てには店頭にダンボール箱を数箱置き、古い本を詰めて商う「かんばら書房」がある。

北銀座通りを北に進むと、閉架式だが月に一回ガレージセールを開く「中野書店」。そして青梅街道まで出ると日本文学の品揃えが抜群の「古書 西荻モンガ堂」がポツンと待っている。

◉吉祥寺駅　南口の狭いバス通り沿いに、まずは「古本センター」。ビル内に文庫・漫画・カルチャー・アダルトの古本屋がはまり込んでいる感じ。「バサラブックス」は三角型の極小店だが、誠実で少数精鋭な棚が展開。北側のサンロード内にある「外口書店」は新古書がメイン商品。東急デパート脇にある「百年」はシックな店内にアート・カルチャー・暮らし・文学を丁寧に集めている。裏路地の「Main Tent」はダンサーが経営する絵本のお店。五日市街道沿いの「藤井書店」は、一階で雑本二階で専門書を扱う老舗店。「すうさい堂」はサブカル＆アングラに特化したマニアック店である。駅からはかなり離れるが、「青と夜ノ空」では衣食住の新刊と古本を取り扱う。

◉三鷹駅　駅北側には「点滴堂」。ブックカフェであるが、蔵書も多く女子系に鋭く尖った品揃えが素晴らしい。三谷通りにある「無人古本屋BOOK ROAD」はその名の通り、古本無人販売店。駅南側にはリサイクル系の「BOOKS三鷹」があり、だいぶ南に下ると欧州のお店のような「上々堂」。深く時代を遡れる棚が並んでいる。さらに南に下ると、太宰治に傾倒した古本カフェ「フォスフォレッセンス」がある。

◉武蔵境駅　駅南側「プリシアター・ポストシアター」は演劇・映画に強いお店だが、他ジャンルもしっかり備えている。駅近の「境南堂」は現在休業中とのこと。「BOOKSバリオ」は「BOOKS三鷹」と同系列のリサイクル店である。

◉東小金井駅　駅南側のくりやま通り沿いには、「BOOK・ノーム」がある。どの駅にも一軒はあって欲しい雑本店。

◉武蔵小金井駅　駅南側に出て小金井街道を下ると「古本ジャンゴ」。バランスのとれた総合店である。駅北側には「中央書房」があり、棚に古い本を多く収めている。

◉国分寺駅　駅南側の国分寺マンション最下層に「ま

どそら堂」があり、児童文学やSFに強さを発揮、線路沿いには「中央書房支店」があるが、ほとんど倉庫状態である。国分寺街道沿い「雲波」斜向かいの「才谷屋書店」は、滅多に開くことのない幻のお店と化している。北口の車通りの激しい商店街には「ら・ぶかにすと」。小さな店内にギュッと本を集めている。さらに通りの先の「国分寺超山田堂」は、CDや洋服とせめぎ合うように結構な量の古本を集めている。

◉国立駅　駅南側の欧州の香り漂う「銀杏書房」は洋書のお店だが、ビジュアル本に強い品揃え。「ブックステーション門」は有機野菜も販売する広く大きい店舗が魅力。駅前の「みちくさ書店」は通路のような一階と地下室の店舗に、70年代以降の本を中心に並べている。

◉立川駅　立川通りの先にある、看板建築が美しい「地球堂書店」は、整然としてはいるが時間が停まり気味のお店である。

◉八王子駅　駅ビルセレロ八階にある有隣堂にはアウトレットブックの大きな棚があり、新刊アウトレット本を定価の半額ほどで販売している。駅北側の「佐藤書房」は、店頭店内共に目の離せぬお店。ミステリと文学と絶版漫画が充実。秋川街道で駅から遠く離れると「田中書房」がある。探し甲斐のあるリサイクル系雑本店である。

◉西八王子駅　駅北側、陣馬街道を遡ると「さわやか記念文庫」にたどり着く。蔵書量の多い雑本店。駅南側の散田町にある「散田書房」は文庫＋歴史系学術本のお店だが、最近開いているところに出会ったことがない。

JR八高線

◉東福生駅　アメリカナイズされた国道16号沿いに「Good king's」。軍用品を中心に扱う古着屋さんだが、二本もの古本棚が店内にある。だがその多くは70〜80年代の漫画に割かれている。

奥村書店

銀座駅

東京メトロ銀座線

ゴージャスな街・銀座。ある意味これほど古本屋に似つかわしくない街はない、と言ったら誠に失礼なのだが、しかし戦後すぐには、露店の古本屋が通りを大いに賑わせたことがあるという。やがてＧＨＱの指令により、それらは一斉に姿を消すのだが、ちゃんとしたお店として、そのままこの地に根付いたのが「奥村書店」なのである。様々な変遷を経て、最後は昭和通りの近くで「新生堂 奥村書店」として営業していた。奥には日本美術・江戸東京・伝統芸能などを集め、手前に文庫も含めて新しい足の早い本を集めたスタイル。近所のビジネスマンやＯＬも良く立ち寄り、本を買っていた。銀座にこんなノーマルなお店があることが、とにかく嬉しく、意外に買えるお店であった。恐らく今までの人生で、銀座で一番買物をしたお店は、間違いなくここである。

古書 往来座

都会の中州の古本劇場

営業時間 12時〜22時 **電話** 03・5951・3939

地下の南改札を抜けて西武口方面へ進み、人波をかき分けてそのまま西武デパートの白い地下胎内へ。南に入り込んで行くと、「LIBRO」が「三省堂書店」になっており、さほど変わらぬ印象で地下に広がっている。その脇を擦り抜け、奥のエスカレーターで一階に出ると、明治通り脇のビル裏手。「ジュンク堂書店」が脇に立つ南池袋一丁目交差点を東に渡り、通りを南に下って行く。

だんだんと下りになる道を、左にカーブしながら順調に３００メートルも進めば東京音楽大学前バス停。その前の、通りと脇道の中州的な角地に、映画館のような名を持つ、焦げ茶色のお店がある。

バス停前の道沿いに、椅子・雑誌箱・１００均単行本棚・１００均文庫棚が低く連なり、背後のガラスウインドウには、詩集を中心に、独特な書体で値段が書かれたプレミア本が、キラキラ飾られている。入口前は、ドカンと太い柱が立つ特殊な三角地帯で、そこにも安売り単行本棚やビジュアル本棚、それに文学本棚などが集まっている。

看板の下を潜り、入口を抜ける。奥に向かって長く広がる店内は、整頓が行き届いてはいるが、古本の気配がとても濃厚に漂っている。壁際窓際は棚に覆われ、フロアには右に長い平台付きの低めの背中合わせの棚が一本、左には手前にちょっと長めの背中合わせの棚が二本、そのまま奥に短めの背中合わせの棚が二本続き、計四本の長い通路が出来ている。帳場は入口から左側にあり、ナナメに店内を見守っている。

入口左横には特集コーナーがあり、永井荷風などの文豪棚や雑司が谷棚が設けられ、下にはギターや販売用の天体望遠鏡も置かれている。入口右横には絵本と児童文学が固まり、そのまま右側窓沿いに食・料理・

猫・暮らし・女性関連・アートビジュアル本・建築・デザインと奥のスペースまで続く。向かいには落語・演劇・音楽・ＶＨＳビデオが集まり、ここには蝶番型の薄手のラックが取付けられ、冊子やＣＤを飾っている。奥の壁際には美術全般が集まり、さらに奥まる左に向かって、写真・五十音順海外文学・哲学・思想・精神科学とまとまって行く。

二番目の通路は、右に映画・役者・テレビ関連を細かく大量に揃え、向かいに新入荷本・映画・ビジュアルムック・出版社別文庫・教養系文庫と続いて行く。

三番目の通路は、右に日本文学文庫・海外ミステリ&ＳＦ文庫・詩集文庫、左に文学評論・充実の詩集を備えている。左端の通路は日本近現代文学通路となっており、作家五十音順に古書を多く混ぜ込んで棚が造られている。奥に少量のカルト漫画もあり。

大変に深みのあるお店である。一般的なところから、気付かぬうちにいつの間にか深いところに誘われているような、蠱惑的な棚が展開して行く。普遍的なようでいて、実は個性的。これこそまさに古本屋さん。値段は普通〜ちょい高で、いい本には当然プレミア値が付けられている。

しかし、帳場にかかって来る電話が、普通のコール音に加え、まるでそこに本物がいるような緊迫感のある、切羽詰まった猫の鳴き声バージョンがあるのは、どうしたわけであろうか？　そんな謎を含む帳場で働いているのは、お店の個性の元の、丸刈りの店主である。

店内を丁寧に一周半して、散々迷いまくったあげく、大映株式会社ＶＨＳビデオ『怪猫呪いの壁／三隅研次監督』を購入する。

古書信天翁（あほうどり）

夕やけだんだんを上がると古本屋が

営業時間 12時〜22時（日祝12時〜20時） **定休日** 月火 **電話** 03・6479・6479

駅の北改札口を出て西口へ。そのまま日暮里駅西口商店会に突入すると、おせんべい屋さんや佃煮屋さんが、下町的情緒を濃厚に醸し出す。そんな通りを西へと進む。

進むほどに緩く下る坂道となり、視界が開けて「夕やけだんだん」の上。幅広の階段が眼下の谷中銀座へと続いて行く、雑誌やテレビで見慣れた有名な光景が目の前に展開する。多くの人がものを食べながら楽しげに行き交い、すっかり下町の観光地として賑わっている。

その階段上で視線を左に移すと、三階建の焦げ茶パネルのビル。前面中央部分がガクガクと窪み、上への階段が見えている。道の際には早速古本が姿を見せ、100均の文庫本・児童文学・雑誌を箱内や台の上に展開し、結構な量の本がお店への道しるべとなっている。右手の二階窓を見ると、麗しき紙たちの姿がチラリ。

折り返しながら上がる階段の踊り場に、チラシ類置場があり、階段を上がり切った入口横には、今は絵本や児童文学の安売り棚が。軽いドアを開けて中へ進む。聞こえて来たのは矢野顕子の高い歌声。お店は右に広がる、逆L字型である。

通路的な入口近くには、手前の壁棚に海外文学とペーパーバック。同ジャンルの文庫も片隅に登場している。通路を挟んで低い棚が置かれ、和・洋の絵本と児童文学が収まる。その後ろに広めの帳場兼作業場がある。

右奥に進む。帳場前から開放感のある窓際に向かって、余裕のある配置が展開。右の帳場前の壁際にはコミックが集まっているが、その前に大量のダンボールが積み上がり、2／3ほどしか見ることが出来ない。

青年&カルトコミック中心である。またその手前には小さな棚が置かれ、コミックなどと共に、上には時代小説文庫が積み重なっている。

窓際奥に進むと入口側の壁棚に、落語・役者・演劇・映画・音楽などが並んでいる。窓際には大量のクリアファイルが置かれ、映画チラシとパンフが新旧交えドッサリと収まっている。

奥の壁際は大きく採られたダイナミックなボックス状の棚で、美術・作品集・図録・写真・写真集が並んでいる。フロアには低めの棚があり、上にはリトルプレスや詩集関連の新刊、それに美術雑誌などを飾り、詩歌・美術・山岳・暮らし・農業・公害・文学など。脇には200均の新書棚あり。

さらに左壁際には、デザインや建築を収めた低い棚が続き、現代思想・サブカル・日本文学の並ぶ棚に続く。帳場横のさらにその奥には、コの字状に組まれた棚に、岩波文庫・ちくま文庫・日本純文学文庫・日本文学文庫などが収まっている。

ここは道灌山下の「古書ほうろう」から旅立ち開店したお店なのだが、スタート時から古本屋として大地にしっかり足を着けている。あれからもう数年が経ち、古本屋としての風格が、メキメキ上昇している印象で、観光地のお店としても地元店としても機能しているようである。海外文学・絵本・落語・演劇・映画・美術が充実。立地条件もまた来たくなる素晴らしさである。値段は普通。フィルムアート社『マスターズオブライト／デニス・シェファー＋ラリー・サルヴァート』を購入。

弘南堂書店

権之助坂の途中で足を止めよう

営業時間 11時半〜22時　**定休日** 不定休　**電話** 03・3490・4231

駅西口側の権之助坂商店街にある。周りはほぼ飲食店ばかり。店頭看板の店名の下に「目黒店」「大井店」とある。

店頭のワゴンはすべて雑誌やムックで埋まっており、何となく女性向けの傾向。中を覗くと細長い店内。結構な量の本たちが、遠近法で襲いかかって来る！　壁は最奥のレジ以外は天井までの本棚。真ん中には、これも天井までの背中合わせの棚。店内通路は単純明解なUの字となっている。

右の壁際は、実用・女性エッセイ・コンピュータなどから始まり、奥に行くほど社会・ノンフィクション・政治・歴史・戦記・戦史・思想・哲学と濃く、しっかりとしたジャンル分け。レジ横は辞書が並ぶ。その向かいには、まずは分厚い廉価コミックのド派手な背がズラッと並び、下にも積み重ねられている。その奥に映画・演劇・音楽・芸能・芸術・郷土史・紀行などが収まる。奥のレジ周りには本が積み上げられ、人がすれ違うのは困難である。

レジでは裸足の店主が、椅子に限りなく浅く腰掛けている。その横にはデカイ腕時計型の壁掛時計が掛けてある。レジ下の棚には時代小説文庫や岩波文庫。しかし本の山の陰でよく見えない…。左側レジ横壁際には学術書や技術書。そして大量の海外文学・詩歌・文学評論・評伝・日本文学、と入口方面に向かい並ぶ。向かいはアダルトから始まり、ノベルス・岩波・中公・ちくま・日本の現代文庫へと続く。講談社BOXが結構揃っていたり、講談社文庫が色別に並べられていたりと、妙な特色あり。

全体にそれほど古い本は無いが、決して浅いわけではなく、むしろ適度に練られた棚たちである。値段はちょっと安め。講談社文芸文庫『紋章／横光利一』を購入。

トップ書房

急坂を上れば古本が待っている

電話　03・3711・5334

線路際の急坂を上がっている。西口ロータリーに出て、南に進んですぐにフェンスの続く線路際へ入り込む。上がり始めると、鼓動がトクトク速くなるほどの坂道を、南に上がる。するともうすぐ頂上という所で、左手に船の舳先のような白い低層ビルが出現する。

坂の途中の古本屋さんは、錆びたフェンスが終わる所に現れ、その唐突さが何だか格好良い。惹き寄せられるように近付くと、お店の前を掃き掃除していた若者が「いらっしゃいませ」と小さくつぶやき店内へ。店の前面はサッシ戸だが、左右のガラスの向こうには、三本の100均棚が据えられ、文庫・単行本・コミックを並べている。…取り出すときは戸を動かすのだな。

店内は黒灰色な空間で、左に帳場があり、壁はほとんどが棚で覆われている。フロアには小さな平台付きの背中合わせの棚が縦に二本。

入口右横には、古書・幻想文学・雑本・サブカル・コミック・新書が並び、右奥通路には時代小説文庫・一般文庫・日本文学文庫・海外文学文庫・日本刀・趣味・三島由紀夫・落語・映画・文学などが集まり、単行本の並びはちょっとカオス気味。平台には特撮系ソノシートや古雑誌が置かれている、そして棚脇に、プレミア漫画絵本・絵本・歴史ムックの並ぶ棚と、まだ空きの多い大衆文学棚がある。

真ん中通路には宗教・民俗学・自然・ビジネス・文学・歴史・文化が集まり、古書もチラホラ。左の帳場前はアダルト一辺倒、棚脇に講談社少年倶楽部文庫・岩波文庫棚あり。奥壁にはビジュアルムック・アート・大判本・作品集の類いが大量に並ぶ。単行本はカオス気味だが、古い本があちらこちらに顔を出しているのは嬉しい光景である。値段はちょい安～しっかり値まで様々。寿書房『漫画入門／前谷惟光』を購入。

中村書店

宮益坂上の詩獣の殿堂

営業時間 10時〜19時半 定休日 日 電話 03・3409・7755

宮益坂を東に上がり切って宮益坂上交差点。246号に合流して、北西側の歩道を歩いていると、左手に姿を見せる粗く汚れたコンクリビルの一階に、赤い小さな日除けを突き出した古本屋がポツリ。店頭には100均文庫ワゴンと小さな100均単行本箱（時々面白い文学本が紛れ込んでいる）が並び、時には時代物の鉄製回転文庫ラックが表に出ていることもある。

店内は通路の如き縦長の空間で、左右の壁棚でお店は構成されている。奥には古書に囲まれた帳場があり、左上には堀口大學書の「中村書店」の扁額が飾られている。左壁は文庫棚から始まり、これは柱に沿って凸凹と続く。海外文学文庫・教養文学系文庫ときたかと思うと、突然古書度をアップさせて、歌集そして詩集と続いて行く。この辺りは棚にしれっと挿さっているが、プレミア物を多く含み、日本の近現代詩史を実物で表すように、奥のガラス棚まで重厚に貴重に続いて行く。

入口右横には、ビジュアルムックラックと、ちょっとお得な文学本が並ぶ台があり、右壁棚に新書、そして日本文学と日本文学を核にした古書や署名本を多く含む、人文系の眼福な並びが連続し、最後に美術となっている。通路のようなフロアには、安めの文庫台や、詩雑誌・文学箱などが置かれている。

とにかく詩集が物凄い迫力で揃っている。恐ろしい値段なので手は出せないが、詩集という物質の形をとった言葉の集合体に、大いなる敬意を抱いてしまう。ちなみに文庫や新書は安め。

ここは渋谷という街には似合わぬ、詩獣の集う気高いお店なのである。學風書院『文壇えんま帖／佐藤観次郎』、草思社『世界変人型録／ジェイ・ロバート・ナッシュ』を購入。

貝の小鳥

裏路地で囁く絵本と児童文学

営業時間 11時～18時 **定休日** 火 **電話** 03・5996・1193

改札を出ると、そこは目白橋の上。目白通りを渡って西へ。三つ目の信号、目白三丁目を北へ。するとすぐに西へのびる横道がある。そこに入り込むと箱のような建物の前に、貝と小鳥をモチーフとしたロゴが描かれた看板と、小さなワゴンや椅子の上に乗る本を発見。近付くと105円の児童文学や315円の絵本&自然写真集などが並んでいる。

緑の引き戸を開けて中に入ると、床もテーブルも棚も木製の落ち着いた空間で、BGMも抑え気味。左壁には小さな本棚が二つ離して置かれ、右壁には大判の本も入る特製の棚が六列設置されている。真ん中には大きなテーブルや小さいテーブルが置かれているが、そこにあるのはすべて木製のモノを中心に、人形・積み木・知的玩具・パズル・木馬・カルタなどの子供用玩具。壁際にも空いている部分には様々なモノが飾られ、額装されたイラストなども。本題の古本はというと、左側手前の棚は文庫が並び、旅・紀行・エッセイを中心にセレクトされた棚造り。奥の棚には児童文学の文庫&新書が収まり、下のほうには児童文学評論も。右の壁に移ると、入口横には525円のドリトル先生。そして右壁棚は、日本作家絵本・海外作家絵本・洋書絵本、そして少量の美術雑誌。間に田島征三原画を挟み、児童文学・児童文学評論・エッセイ・日本文学・旅・紀行・美術・図録が並ぶ。そしてレジ横にはアンティーク調の小さなガラス戸棚があり、古い児童文学・プレミア本が飾られている。

レジでは物静かな雰囲気の女性が丁寧に応対。店のハンコが押された白い袋に本を入れてくれる。キレイな本がほとんどで、棚並びも質が高い。値段は普通だが中には安めの本も。旺文社ジュニア図書館『ぼくのおじさん／北杜夫』を購入。

まだまだあります、古本屋

JR山手線

◉**池袋駅**　駅西口の立教通り沿いには「夏目書房」。見かけは古いが店内では新しめの棚並びが連続している。「八勝堂書店」はレコードと文学を扱うが、実は二階も存在し、歴史系の専門書やプレミア本を揃えている。

劇場通りから北に続く道をたどれば武道具屋の「Budoshop」にたどり着く。武器庫となっている店内奥には、格闘技や武道の本棚が厳然と立っている。へいわ通りにはリサイクル系の「平和堂書店」がある。東口にある「光芳書店」は、アダルトから文学までの一本筋の通ったお店である。

◉**大塚駅**　北口にある「ペンギン堂雑貨店」はガラス店と雑貨店が融合し、尚かつ古本棚を備える変わり種。きれいにまとまっており、本はそれほど多くはない。

◉**駒込駅**　「停車場」は駅北側の旧古河庭園近くにあるリサイクルショップ。店頭に100均文庫と、二階に古い本の混ざる古本コーナーがある。駅南側にある「パックレコードとしょしつ」はアパートを改装したMARUIKE HOUSEの中にある。サブカル中心に迷いなく潔い棚造り。「古書ミヤハシ 駒込店」は大衆雑本店である。

◉**田端駅**　東田端一丁目商店会にある「古本屋の中村」は、ブックマート系列から独立して現店舗に。リサイクルを越えた個性が所々に見られる。

◉**日暮里駅**　駅北側すぐにリサイクル系の「BOOK BOY 日暮里店」。尾竹橋通りの「峯尾文泉堂」は昔ながらの下町店。店内のそこかしこに昭和が淀んでいる。

◉**上野駅**　昭和通りにはマイナーリサイクルチェーンの「U-BOOK 上野店」がある。近くの人がちょっと読むものをと、買いに来るようなお店である。

◉**有楽町駅**　「宝塚アン 有楽町駅前店」は、駅東口の東京交通会館二階にある宝塚歌劇専門のグッズ店。入店するには強い心が必要となる禁断の花園である。

◉**新橋駅**　昭和なビルの二階にある「交通書房」は鉄

道グッズ専門店。物欲をそそる鉄道雑貨に囲まれ、しっかりと鉄道本を収めた本棚が輝いている。

◉五反田駅　「GOOD DAY BOOKS」は恵比寿から移転して来た洋書専門店。ペーパーバックも多種多様に揃えている。

◉恵比寿駅　渋谷橋交差点脇にある美容室「Sele-cao」は、奇特なことに店内に古本棚を備え、髪を切らなくとも販売してくれる。アートや幻想文学がメイン。

◉渋谷駅　駅東口。宮益坂を上って行くと「巽堂書店」。一見硬そうだが文学の品揃えが柔軟で、店頭棚も充実。「SUNDAY ISSUE」はギャラリーの奥に立派でお洒落なセレクト古本スペースを持っている。

宇田川町の地下深くに下る「まんだらけ渋谷店」にはミステリ・幻想文学・SF・ジュブナイル・サブカルと中野「海馬」を縮小したようなちゃんとした古本棚あり。「古書アップリンク」はミニシアターのロビー脇にある、映画や上映作品に関連づけた古本棚の名前である。

西口側には飲屋街のビルに二店の古本屋が同居している。一階の「古書サンエー」はアダルトと教養文化が見事に融合。二階の「Flying Books」は尖ったアート・幻想文学・海外文学を揃えている。駅から代官山方面にちょっと離れた「東塔堂」はアートやデザインなどの美術書専門店。渋谷の一番の変わり種な古本屋は、國學院大学の生協内にある古本棚であろうか。短歌や折口信夫、神道や古代祭祀の本をたくさん並べている。

◉高田馬場駅　西口側の高架沿いに位置する「Book-Taste」は足の早い雑誌・コミック・文庫の大衆店。東口ロータリーの向こうにある芳林堂書店四階には、早稲田の古本屋が出店する古書モール「ふるほん横丁」がある。さらに南寄りの裏路地にはジャズ喫茶の「MILE STONE」。美術・映画などのカルチャー本が大きな壁棚にマニアックに集合している。

◉目白駅　「ポポタム」は駅からだいぶ離れて、もはや西武新宿線線路の近くにあるブックギャラリー。児童文学に強い。

古本屋レクイエム

中神書林

東中神駅
JR青梅線

高層住宅足元の商店街に、古本の洞窟があった。二重で見難い均一棚に挟まれ、猫のオブジェが飾られた入口を潜ると、明度の低い白熱電球に照らされた、暖かく薄暗いお店の中。林立する棚には、マニアックな本やこだわりの本が多数並んでいた。特に掘り出し物を見つけた体験があるわけではないが、コンスタントに良い本を、納得の値段で入手出来た、良いお店であった。そのようなお店が消えてしまうことは、古本生活に大きなダメージを与える上、脳内の古本屋地図を書き換えなければならない事態にも陥る。気付けば、この先の昭島にあった「さわやか記念文庫」も、残念なことにお店を閉じてしまった。これで青梅線からは、リサイクル系のお店以外、古本屋が潰えてしまったのである。

2 神奈川エリア

京王線
京王高尾線
京王井の頭線
小田急線
小田急江ノ島線
小田急多摩線
東急田園都市線
東急世田谷線
東急東横線
みなとみらい線
東急目黒線
東急大井町線
東急多摩川線
東急池上線
JR根岸線
JR横須賀線
JR京浜東北線
JR東海道線
京急本線
京急逗子線
京急空港線
相鉄線
JR南武線
JR横浜線
JR相模線

古書 豊川堂

昔も今もあり続ける街の風景

営業時間 10時半〜20時 **定休日** 日 **電話** 03・3322・3408

駅前市場を抜けて、北口れんが通りを少し進んだ所にある。タイル貼りの外壁、昔ながらの建築意匠、そして年月を経たガラス戸や棚たち。どう見ても街の古本屋である。

店頭には植木鉢と木製のワゴンが置かれ、雑誌類とナショナルジェオグラフィックとオカルト関連のムックが並んでいる。入口は二ヶ所で、左から中へ。店内は天井も高く意外に広々としている。床はコンクリ土間。壁はグルリと本棚。真ん中に平台付きの背中合わせの棚が置かれ、店内を二分している。

壁の棚には、文学・歴史・時代劇・文化・サブカル…多数のジャンルが入り乱れ並び、新しいものも古いものも混ざっている。だが無秩序とは決して言えないこの構成。奥のレジ横には辞書類が収まっている。棚の前には本がキレイに正方形に積まれ、テーブルのようになっている…立食パーティーでも開けそうだ。向かいには、これも多ジャンルの本が収まっている…あ、でも妖怪関連の本が目に付くな…あ、永井荷風本は集まってるな…あ、最多の芥川&直木賞が並んでるな…。

下の平台には文庫が並べられ、手前は大衆文学文庫、奥に純文学や岩波文庫という構成。右スペースはちょっと狭いうえ、通路に本がドドっと積み重ねてある。壁際は古典や学術書で埋め尽くされている。こちらはジャンルしっかりの一目瞭然な棚構成。非常に硬く手堅い空間である。向かいは上が、文学の評論や自然科学・文化などの、ジャンルは硬いが少し柔らかい本。平台にはちくま文庫や中公文庫が並んでいる。

全体的には確かに街の古本屋だが、文化的なお店である。キレイでアダルトも置いてないし…。本の値段は大体定価の半額前後。作品社『乱歩東京地図／冨田均』を購入する。

文紀堂書店

池ノ上から引越しシフトチェンジ

営業時間 12時〜21時 **定休日** 水 **電話** 03・5315・9570

　京王線を乗り捨てて地上の南ロータリーに出て南へ。二つ目の交差点を東に入ると、小さな商店街となり、その先に小洒落た低層ビルが向かい合う交差点。その間をさらに東に進むと、幼稚園を越えた左手マンション一階に、三日月のイラストをあしらった古本屋さんの看板が見えて来た。

　緑の日除けの下は、旧店舗のような賑々しさは鳴りを潜め、100均単行本&文庫ワゴンが一台と、ガラスウインドウの角に児童文学と絵本の小さな飾り棚があるのみ。ちょっと力のいるドアを開けて中に入ると、内装の木の薫りが鮮やかな、洒落た今時の空間。壁棚に囲まれたフロアには、左に長い背中合わせの棚が一本、右に短い背中合わせの棚が一本置かれ、都合三本の通路を造り出している。奥に木製カウンターの帳場があり、文紀堂の若店主が、キュッキュッと本を磨いている。木床を踏み締めて左端の通路へ。

　壁棚に郷土・民俗学・歴史・自然科学・哲学・海外文学・日本文学・映画・音楽・演劇・伝統芸能と並び、帳場脇棚の本関連・ミステリ・幻想文学・古書につながる。向かいには教養系文庫・新書・講談社学術&文芸文庫・ちくま文庫など。

　真ん中通路には、児童文学・子供用本・辞書・日本文学文庫・海外文学文庫・絶版漫画・詩集が集まる。ウインドウ前の絵本は右壁棚にも領土を広げており、その奥にビジュアルムック・美術・作品集・大判の写真集を下段に備える自然・建築・写真・昭和風俗が帳場脇まで続く。向かいの小さな通路棚には食&料理が収まる。

　雑然さゼロのキレイなお店。街に寄り添う古本屋さんである。値段はちょい安〜普通。集英社コバルト文庫『万葉姉妹／川端康成』を購入。

手紙舎

古い団地に吹く新しい古本風

営業時間 11時〜18時 定休日 月〜木 電話 042・444・5331

南口の地下道にある「武者小路実篤記念館」専用の掲示板を眺めてから外へ。バスの折り返し場を左に見ながら南に進むと、品川通りに行き当たる。そこを西へ進み、二つ目の交差点「神代団地」をグイッと南に入ると、名前の通りそこはすでに団地の圏内。植木の高さがこの団地が経てきた長い時間を想像させる。直線の通りをシタシタ歩き、神代団地中央の信号を越えると、右手遠くに何やら看板が見えてくる。近付くと〝神代団地中央商店街〟と〝サンディ〟のイカした文字…ここか。

団地の足元を見ると、ピロティ風の通路になっており、真ん中には緑の商店街の案内板…が、そこに目指すお店の名前はない。歩を進め商店街に入る。スーパー「サンディ」を真ん中に、両翼に屋根付き通路を備えたお店が並ぶ。シャッターが閉まり寂しげな光景。スーパーを過ぎて左に回り込むと、視界が一気に開ける。公園に面したレンガブロックを敷き詰めた広場。ちょっとだけ大友克洋の『童夢』気分を味わう。すると目指すお店が、商店街の片翼右端に姿を現した。古本と雑貨、そしてゴハン屋と編集室が一緒になっている複雑なお店である。

しかしその外観は、シンプルでオシャレな古本カフェ。その超然とした佇まいに一瞬たじろぐが、覚悟を決めて前に進む。お店の前面は白く塗られた木枠のガラス戸、右端が出入口となっている。入口横の壁に、ゴハン屋とお店の名が飾られている。そのさらに横には、ナゾの閉ざされたボックス…。屋根下には、メニューや店名&お店の説明が書かれた小さな看板が、ポツンと二つ。やはり私にとってはだいぶ敷居が高い…しかし乗り越えなければならぬ敷居っ！

軽快に開く扉から店内へ。薄暗く柔らかな照明の中に広がる白い壁と天井、床や調度はシックな木材…やはりオシャレである。テーブルにはすでに数人のお客さん。正面には雑貨棚の向こうに、作業場と厨房が立体的に展開。目指す本棚は、左壁にこれもシックに貼り付いている。

テーブルを回り込むように進むと、女性スタッフが「いらっしゃいませ」とにこやかに近付いて来た。席に案内していただく動きだったが、ここはしっかりと「本を見せてもらってよろしいですか？」と伝える。瞬間、女性は驚きの表情を浮かべたが、それはほんの束の間。すぐに満面の笑みを浮かべ「どうぞ」と棚へと促してくれる。おぉ、ありがとうございます。

大テーブルと棚の間に滑り込む。焦げ茶の棚は角も交えて、横六列×縦六列の計三十六列のボックスが並ぶカタチ。面出しされた部分、キッチリ詰められた部分、緩やかに並ぶ部分と三種のボックスが展開。ジャンルは、建築・写真・散歩・料理・ファッション・フランス・文学・岡部伊都子・森茉莉・児童文学・岩波少年文庫・美術・インテリア・カラーブックス・図録・本関連・雑誌などが美しく並べられている。棚に戻す時も、並びを崩さぬよう慎重になる。

昭和四十年代の不思議な本たちが見ていて楽しい。ミッドセンチュリーとも違う独特なチープさ。値段はちょい高〜高いという感じ。棚の良質さと珍しさを考えると、むべなるかな。その棚をプロデュースしているのは、ネット古書店「古書 モダン・クラシック」である。

表に出ると、店前に佇むご婦人がおずおずと声を掛けてきた。「あの〜ここは何のお店なんですか？」…どうやら外から見ても良く判らない、看板を見ても良く判らない、何やら若い人が集まっている…ということで、思い余って声を掛けてきたようだ。古本と雑貨を売っているゴハン屋であることを告げると、その複合形態がよく理解出来ないらしい。何度か同様の説明をして「ハーブ茶とかがあるような喫茶店ね〜」ということで落ち着いてしまう。東京出版センター『電話文学散歩／幸尾保之』を購入。

円居（まどい）

抜け道に君臨する端正な本棚

営業時間 11時～20時　**定休日** 水　**電話** 0424・83・8950

駅北口を出て線路沿いの道を東へ。50メートルほど歩き、ビルとビルの間の細い道を左に入る。ここは私有地なのだが、旧甲州街道までの抜け道としても利用されているようだ。すると突然姿を見せるお店。こんなところに古本屋さんがあるのに驚きを感じてしまう。

マンション一階の店舗で、長い日除けは隣りの店と共用になっている。店頭にはワゴンが四台、単行本・全集端本・文庫本・ＣＤが安値で並べられている。文庫本には開高健が多数！　まるで１００均台で特集が組まれてるみたいだ…。

店内はさほど広くなく正方形。しかし通路がしっかり確保されているので、棚は見やすい。棚自体も整理整頓が行き届いており、単行本には全部ビニールが掛けられている。壁はすべて本棚、真ん中に背中合わせの棚が一本、奥にレジ。

入口左横には全集類が積み上がる。壁際にも少し全集、そこから旅・紀行・散歩・海外文学・料理・海外文学評論・哲学・心理学・民俗学・郷土学、そしてレジ後ろには古典、下には図録や大判本が並ぶ。向かいは、音楽ＣＤ・新書・岩波やちくまなどの教養系文庫が収まる。レジ前を通り右通路へ。レジ横の棚には、美術・建築・写真・図録が並び、角を曲がると音楽・演芸・充実の映画・日本文学・エンタメ＆ミステリ・経済・社会と並び、入口横にはハーレクインと絶版漫画の奇妙な取り合わせ。通路棚には、時代小説・エンタメ・ミステリ文庫。下段に旺文社文庫が揃っている。平台には単行本や漫画雑誌も。

良質なお店である。棚のバランスがとても心地良い。丁寧に手入れされた庭園を眺めているようで、時々発見出来る古書がたまらない。お値段安めも嬉しいところ。筑摩叢書『潜像残像／濱谷浩』を購入。

木内書店

街を彷徨う街の古本屋さん

営業時間 10時半〜18時半 **定休日** 水、第1・3火 **電話** 042・362・7769

北口の空中広場に出る。階段を西に下りて、ビルとビルの間を西に抜けて、けやき通りを横断。京王線高架北側の脇道に入り、西へ。すると高架下に、平屋で九軒の店舗が連続するプレハブ長屋が現れる。その西端に〝古書買入〟の看板が掲げられていた。

表側には低いタイプのラック棚があり、100均文庫と100均雑誌類が並ぶ。脇道側にある細長い棚は50均文庫で、足元に50均単行本箱も置かれている。サッシを開けて小さな店内に進む。左右壁棚と真ん中に背中合わせの棚が一本、そして奥に帳場の、シンプルスタンダード古本屋スタイル。店主たる奥様は、すっかり古本屋然として在庫に囲まれ座っている。右壁は美術・囲碁・歴史・社会・文化・思想・文学・江戸風俗・自然・教科書類・学術&資料・山岳などが、ある程度カオスに、そして安値で並んでいる。向かいには暮らし・実用・ビジネス・自己啓発・ノンフィクション・ミステリ&エンタメ・落語・海外文学・全集など。左側通路へ移動すると、壁棚に美術図録・ビジュアルブック・ミステリ&エンタメ文庫・ノンフィクション文庫・日本純文学文庫・戦争文庫・官能文庫・ちくま文庫・中公文庫・講談社学術文庫・岩波文庫。向かいは時代小説文庫・海外文学文庫・ハーレクイン・BLノベルス・ノベルス・新書となっている。

新しめの本が中心だが、単行本には戦前&昭和、文庫には絶版が少々顔を出す。ちなみにこの場所は「高架下東仮設店舗」…つまり期間が限定されているのだ。ここにいられるのは三〜四年とのこと。その後は果たして、何処に復帰するのであろうか？ 新潮文庫『横浜ストリートライフ／佐江衆一』、講談社文庫『お噺の卵 武井武雄童話集』、ケイブンシャ文庫『こんにちは、久米宏です／久米宏』を購入する。

池畑書店

ドライブ・イン的古本店

電話 042・626・8449

改札を出て目の前の道を北へ進む。ぐねぐねと曲がる坂道を下る。小さな川を越えると広園寺入口の交差点。そこで右を見ると、広々として荒れた駐車場的敷地の向こうに、古本ドライブインのような建物を発見！緑色の外壁、三角屋根の三階建て…国道沿いの中華料理屋と言っても通用する趣きである。

店頭で目に入ったのは、日除けに描かれた本を読むフクロウのイラスト。…どうやら「ブックスーパーいとう」関連店らしい。店頭は壁棚と本棚、ラックを利用し、入口左右に擬似通路が造られている。廉価コミック・１００均文庫・新書・コミック・ハーレクイン・アダルト雑誌が並ぶ。

中に入ると棚に本が極限まで詰められた空間が展開。通路は広めで整理整頓が行き届いているが、天井までの積み上げ棚がダイナミック。壁はぐるりと本棚、真ん中に背中合わせの棚が四本、棚脇にも細い棚あり。正面奥にカウンターレジがあり、主婦的ご婦人が本の値付け中。左側壁際と通路三本はすべてコミック。

というわけで右側に進むと、入口右横に文学単行本・ファンタジー小説・実用・海外文学文庫・ノベルス・ハーレクイン・女流作家文庫が並ぶ。右から二番目の通路は、左側にアダルト、右に日本＆海外純文学文庫・歴史＆時代小説文庫が収まる。奥の棚脇には、官能文庫・教養系文庫・古典が収まる。レジ横には少量のビジュアル本と写真集・官能文庫。右端の通路は、美少女コミック・作家五十音順日本文学文庫・戦争関連文庫・作家別分類文庫・詩集文庫と並んでいる。

コミック・文庫・アダルトのお店である。文庫は安く、新しい本も絶版文庫も程よい感じ。徳間文庫『世界ケンカ旅／大山倍達』、新潮文庫『ブンとフン／井上ひさし』を購入。

河野書店

店の前には一軒分の古本が展開

営業時間 10時〜20時（土日祝10時〜18時） **定休日** 年末年始 **電話** ０３・３４６７・３０７１

京王線・駒場東大前南口付近の、マンション一階にある店舗。店頭では立地条件を最大限に利用し、十以上の本棚が敷地内に複雑な通路を作り出している。右側には技術・学術系の本、そして洋書が多数並んでいる。左側には日本文学・文庫・新書・絵本・児童書・歴史ノンフィクションなどが並ぶ。文庫は１００円だが充実している。文学単行本も最近の本が中心。長い時間を店頭で過ごし、自動ドアを開けて店の中へ。

正面にはレジ兼作業場。店内は横に広く、左のメインスペースは階段を数段降りた下にある。右スペースは真ん中に本棚が置かれ、壁はグルリと本棚。入口横は辞典類、そして思想系の雑誌・言語学・哲学・心理学、奥には古めかしい洋書。向かいには自然科学・メディア・政治学など。

左側は上半分が窓で、下は棚。奥と右の壁際は天井までの高い本棚で覆われ、フロア内にはこれも高い二本の背中合わせの棚が置かれている。左は建築から始まり、言葉や本の括りが固まり、そこから詩歌へとつながって、最後は戯曲に至る。棚の下段は端から端まで図録類が並べられている。向かいは文庫と新書で純文学度や教養度が高め。古い岩波も結構な量。奥の壁際は映画から音楽へと移って行くが、洋書が棚の半分を占めている。

音楽もジャズやクラシックが中心で、ルーツに関する根源的な本なども並んでいる。真ん中通路は文庫の裏がこれまた原書で埋まり、その向かいは世界の文学・評論・評伝がバランスよく収まる。裏には世界の歴史。向かいの壁際は、芸術・伝統芸能・演劇の本。

とても上品で知的センスあふれる古本屋である。しかし居心地は決して悪くない。新潮文庫『ひかげの花・踊子／永井荷風』を購入。

由縁堂書店（ゆかりどう）

猫＋古本の誘惑

営業時間　11時～20時　定休日　水、第1・3日　電話　03・3422・3591

駅前通りを南に下ると右に見えてくる。店名がある打ちっ放しコンクリの張り出しの下に、均一棚と入口。棚にはハードカバーと文庫本が半々ずつ。そして入口には〝2の日　本日2割引〟の貼紙がある。いい日に来たなと切に思い店内へ。

中は狭く、正面に背中合わせの棚が横向きに置かれる。壁はグルリと棚。左側も壁は棚、その前に背中合わせの棚が一つ。奥はレジになっている。順に見ていくと、入口正面は雑本と児童文学、入口横には小さなコミック棚。壁際は大判美術本や図録が収まり、角を曲がると映画・TVが並び、その横には文学・評論が。向かいも文学で、漱石の研究本が多く見られる。レジ横には、床に積み上げられた本の山に半ば隠れながら、伝統芸能の充実した棚。左スペースに移り、背中合わせの文庫の棚を眺める。新し目の日本文学中心…ここで右方向に違和感…レジの方を見ると、そこには猫！　レジ台の上から、大きな黒猫が寝そべって、こちらをジッと見ている！　睨まれている！　ヤツは口を軽くカパッと開け「……アッ…」と小さく鳴いた。すると後ろで本を読んでいたおばあさんが立ち上がり「どうしたの？」。慌ててレジから視線を逸らす。

入口横にはノベルスの小さい棚。壁際には歴史・戦記・民俗学などが収まる。文庫棚の裏は、これも文庫と新書。岩波・ちくま・中公などが中心である。本を手に取り帳場に声を掛けた瞬間、猫は起き上がり床へしなやかに飛び降りた！　おばあさんに猫の名前を聞くと「クロちゃんって言うの。『クロ』って呼ぶと『ニャア』って返事するのよ」とのこと。クロは足元で紙袋の匂いをクンクン嗅いでいる。猫にはこの本たちは、どんな物に見えているのだろうか。講談社ノベルス『DOOMSDAY／津村巧』を購入。

瀧（たき）堂

古本の瀧壺、ここにあり

営業時間 11時～21時（土日11時～20時） **定休日** 不定休 **電話** 03・6265・7764

井の頭線から西口に飛び出すと踏切の前。商店街を南に向かい、すぐの脇道を西に入ると件のお店にたどり着いた。店頭には入口左右の100均外棚以外にも、小さな棚やラックや箱などが集まり、美術ムックやビジュアルムックや雑誌などを並べている。

店内に進むとぐるっと囲む壁棚と二本の通路棚。入口左横は食・暮らしから始まり、斜め左壁の児童文学・絵本・オードリー＝ヘップバーン棚！・みすず本・哲学・占い・夢・心理学・文明・宗教とつながって行く。向かいの通路棚には、日本文学・詩集・幻想文学・探偵小説・外国文学が並ぶ。中央通路は、左に日本文学文庫と時代小説文庫、右に同時代ライブラリー・ちくま文庫・岩波文庫・旺文社文庫・朝日文庫・春陽文庫・教養文庫・講談社文芸文庫・ノンフィクション文庫・探偵小説文庫・落語文庫・音楽文庫・時代小説文庫となっている。入口右横には都市と女性関連と共に、縦長ディスプレイケースに入ったプレミア本。さらに右壁の二本の絶版漫画棚を見ながら奥に進むと、そこは少し広い空間。壁棚は大判の美術図録や作品集写真集を中心にして、美術・建築・工芸・民芸など。向かいはシンプルな函入り歴史本・江戸東京・歌謡・音楽・大衆芸能・演劇・落語・映画が収まる。帳場前には面陳ちくま文庫と自然科学本も。

棚造りはとても丁寧で大きく、時代の振れ幅も大いに楽しめる。ジャンルごとにしっかり重要な本を含ませ、特定の人物で固めた部分も出現…オードリー・赤瀬川原平・稲垣足穂・小林信彦・宮武外骨・瀧口修造…。値段は普通だが、所々にしれっと並ぶ良い本にはスキ無しのしっかり値が付けられている。朝日新聞社『必殺！ テレビ仕事人／山内久司』、『マンガ世界の偉人 江戸川乱歩』を購入する。

ばくの店

進化中の絵本・児童文学専門店

営業時間 11時〜19時　**定休日** 水　**電話** 0422・76・2501

三鷹台にあった絵本専門古本屋「B-RABBITS」跡地が、新たなお店となっているという。踏切際の南口に出て、そのまま線路沿いを意識して東に進み、100メートル強。左手に二店が並ぶ店舗住宅が現れる。その右側が「B-RABBITS」だったお店である。

以前は中の様子がまったくうかがえなかったお店は、すっかり明るくなり、青い日除けの下のガラスサッシが、店内の様子をよく見せている。店頭には小さな安売り台に、安売り箱&カゴが出されている。中に入ると、中央の大きな白いテーブルについた、黒髪ボブのご婦人が「いらっしゃいませ。雨、降りそうですか?」と迎えてくれた。実に健やかでスマートな店内である。「B-RABBITS」の圧縮陳列が懐かしい…。

右側の版画やリトグラフが飾られた下に低い棚があり、岩波書店の函入り児童文学を皮切りに、出版社ごとに新しめの児童文学が集まる。さらに岩波少年少女文庫に海外ファンタジー系。しかし最下段隅には、茶色い古書も少し固まっている。奥は狭いが洋書絵本棚が続き、中央のカウンター右側ラックにもそれは続く。右には動物のぬいぐるみが数体。左は一面の白いボックス棚で、洋絵本・和絵本・自然科学系絵本・「かがくのとも」・「こどものとも」・児童文学・ポプラ社二十面相&ルパン・新刊・アートがびっちり収まっている。値段はちょい安。

聞けばこの中には「B-RABBITS」の蔵書も含まれており、これからはもっと本を増やしたいとのことであった。ちなみにご婦人は店主ではなく、お店を手伝う元「B-RABBITS」のお客さんだそうである。…あのお店の遺伝子は、同じ場所で微かに、こんな風に息づいていたのか。日本基督教団出版局『人生おもしろ説法/田河水泡』を購入する。

本屋が
あるじゃないか
取扱店
蒸す
酒飲み
ダイエット
年金生活
ラク

まだまだあります、古本屋

京王線

◉笹塚駅　駅近くの甲州街道沿いにある「BAKU」は二階が漫画喫茶のリサイクル店だが、階段横の小スペースに幻想文学やオルタナティブな本を集めている。

◉下高井戸駅　公園通り沿いのビル二階の「TRAS-MUNDO」は、音楽と活字を両立させたお店。硬派で偏った棚造りが潔い。「ポポ」は公園通りに先にあるリサイクルショップ＋100円ショップだが、二本の安い雑本棚がある。

◉八幡山駅　南口の裏通りには野の花のような「グランマーズ」。絵本と文庫で街に地道に貢献している。

赤堤通りの「カルチャーステーション」は、アイドル・女優・タレントに関わる雑誌を膨大に収集している。それはまるで軟らかい大宅壮一文庫である。

◉千歳烏山駅　駅北口の6番商店街では、ブラックホールのような無人古本屋「イカシェ天国」が異彩を放ちまくっている。現在棚はほとんど動かず、本は深く静かに風化中。

◉仙川駅　南口ハーモニーロードの奥にある「ツヅキ堂書店 仙川店」は同系列チェーンと同じくリサイクル系寄りだが、やはり曲者的な部分も持つ。特に奥の300均単行本や文学棚にきらめきがある。

◉調布駅　和洋絵本と児童文学専門店の「古本 海ね

こ」はショウルームのある事務所店だが、予約を取らずとも入れる店舗営業日を設けたりするので、その時はお店として気軽に入ることも出来る。ここでヴィンテージ本を目に出来るのは幸せである。北口の天神通りにある「タイムマシーン」はほとんどCD&レコード屋だが、音楽関連本や70〜80年代コミックを置いている。

◉西調布駅　「ブックランド」「ブックスタジアム」共に、非の打ち所のないリサイクル店である。

◉府中駅　北口の「古書 夢の絵本堂」は、全体的に気持ち良く棚が造られており、楽しみながら各ジャンルを横断出来る。本が安いのも嬉しい。

◉聖蹟桜ヶ丘駅　映画『耳をすませば』の舞台モデルとなった爽やかな街にも「博蝶堂書店 聖蹟桜ヶ丘店」というアウトローなお店が存在している。アダルト雑誌に囲まれた学術書たちは、まるで悪夢のようである。

京王井の頭線

◉永福町駅　永福町北口商店街にある「ドエル書房」は奇怪なお店である。最初は古本屋としてスタートしたが、次第にその店内を荒らすと共に飲食業を兼業し始め、今では不動産業までも始め、何のお店なのかまったく分からなくなってしまった…それでも古本屋を名乗り続けている…。井の頭通りの「エーワンブック永福町店」は、アダルト色強めの雑本店である。

Los Papelotes

ヨークシャーテリアがシンボルマーク

営業時間 12時〜23時 定休日 火 電話 03・3467・9544

代々木上原駅北口の高架下商店街を抜け、坂を下ったところにある。非常に洗練された店構えである。角地の安売り棚や、面差しされたグラフ誌を眺めてから店内に進む。するとちっこいヨークシャーテリアが出迎えてくれ、ニオイをクンクン嗅がれまくる。

内装はこげ茶の木材で統一されている。入口脇にはすぐレジ。若いオシャレなお兄さんがハンチングを被り、本を整理している。狭い空間にハードカバー類が詰め込まれたワゴン。左の棚に目をやるとまずは特集コーナー。宮澤賢治関係と猫の本の特集。そこからぐるりと建築・ファッション・デザイン・イラストとアート関係がつながっていく。無駄な本が一切無く、美しい無菌室のような棚である。古い本や汚れた本もほとんどなく、1970年代以降を中心としてまとめられているようだ。ワゴン後ろには児童書の棚。その裏には東京本が、植草甚一・松山猛・池波正太郎などを核に並べられている。ここで再びテリアと再会。お腹を撫でてあげると満足そうにして立ち去る。

左を見ると半地下スペースの全貌が目に入る。その様子はまるでミニミニ巨大迷路！　九十度に折れ曲がる階段を下ると、壁は全面棚。中には三本の肩ぐらいまでの棚。タレント本・映画の周辺・ファッション・コミック・サブカル全般・デザイン・イラスト・写真・文庫・向田邦子・雑誌など、上階と同じく厳選された本が棚を作っている。

全体の印象は、物静かなエッセイストの本棚を見るかのようで、何だか植物的である。店の外観&内観も含め、全体を美しく統一するということが、こんなにも気持ちのいいことなのか、と気付かせてくれる。先ほどの犬は入口に寝そべって、通りを眺めながら何処吹く風。福武文庫『古本屋四十年／青木正美』を購入。

クラリスブックス

読書知の根を若者の街に張る

営業時間 12時〜20時（日祝12時〜19時） **定休日** 月 **電話** 03・6407・8506

下北沢駅北口東側にある1番街商店街。元踏切の南端から北へ通りを遡って行き、右側四番目の脇道前で立ち止まる。角地に建つ銀色の細長いビルを見上げると、古本屋さんの窓が見える。脇道に入って古本安売りカゴを覗き、ビルの横っ腹後方にある階段を上がって行く。二階踊り場にL字の古本棚があり、1000円以下の安めの本が並んでいる。

店内に入り込むと、最初は細長い通路のよう。入口右横にも踊り場と同様の棚が一本。右側はバックヤードを隠す壁で、先に進むと中ほどに洗練された感じの帳場が姿を現す。左壁沿いの白いボックス棚からガラスケースと細い棚を経て、窓際に平台を連続させて行く。奥のメインフロアは、奥の窓際にディスプレイ台と、アート作品を並べた棚、それに右壁一面の壁棚を備えている。フロア真ん中には棚を組み合わせて作られた古本島の姿。

入口から文庫・新書・大判の写真集・アート作品集・カルチャー雑誌・写真＆アート関連を眺めつつ、奥へ移動して行く。ガラスケースにはプレミア写真集が飾られ、隣に編集・雑誌関連など。窓際の平台には、アート関連・写真集・作品集・カルチャー雑誌が面陳中である。右壁棚に張り付く。棚脇にはブルーノ・ムナーリや武井武雄・日本文学・澁澤龍彦・絵本・セレクト海外文学・歴史・宗教・哲学・現代思想。中央は、デザイン・建築・スターウォーズ・SF・映画・音楽・現代思想・古い雑誌がギュッと集まっている。

開店当初に比べ、本の量は飛躍的に増えた。古本屋化が進みつつも、ディスプレイはあくまで美しく、新世代のお店の姿を維持している。値段は普通〜ちょい高。ダヴィッド社『芸術としてのデザイン／ブルーノ・ムナーリ』を購入。

大河堂書店

絶版文庫棚を見るのが楽しい

営業時間 11時～22時 **定休日** 木 **電話** 03・3425・8017

神殿のように大きく、スケール感の狂う駅を出て右へ。南へのびる農大通りを進んで行く。目指すお店は〃古本〃と光り輝く立看板が教えてくれた。

緑の日除けの下の店頭両脇には棚が置かれ、文庫・単行本・コミックが安値で並んでいる。軒下に吊り下げられたホワイトボードには〃昨日、今日入荷した本〃と〃昨日売れた本〃が書き出されている。

店内の壁は全て本棚で、真ん中左に背の低い背中合わせの棚、右に天井までの背中合わせの棚が置かれている。奥にレジがあり、左横は少し奥まっているだけだが、右側奥には小部屋ほどのスペースがあり、棚に囲まれた空間にナナメに背中合わせの棚が一本鎮座している。左の壁際にはコミック、その向かいには新書・海外ミステリ・海外文庫、左奥のスペースに絶版&品薄コミック・おもしろ文庫と銘打ったノンジャンルのカオスな棚・岩波写真文庫・美術・地図・鉄道・音楽・辞書、下には多種多様な紙物が並ぶ。二番目の通路、左側は時代小説文庫・海外文庫・海外文学。その向かいにはミステリ&エンタメと純文学系の文庫。奥に絶版・品切れ・名作の文庫が堂々と並ぶ。右側の通路は、通路棚に教養&雑学文庫・岩波を中心とした海外絶版文庫が収まる。向かいの壁際には、文学・歴史・芸術・文化・児童文学・実用・雑誌。右奥の小部屋には、植物・農業・園芸・実用・美術・図録・アダルト・生物がかなり特徴的な棚を形成し、誇らしげに輝いている。

いいお店である。お値段はジャストな感じだが、とにかく絶版文庫たちがスゴイ。岩波・角川・新潮といいところの古い本が魅力的。ソノラマ文庫『海底牢獄／香山滋』、新潮文庫『同時代の作家たち／広津和郎』を購入。

祖師谷書房

狭い通路で繰り広げる古本との闘い

営業時間 13時〜20時　**定休日** 無休　**電話** 03・3483・0008

改札を出て右に。真っ直ぐ北へ延びる祖師谷大蔵商店街を、旅人のように進んで行く。店が少なくなってきたな…ずいぶん駅から離れたな…などと考えながら6、700メートルほど進むと、お店を発見。街の古本屋さん然とした風格に頭を垂れる。

店に近付くとまず目に入るのは、入口のサッシにへばり付くように置かれた文庫棚。サッシを開けても、この棚を見ている限り中には入れない。しばし表から中腰でガラス越しに棚を眺める。中に入ると本がそれなりに整頓され並んでいる。通路は狭め。壁はぐるりと本棚、真ん中に背中合わせの棚が一本、奥に本に囲まれた帳場。そこでは老店主が書類と首っ引きで、何か調べモノをしている。

右の壁棚は美術から始まり、建築・映画・音楽・郷土史・都市・俳句・学術書、壁を曲がり教育、そして女性問題と「おんな」関連本…珍しい棚だ。向かいの通路棚は、絵本・児童文学・民話・少量の特撮ムックが収まる。通路にも本が積み上がっているが、棚が少し離れているので「本の谷」が形成されている。よって棚の下方も一部見ることが出来る。帳場下にも岩波現代文庫などが収まる文庫棚。この通路は特に狭く、身体を横にしないと通れない。左の壁際には、日本文学・文学評論・社会・事件・ジャーナリズム、レジ横に辞書類。向かいの通路棚には、岩波文庫・新書、上段にコミック系画集とコミックの揃い。

あぁ、驚きのいい古本屋さん。どのジャンルも古い本から新しい本まで揃っている。そして何より安い！選んだ本を店主に渡すと「ハイ、ありがとうございます」と味のある笑顔で応対。本も丁寧に包装して頂く。新潮社『阿佐ヶ谷日記／外村繁』、岩波文庫『河鍋暁斎／ジョサイア・コンドル』を購入。

キヌタ文庫

美術に強い二部屋店

営業時間 13時〜19時 **定休日** 木 **電話** 03・3482・8719

いつの間にか地下化したホームから地上に上がり、西口から外に出ると雨が降り始めていた。ロータリーを抜けてすぐ、南北に走る通りを北へ進んで行く。300メートルほど進むと成城五丁目南の交差点。その横断歩道を渡ると、右側に成城に似合わぬ均一棚の姿が見えた！　嬉しいなぁ…軽く「地獄に仏」的状態と言えよう。

白い建物一階から、二つの店舗の明かりが路上に伸びている。右側は「成城美術」というお店だが、覗くと中に古本があり、奥の方で左のお店とつながっているよう…なんたって古本屋の立看板がこちらに置かれているのだ。

左のお店に向かうと、出入口右側にムックのラック、左側に200円均一単行本棚が二本置かれている。近刊から古めの本まで平等に並んでいるが、知的さがそこはかとなく漂っている…しかし高級住宅街のハイソなお店かと勝手に想像していたが、しっかり古本屋然としたビジュアルに、ホッと胸を撫で下ろす。その勢いのままドアを押し開けて中へ。

蛍光灯が青白く照らし出す落ち着いた雰囲気の店内。低く小さくジャズが流れている。壁は両側共天井までの本棚、真ん中に背中合わせの棚が前後に一本ずつ置かれている。奥に帳場があり、老店主がアクティブに仕事中。右壁奥に通路があり、「成城美術」へとつながっている。

右壁棚は日本文学から始まり、作家やテーマなどを核にして、作品・文学評論・文庫・新書などが並び、つながりを示してくれる構造…深いです。そして詩歌・幻想・古典・海外文学・美術・工芸と同様に続いて行く。向かいの通路棚には、岩波文庫・岩波現代文庫・講談社文芸文庫・ちくま文庫・歴史系文庫が収まる。手前には、講談社学術文庫・中公文庫・一般文庫が並ぶ。

左側通路壁棚には、戦争関連・近&現代史・鉄道・自然科学・音楽・宗教・郷土関連、そして函入りの学術&資料本がレジ後ろまでを取り巻いて行く。向かいの通路棚手前には、世界・歴史・武道・日本刀関連・辞書。奥には、食・哲学・思想・文化・写真・写真集・古本関連。良く見ると帳場横の棚に、美術やお茶関連。

そして恐る恐る「成城美術」への通路に踏み込んでみる。ここにも美術や洋書の棚あり。

こちらは二つの部屋に分かれており、奥にテーブルを中心として、美術作品集や図録がグルリと並んでいるカタチ。入口側はほぼギャラリーとなっており、壁際下部に豪華作品集や洋書が置かれている。真ん中のガラスケースには、巻物や和本・武井武雄のカルタなどがディスプレイ。

知的なお店である。とにかく棚造りがしっかりとしているので、こちらは身を委ねているだけで心地良くなれてしまう。土地柄かお店のポリシーか、下品さや大衆性は見事に一掃されている。値段は安め〜高めと、モノにより様々。個人的な印象で言うと、思ったより高くない！

本を持って帳場に近付くと、老店主が「いらっしゃいませ」と、非常に柔らかな物腰で応対してくれた。その応対はまるで一流バーテンダーを見るかのよう。その深遠なる海溝を思わせるような懐の深さに感激して外に出てみると、成城はいつの間にか夜。車のヘッドライトが、先ほどより激しくなった雨を照らし出している…。岩波現代文庫『騒動師たち／野坂昭如』、毎日新聞社『織田作之助・田中栄光・坂口安吾 三人展』を購入。

高原書店

ビル一棟に古本を詰める斬新な発想

営業時間 10時～20時　**定休日** 第3水　**電話** 042・725・7554

小田急線駅の北口から百貨店脇の西側へ。北西に道を進み、特徴ある五叉路を通り過ぎる。道をさらに進み、時計修理屋（珍しい！でもご主人居眠り中…）を過ぎた所で左に曲がると…そのお店は姿を現す。

道際に巨大な看板、そびえ立つビルの屋上にも看板…そう、このお店は四階建てビルの全体が一軒の古本屋さんなのであるっ！…何というものを作り出してしまったのか…こんなの詳細に報告出来る訳がない…と半ば自虐的な気分で小階段を上がり建物の中へ。

入口近くには様々なポスターや掲示物…お店の説明や催し物のお知らせなど。子供が喜びそうなイベント（おはなしかいなど）が多いようだ。古本カフェなどのイベントとは違う、図書館的アプローチ。そして右に大きなレジがあり、さらに中に進むと…うわ！部屋がたくさんある…しかも中には棚がっ！本がっ！ビルとしての構造はそのままに、部屋部屋を本で埋め尽くしているようだ。案内板などは手書きが多く、手作り感満点の店内である。

ざっと一階を見たところ、部屋は三室。正面には絵本の部屋があり、国内・海外作家含め大量に並んでいる。他には料理本と絶版漫画の入ったガラスケース、紙芝居などもある。右レジ横のガラス張りの部屋には、児童文学・児童文学評論&関連本が集まり、宮澤賢治棚が秀逸。右側のもう一つの部屋は漫画がドッサリ。絶版漫画も大量にあり、部屋中央の平台には「絶版漫画新入荷」のコーナーがある始末。真ん中の廊下を通ると、右には竹久夢二本や時代小説文庫、左には絵本関係のムックなどが並ぶ。壁には本に囲まれ本を手に笑う男性のポートレート…お店の創業者だろうか…。奥に進むとちょっとしたスペースがあり、50円均一の単行本・文庫・新書がワゴンの上に並んでいる。

参考書などを横目に二階へ。部屋は全部で五つ。階段正面にレジのある文庫部屋があり、絶版文庫がドッサリと並んでいる。この部屋からは、思想・哲学・宗教・社会の部屋と、外国文学・幻想&探偵が揃う部屋に行ける。後者には、「エラリイ・クイーンズ・ミステリ・マガジン」「ヒッチコックマガジン」「マンハント」などの雑誌も。階段横には、日本文学・文学評論・詩歌の部屋と、美術・建築・工&陶芸などの部屋がある。廊下には古本関連本や古典類が並ぶ。

ふぅ…まだ上があるのか。まるでブルース・リーの『死亡遊戯』みたいだ…というわけで三階。ここも五部屋あるが、その前に目に入るのは壁の絶版新書棚。その右奥に広めの文庫&新書ルーム。正面の部屋は、写真評論・写真集・スポーツ・山岳など趣味本が大集合。階段横には歴史本と東洋文庫の部屋、政経理工自然科学部屋。お！　階段前に何だかちょっと特別な鉄道雑誌小部屋。廊下には各地方本が並ぶが、やはり地元である相模原関連本が光り輝いている。

いよいよ四階。ところがここは一部屋のみ。入ってみると広めの部屋で、棚と共にレジ近くにはガラスケースが並んでいる。音楽・演劇・歌舞伎・落語・映画・映画パンフ・アイドル写真集が集まり、ガラスケース内には作家原稿など。

……ふぅ〜っ、楽しい！　楽しいが疲れる！　疲れるが楽しい！　各廊下には椅子やベンチ・トイレ・ビールームなどが完備され、とことん古本に耽溺出来るようになっている。あぁ、「阿片窟」ならぬ「古本窟」…古い本も多い。一部屋ごとにジャンル分けされているところが、何だか大谷光瑞の別荘の部屋が世界各国のコンセプトで作られていたのによく似ている！　ちなみに二〜三階の部屋は、大体壁は本棚で真ん中に背中合わせの棚が二本の構成。値段は全般的に高めで、神保町値段に近い感じである。値段としっかりセレクトされた莫大な蔵書量も含め、「ひとり神保町ｉｎ町田」と言っても差し支えないお店と言えよう。角川文庫『新東京文学散歩続編／野田宇太郎』、雪華社『九州文学散歩／野田宇太郎』、講談社文庫『贋・久坂葉子伝／富士正晴』を購入。

二の橋書店

老舗が予想外の古本カフェに変身

営業時間 13時～21時　**定休日** 日　**電話** 042・734・6020

混ざる白石が光を帯びるアスファルトの上を滑り、南口ロータリーから大通りへ。東に向かうと、閉塞感のある巨大で黄色のイトーヨーカ堂が現れる。その向かいに、テナント募集中の旧店舗と、お洒落シックな新店舗が、冗談のように隣り合っていた。西洋的に瀟洒な雰囲気の扉と縦長窓。入口横には存在感ある縦書き看板文字。窓下には小棚やプラケースが集まり、三冊１００均文庫・１００均単行本＆雑誌を並べている。

大きなガラスの嵌った木製扉を引き開け、小さな店内に上がり込むと、迫り来るのは本棚と珈琲の良い香り。そして、まるでロッジのような内装である。左壁は本棚、その前にナナメに置かれた背中合わせの棚が一本。入口右横から、細い棚・カウンター平台・壁棚と続き、途中から奥はカウンター式のカフェになっている。すでに三人の女性客が珈琲を楽しんでおり、一段低くなったカウンターの内側には、島田洋七風オヤジさんが、店主として、そしてマスターとして働いている。左壁は海外文学・古典文学・日本文学・戦争・近現代史・禅・仏教。向かいにはちくま文庫・食関連文庫・岩波文庫・中公文庫・講談社文芸文庫・新書が、背を上に見せる特殊な並び。棚裏には時代小説文庫とミステリ文庫が並び、カウンター客の背中を見守っている。入口右横には自然関連が集まり、台の上には美術展図録や作品集など。カウンター台の向こう側へ入り込むと、壁棚に美術・幻想文学・文明・古書数冊・辞書・山岳などが並んで行く。

硬質に小さく知識が結晶する空間である。カフェ度の高さが少し古本心を惑わせるが、入ってすぐが古本屋部分なので一安心。値段はちょい安～普通。ちくま文庫『怪奇探偵小説傑作選４　城昌幸集』を４００円でカウンター越しに購入。

RELAX HACKS!

えびな平和書房

平和を守るために現在引越し中

電話　046・235・5584

東口を出て、空中の自由通路を東へ。建物が赤とエメラルドグリーンで構成された、アメリカ製おもちゃのような街である。4番階段から地上に下りて、そのまま大通りを南へ。海老名駅南口交差点を通過し、次の国分関免交差点を東へ。巨大なキノコをやり過ごして二ブロックほど進むと、派手な街の外となり、道は突然上り坂。南にぐんと曲がりながら、丘の上へ続いて行く。途中、二つの排ガスで煤けた随道を通過すると、そこが丘の頂上で、道はプラタナスの続く下り坂となる。

この辺りは1970年代的新興住宅地。道なりに南へ下り続け、大谷小学校西側交差点を東へ。学校の長いフェンス沿いを歩き切ると、またもや交差点。その

通りの南北に、〝国分寺台ショッピングロード〟と大書された巨大なゲートが建っている。大きな白い街路と相まって、まるで沖縄と見間違う光景！　西側に集中して並ぶ凸凹な商店たちも格好良い。その対岸である東側に目指すお店を発見！　ここまでスタスタ歩きでおよそ三十分…通常はバスで来るのが無難であろう。

二階建て住居の一階が店舗となっており、眩しく輝く白壁に黄色の店名看板。そこには〝読書は思考力を育てる！　知恵と知識の宝庫！〟の力強い言葉！　その下に黄緑の日除けがあり、さらに四枚のベロのような日除けが店を覆い尽くしている。横に自動販売機があり、そこにも〝本は知恵と知識の泉！　水は生命力の源！〟と力強く書かれている…どうやら訴えたいことが多々あるようだ。

日除けの中に入ると、そこはグリーンに染まった店頭。足元にたくさんのプラ箱や台車が置かれ、雑誌・コミック・ノベルス・単行本などが詰められており、すべて30円となっている。真ん中の壁棚も30均文庫(しかもしっかりした品揃え)、右の壁棚も30均単行本、

左に至っては10円均一コミックスとなっている。「こりゃスゴイ！」と棚に貼り付きっ放しでいると、中からラフなスタイルの老店主が登場し「中にも30円文庫あるからね」と優しく声を掛けてくれた。

店頭で意外に時間を食ってしまい、右の出入口から中へ。するとそこは横長の、棚が限界ギリギリに狭まって林立する店内。普通に通路に入っても、本が近過ぎて見難いことこの上ない。縦に身体を入れて、ナナメ前辺りを見るようにするのがベストであろう…。壁は一面本棚、右側にスチール棚二本が縦置き、左側に横向き背中合わせの棚が二本、そして小さな作業机。左奥に小さな事務所的空間もあるようだ。右の入口周りには小さな棚もあり、30均音楽CDや30均文庫・新書が詰まっている。右壁にはロシア・思想・社会運動を中心とした函入り本。向いには中国関連（特に戦争関連）・アジア・近現代史。その裏には文学評論・心理学・音楽・宗教・民俗学・社会・戦争・女性運動が向かい合い、左端に日本文学・風俗・兵器・映画などが並ぶ。奥の壁には政治社会新書＆文庫、戦記・戦史・日記・小説・敗戦・原爆・空襲・戦略など様々な戦争本がズラリ。真ん中には、入口側壁棚に神奈川・横浜・各地郷土・歌集・食べ物。作業台横に30均文庫棚（青木文庫含む）があり、奥の棚には最近刊日本文学・吉村昭・澤地久枝・野坂昭如・松本清張・マルクス・文学・性愛が収まる。左壁は、入口近くに岩波文庫と30均文庫が集まり、後は歴史関連で埋められている。

社会運動や戦争関連を核にした、骨太なお店である。それに加えて30均本たちが乱れ舞う景色はワンダフル！　奥にはしっかり「30円大人の雑誌」箱もある雄大さ。蔵原惟人本多し。値段は安いです！　不思議に硬く楽しい良いお店！　中央公論社『ポロポロ／田中小実昌』、河出書房新社『デルスー・ウザーラ／アルセーニエフ』（河出も出していたとは…）、岩波文庫『芭蕉雑記・西方の人／芥川竜之介』を購入。

だが２０１５年10月現在このお店は、現店舗の向かいに引っ越し中との情報が入った。その行方はブログにて。

BOOK ECO

教科書も並ぶリサイクル系

営業時間 11時～19時 **定休日** 日 **電話** 0463・78・3362

南口に出ると、景色が良く視界が広い豪勢な空中広場。駅前通りを目指して地上に下り、学生の波と共に通りを東へ向かう。信号を通過し、小さな大根川を越え、川沿いの少しうねる道を南へ。50メートルも進めば、左手に看板文字がとても目立つお店が現れる。

早速自動ドアから中に入ると、白く静かな店内。すぐ右に帳場があり、スキンヘッド男性が「いらっしゃいませ」と声を掛けてくれる。壁沿いはぐるっと本棚で、真ん中に低い平台付きの背中合わせの本棚が、縦に二本置かれている。

入口左横の棚には、洋書・建築・学術大判本。右端通路は、右側に化学&工学系の教科書、左が棚脇と平台も含め日本文学文庫がズラッと並んでいる。２００円均一なのがとても嬉しい。中央通路は１００均コミックと共に左奥に新書が並び、棚脇に単行本が少々。左端通路は１００均コミックが続き、左奥にラノベ棚、右側に再び文庫と新書が現れる。講談社学術文庫・海外文学文庫・雑学文庫・ちくま文庫・岩波文庫・中公文庫が並び、こちらももちろん２００均！　奥壁は教科書・学術本・言語学となっている。

単純化すると、教科書・文庫・コミックのお店である。教科書類は定価の半額だが、文庫とコミックはとにかく安い！　しかも古い文庫も混ざり、中々の粒揃い！　このお店がご近所にあれば、頻繁に見に行くのだが…。それにしても、所々に図書館や研究室の分類シールが貼られたままの本（文庫含む）が見受けられる。返却しないで売り飛ばしたのか、それとも払い下げ品なのか…。講談社大衆文学館『半七捕物帳』『半七捕物帳 続』共に岡本綺堂、中公文庫『座頭市／子母沢寛 他』、ちくま学芸文庫『ノアノア／ポール・ゴーギャン』を購入。

古ツア定点観測店

靖文堂書店

豪徳寺駅

小田急線

ここのオヤジさんが、苦手である。一度、本を棚から出し入れしているのを「そこは５００円の棚だから、値段見ても同じなんだよ」と、強くたしなめられたことがあるのだ。それからしばらく、足が遠退いた。しかし少し経つと、良い本が集まっている妄想に囚われ、ほどなくしてまたお店に通うようになってしまった。それほど、小さく薄暗いが、蠱惑的なお店なのである。少しだけジャンク寄りな品揃えが、何かありそうな雰囲気を常に纏い、入って右壁のシャッフルされたような１００均棚、そして左側通路のとことん茶色い、絶版文庫の揃った文庫棚が、やはり心を掴んで離さなかったのだ。オヤジさんが店番の時は、その動静を常に気にかけながら、本に手をかけるのは必要最小限に抑えている。そして、薄暗い通路で、ひたすら見難い本の背に、鋭い視線を走らせて行く。

古南文庫（こなん）

酒屋と隣り合う気配りのお店

営業時間　14時～23時　定休日　月　電話　0466・23・5792

ホームから直接出られる東口に立つと、目の前には踏切と寂れた小さな商店街の駅前通り。この商店街には「くげぬまアヴェニュー白鳥伝説」の名が付けられている…素敵な名じゃないか！

行き交う車に気をつけながら、商店街を東へ進む。多くのお店はシャッターを下ろしており、まるで定休日のような風景。小さな十字路を過ぎると、即座に住宅街へと切り替わるが、さらに東へ進んで行く。道なりの緩いカーブをクリアすると、右手前方に壁に貼り付けられた古本屋さんの看板が見えて来た。

文字がひどく剥落してるな…と思いながら近付くと、丸太のイラストで構築された文字であった。正面に立つと、ひとつの建物に二店が入っており、左はその店頭を自販機に囲まれた酒屋さんである。非常にそそる外観だな。二階上部には、二面に〝本のリサイクル〟とこちらも丸太文字で書かれた三角の看板、軒には小さな看板文字があり、奥まった入口は木製フレームの扉となっている。

中に入るとラジオが流れる縦長の店内。表から見た印象よりは広めで余裕のある造りである。壁際は高い本棚で、入口左横はナナメ棚になっている。真ん中には背中合わせの棚が一本立ち、入口側棚脇に100円棚が置かれている。帳場には誰もいないが、しばらくすると奥から、ちょっとゼペットじいさんといった風情の壮年店主が現れた。エプロンを装着して、静かに奥の帳場に腰を下ろす。

まずは入口右側二本に最近刊本を中心とした棚造り。小説・サブカル・思想・児童文学など。ここから奥は壁棚・通路棚共にコミックが続く。所々に絶版の姿あり。通路棚は白土三平や「ガロ」から、やがて帯付き岩波新書・新書・全集・中国関連文庫と変化する。壁棚は、帳場横に岩波文庫・講談社学術文庫・思想・哲学・美術・歴史が登場し、帳場背後のストック棚へとつながって行く。

左側通路へ移動すると、ナナメ壁棚にはドッサリの日本文学文庫。フォローの行き届いたラインナップで、絶版&品切れも良く目に入る。何故か最下段に作家五十音順のセオリーを無視した、新たな作家五十音順が横に向かって続いて行っている。続く左壁棚には、日本文学文庫続き・時代小説文庫・海外文学文庫・海外ミステリ文庫・ノンフィクション文庫・日本文学・歴史小説文庫・思想・教養系文庫・ハヤカワポケミス・海外文学・映画・詩歌・文学評論・日本近代文学・古典文学が収まっている。向かいには100円以下本棚・児童文学・趣味・実用・コンピュータ・時代小説・辞書・ノベルス・ハヤカワノヴェルス・ビジネス・アダルトと並ぶ。

きちんと気配りされた棚造りで、良い本もしっかり顔を見せている。単行本は硬めな傾向で、お店の外観とちょっとギャップあり。決して見逃すまいと、かなり集中して棚を見続けてしまった。

値段は基本は安めだが、良い本にはぬかりなくプレミア値が付けられている。創元推理文庫『ミランダ殺し／マーガレット・ミラー』、岩波新書『現代の建築／西山卯三』を購入。

まだまだあります、古本屋

小田急線

◉代々木八幡駅　「SO BOOKS」は和洋の写真美術とアートの専門店。当然大判の本が店内を埋め尽くしている。駅前通りを東南に進めば、ビルの奥にある「リズム&ブックス」が目に入る。サブカルとキノコとおかしな本が勢揃いしている。

◉下北沢駅　路地のごちゃつきと共に古本屋巡りが楽しめる街である。下北沢一番街商店街には「白樺書院」。文学に強い老舗店で、小鳥がお店のマスコット。さらに道の先に行けば「July Books」。女子棚の骨格からはみ出した部分に気骨を感じる。脇道の二階に潜む「いーはとーぼ」は文化度の高い喫茶店で、ハイブロウな蔵書的古本を売っている。茶沢通りの「古書ビビビ」はもはや下北沢のシンボル的存在。サブカルからメインカルチャー・文学・アートまでを独自の視点で揃えている。「ほん吉」は品揃えの良いお店で、遊び部分も幅広く豊かな棚造りが為されている。レインボー倉庫3にある「メンヨウブックス」は独房のような狭さの貸しスペースに、思想や暮らしや美術系の本を慎ましく並べている。ビル五階の「Brown's Books & Cafe」は雑誌「BARFOUT!」が週末営業しているお店。お洒落かと思いきや、趣味に暴走したおかしな棚は一見の価値あり。「DARWIN ROOM」は標本・剝製・化石・民俗学的雑貨などと共に、自然科学系の本を集めている。ヴンダー・カマーカフェである。その先の裏道にある「気流舎」は、アジトのような古本喫茶。ロフトもあり寛げるようになっている。

◉豪徳寺駅　駅南口の豪徳寺商店街には、細道に「玄華書房」。建築と人文が端正に突出している。商店街

の先の「靖文堂書店」は雑本店スタイルだが、単行本にも文庫本にも良書が安値で紛れ込んでいる可能性が高め。ただしオヤジさんがちょっとコワい。

◉**経堂駅**　北口のすずらん通りには「遠藤書店」があり、スタンダードな街の古本屋スタイルを貫いている。南口西寄りの住宅街の中に、庭に置いたプレハブ小屋が店舗の「小野田書房」。そのアウトローな外観とは裏腹に、店内はアカデミックさに満ちている。世田谷通りまで出れば、完全リサイクル系の「うっきぃ」がある。

◉**祖師ヶ谷大蔵駅**　南口商店街の「文成堂書店」は文学が多く、古い本も多い。数年前にほとんど本で埋まっていた店内を、見事に整頓して「新装開店」と銘打ったのには感動した。

◉**喜多見駅**　北口線路際には「古本 林書店」。新しい本が多い新古書店風だが、ツボを押さえた棚造りをしている。

◉**狛江駅**　駅北西1・5キロ辺りに「ふる本屋 狛江店」はある。広めの店内はリサイクル系に傾く趣だが、そんな画一性から少しはみ出す棚造りは好感が持てる。

◉**登戸駅**　向ヶ丘遊園駅との中間辺りにある「ツヅキ堂書店 登戸店」はちょっとマニアックなリサイクル店だが、「古書キャビネット」はさらにマニアックな奥深さを見せてくれる。

◉**百合ヶ丘駅**　駅南口側住宅街の「ざりがに堂」は、レコードと古本のお店である。しかも多めの古本が安定した棚を造り上げているのが嬉しい。

◉**玉川学園前駅**　北口から西に坂道を下れば奇妙な名の「Books三十郎」。その正体はオーソドックスなリサイクル店である。

◉**小田急相模原駅**　南口の南通り一番街には「ツヅキ

堂書店 相模原店」。映画ビデオと映画本にこだわりを発揮している。

◉相武台前駅　北口にある「青木書店」は硬めのお店であるが、三分の一は街の古本屋として機能している。

◉東海大学前駅　線路際にある「ＺＯＮＥ」はなかなか広いが、軽い本の多いリサイクル店である。

◉渋沢駅　丹沢山系の足元には「ブックキングダム」がある。基本はリサイクル系の品揃えだが、棚には意志がこもり、古い本も紛れ込んで来るので、侮れぬお店である。

小田急多摩線

◉小田急永山駅　北口の丘の上にある「佐伯書店」は広いフロアの二階建てで、二階の１００均棚は特に血眼にならずにはいられない量を誇る。南口側の昭和な諏訪団地にある「あしたやみどり」は福祉系の安売店である。単行本は２００円、文庫は１００円。タイミングが良ければ、面白い本に出会うチャンスあり。駅前のベルブ永山にも品揃えは薄いが、同系列のお店がある。

小田急江ノ島線

◉大和駅　タクシーロータリー前にある「古本市場」は、実はチェーン店ではなく独立店舗。奥には軽く驚くほどの古本部門が設置されている。

古本屋レクイエム

中野書店

神保町駅

東京メトロ半蔵門線

神保町交差点近くにある神田古書センターは、そのビル内に古本屋を内蔵した、立体的古本屋モールである。長らくこのビル内に君臨し、日本近代文学・探偵小説・絶版漫画を販売して来た「中野書店」は、ビルから撤退すると共に神保町からも去り、今は西荻窪で閉架式のお店として活躍している。たとえお店は消え去っても、その昔に、探偵小説を求めて良く通ったことは、忘れようにも忘れられない。ここでいったい何冊の谷譲次&牧逸馬&林不忘本を買い漁ったことか。手に入らぬ絶版本や、読めぬ物語が読める喜びを最初に味わわせてくれたのは、間違いなくこのお店だったのだ。通い始めた当初はビル内の二・三・五階にお店があったが、段々と縮小して行くのに併せて、足を運ぶ回数も減って行った。だが、このお店は、今も心の中に残っている。

SNOW SHOVELING

実は優しく落ち着ける大人なお店

営業時間 13時〜19時　**定休日** 火水　**電話** 03・6325・3435

駅の駒沢公園口から地上に出て、246号を西南へ400メートル強。駒沢交差点で駒沢公園通りに入り、南へテッテカ一キロ行進。およそ二十分で深沢不動交差点に到着出来る。さらに交差点をそのまま突っ切り、二本目の脇道の左上に目を凝らす。すると古い白壁の四階建てマンション二階窓に、“OPEN”のネオンサインが輝き、隣りの窓には“OLD & NEW BOOK FOR SALE”の文字が見えている。

本を販売し、カフェでもあり、ギャラリーでもあるお店なのである…やはり十中八九洒落ているのだろうな…。窓下のピロティ駐車場に入り、二台の車の間を奥に進むと、右手に二階へ延びる古びた階段の姿。ここをカツコツ上がり、切り返すように廊下を奥へ進むと、看板が二枚置かれ、横の緑の鉄扉を示していた。その扉にはチョークで“Make yourself at home”と書かれている…何となく意味は判るが、正確に直訳は出来ん！と英語は早々に投げ出して、店内へ。

広く四角くワンフロアで、薄暗く柔らかな光に包まれた「PARCO」の中にあってもおかしくないようなお店である。小集団の先客がすでにおり、村上淳似のハンサム店主とワイワイ会話し続けている。しかし店主は入って来た私に笑顔を見せて、「いらっしゃいませ」と頭を下げた…ちょっと照れるな。

左壁沿いには様々な形状のアンティーク風飾り棚やラックが連続し、奥壁と右壁には古本の並ぶ堂々たる壁棚が設置されている。入口右横は、チラシ棚・雑貨棚・新刊棚が並び、カウンター帳場と運命を共にしている。フロアには大きなテーブルが二つあり、ひとつには写真集が面陳され、もうひとつには仮面などの装飾雑貨が飾られている。それに立派なソファーセットが一組…センス&統一感のある、生活感の排除された美しい空間である。ますます弾む皆さんの会話をBGMに、ジリジリ店内を巡って行く。

左壁沿いには所々に、料理関連の大判本、アート&写真作品集・雑誌・詩集などが飾られている。そして本格的な奥壁の本棚は、かなり細かくジャンル分けが行われているようだ。サッカー・海外文学・建築・デザイン・本の本・本をつくる話・ビートニク・1960年代・言葉・音楽・映画・村上春樹・伊坂幸太郎・店主が読み終えた本・生き方・人生のための言葉・世界・スピリチュアル・旅・釣り・食とギッシリ。そのまま右壁に、写真・写真集・デザイン・ファッション・アート（大量）が並び、帳場横までドバドバ続く。他にも机の脇には、巴里本のタワーや、猫本の集まる椅子なども発見。

セレクトブックショップっぽい、キレイな清流的本の並びではあるが、中々に深く細かく集めているので、感心しつつ楽しみながら見続けることが出来る。それにしても本に値段が付いてないいな…と困っていると、入口前のテーブルに置かれた、小さな小さな値段システムカードを発見。値段の付いていない本はすべて定価の半額（新刊はもちろん別である）。また色シールの貼られた安売り本もあり、さらに値段ラベルがちゃんと貼られたプレミア値の本もあり。

なるほどと一安心し、二冊を選んで店主に声を掛ける。「ありがとうございます。本日はちょっと騒がしくてすみません。いつもはもっとまったりしているのですが…」「いえいえ、お気になさらずに」「良かったらまたお寄り下さい」と精算。BI PRESS『groovy book review』『groovy book review 2000』を購入する。

買った本を昔ながらの紙袋に入れてもらうと、そこには“EAT WELL TRAVEL OF TEN”の手書きマジック文字…それを素早く小脇に抱え、英訳は早々に放棄する。

古書 月世界

騒がしい環八を照らす古本屋の灯り

営業時間 不定　**定休日** 水、他不定休　**電話** 03・6805・6757

改札を抜け、南口への長い地下通路から地上に出ると、南の空には重たげな首都高が通っている。その下を潜って南西に歩き続ければ、国道246号と環八通りがぶつかる瀬田交差点。ここからは環八に沿って進み、南東にツラツラ…。駅から一キロ弱で瀬田中学校交差点に到着すると、明る過ぎるローソンの隣りで、古本屋さんが素朴な月のように光を放っていた。

中に入ると、壁際にはあまり見たことのない頑丈で武骨な、白い合金の本棚が設置されている。入口左奥に一本、左壁際に一本、作業場との仕切りとなり一本、そして入口右横から右奥の帳場までの壁際を走る。フロアには横向き・縦向きに小さな背中合わせの本棚が置かれている。

入口左横には100均単行本の詰まった箱がいくつか置かれ、それを見てから隅の棚の前へ。性愛・民俗学などが真面目に収まっている。左壁は美術・写真・岡本太郎・自然科学・古本関連など。フロア棚には、表側に一般文庫・澁澤龍彦文庫・新書、裏側に講談社学術&文芸文庫・ちくま文庫・寺山修司&江戸川乱歩&横溝正史の文庫が並んでいる。仕切り棚にはカルチャー・絵本・哲学・社会運動・図録類、それに脇には「暮しの手帖」が積み重なる。時代小説文庫と中公文庫の小さな棚を見て、入口右横から世界・文明・近現代史・日本文学・ミステリ&エンタメ・サンリオSF文庫・創元推理SF文庫・ハヤカワポケSF。

棚作りはちょっと硬めで、本の数はお店の大きさからするとそれほど多くはない。古い本も60〜70年代以前はほとんど無いが、所々に気になる本が潜んでいる。値段は安め〜普通という感じだろうか。講談社『世界の科学名作SF 未来への旅／ハインライン作・福島正美訳』を購入。

立花隆
電脳進化論
ギガ・テラ・ペタ
1冊
¥300
平成二十八年
神宮館
岐阜城
この台
1冊200円

小松屋書店

駅近裏町通路乱雑良質店

営業時間 15時〜19時　定休日 水　電話 044・822・3098

駅西口から出て、そのまま高架下の横断歩道を〝とおりゃんせ〟を聞きながら渡り、府中街道を東へ。すぐに「住吉書房」（現在は閉店）という新刊書店が現れ、そこのナナメにのびる細い脇道へ入る。

すると建物の裏手に、何も入っていない数台のワゴンが出現…さながらワゴンの墓場…。そして路上には小さな二段の脚立があり、そこに〝古本〟のプレートが付けられている。左を見ると、そこには確かに古本屋が！

店名が大きく書かれた扉の向こうに、ひしめく本が見えている。ウキウキしながら店内に入ると、静か過ぎる無音の蒸し暑い空間…右方向から微かに音が聞こえるのは、店主が何か作業をしているのだろう。こちらも咳払いをひとつして、後は静かに行動開始。

入口左横に二本の本棚、奥への入口を挟み、壁はぐるっと本棚、真ん中に背中合わせの棚が二本、レジは右横にあるのだが、建物が飛び出ている部分にハマリ込んでいるため、入口からは見ることが出来ない。

入口横は１００均棚で、文庫・ノベルス・新書・ハヤカワミステリなどが並ぶ。積み上がる未整理本やダンボールの間をソロリと進む。左壁は、時代小説文庫・出版社別文庫・雑学文庫と並ぶ。壁棚の奥には、バックヤードか作業場が設けられているようだ。向かいには、海外文学文庫と出版社別文庫。ここには時折古い文庫が出現するので、ひと月に一回は見に来たい棚である。店奥棚には、最近刊ミステリ・探偵小説・ハヤカワミステリ・ハーレクイン・戦争関連・歴史・古代史・句集・美術と並ぶ。

真ん中の通路左には、東京関連や特定作家のセレクト棚・岩波・ちくま・中公・講談社文芸＆学術・旺文社文庫を含む絶版文庫・推理小説文庫・新書が収まる。

向かいには、山岳・エッセイ・日本文学・紀行・オカルトなど。そして足元には、たくさんの本の山が続く。途中、サーモスタットが働いたのか、エアコンのスイッチが入り少し涼しくなる。そしてエアコンの動作音のみが店内に響き渡る。

レジを見ると、ボーダーシャツを着た半白髪の店主が、文庫を彫像の如く片手読み中。

右端の通路壁際は、文学評論・古本&出版関連・日本文学・海外文学・哲学・思想・文学プレミア本・アダルト・性愛。こちらも足元には大量の未整理本尾山が続く。おぉ！　野呂邦暢や久生十蘭など、魅力ある作家の本が紛れ込んでいるが、それらは紐により堅く結束されたまま…非常に無念な光景である。そして店主の背後には大量の句集。向かいの通路棚には、社会・宗教・映画・芸能、またもや句集が収まっている。

いいお店である。特に文学が充実しており、大げさかもしれないが、神奈川の名店のひとつとして数えても良いのではないだろうか。通常のお店では省く作家を、リングをつなげるように並べているのが気持ちいい。何だか見てて安心しまくり。値段は手頃でジャストな値付け。しかし、いい本には高めなものも。

店主の応対は丁寧で、姿が見えない入口から出る時も「ありがとうございました」の言葉を掛けてくれた。裏路地が妙に似合う、品揃えの良い古本屋さんである。英宝社『湘南伊豆文学散歩／野田宇太郎』を購入。

明誠書房

闇市的商店街に古本屋のベストマッチ

営業時間 11時〜21時半 **定休日** 無休 **電話** 044・811・7517

駅西口の階段を降りると、そこは小さな広場…ちょっと、クセのあるオヤジたちが花壇の縁に腰掛けている…何かディープな雰囲気。目の前の低い位置に〃お買物は皆様の店 溝の口西口商店街〃と書かれた巨大な看板。入口からして実に味のある商店街だが、そこを潜るとすぐに空が見え、その先に切断されたアーケードの屋根が無残な姿をさらしている。

実はこの商店街は2007年2月に火事に見舞われ、一部が延焼してしまったのだ。現在は新しいビルが建ったり整備されたりしているが、注意して見ると傷跡をそこかしこに発見することが出来る。アーケードはツギハギでいいので直すの希望！

そのまま奥に進むと、屋根が出現しこちらは往時のまま。まさに闇市的な雰囲気である。なんてカッコいいシチュエーションなんだ…そんな素晴らしい場所に〃古本〃の文字！…あぁ、軽く夢でも見ているようだ。す、素晴らし過ぎてクラクラする！ すぐ横を轟音を立てて通り過ぎる南武線が、眩暈に拍車を掛けてくれる。店の看板は通路の屋根裏と軒下に取り付けられている。

広めの外壁棚には、単行本&ノベルス100円〜200円、文庫&新書100均、コミック100均。入口左横には一本200円三本500円のビデオが並んでいる。通路の向かいにはラックが四台置かれ、雑誌・ムック・おもちゃが並べられている。

中に入ってまず目に入るのは、そこかしこに飾られているおもちゃ類。特撮やアニメのレア物が多いようだが、中々しっかりした値段が付けられている。続いて目に入るのは左のレジ。オバQの小池さん的雰囲気を持つ店主が、ラベラーでガチャガチャンと値付け中。店内は右横に広がり、手前と奥に分かれている。壁はすべて棚、手前ゾーンは横向きに背中合わせの棚が二本、右奥ゾーンに同様の棚が三本置かれている。ゴーッ…電車が通ると少し揺れる…。

右の壁際には日本文学文庫が並び、下方には旺文社文庫を中心に絶版文庫もチラホラ。向かいにも文学文庫が出版社別に揃っている。二番目の通路はすべてコミックで、よく見ると棚の端々に絶版漫画も。三番目の通路もコミックだが、壁際に本のように並ぶ絶版プラモが目をグググッと惹き付ける。レジ横の左奥はアダルトコーナーとなっている。

右奥ゾーンに進むと、手前の通路にはスポーツ&特撮&鉄道などの趣味性の高い雑誌・ムック、それに海外文学・宗教・京都・詩歌・サブカル・世界ミステリー全集などの雑多な棚。向かいは海外文学文庫・ちくま・河出・ハヤカワ・創元が収まる。二番目の通路はコミック文庫と少女コミック、三番目の通路はコミックと新書、四番目の通路はハーレクイン・ノベルス・映画・音続・文学・歴史といった並び。右奥の壁には最近刊の日本文学&ミステリ・選書・実用などが。各通路には、おもちゃ・レコード・本など様々な物がカゴに入って置かれているので、棚を見ている時は蹴飛ばさないよう注意が必要である。

古い本はそれほど無いが、棚には充分こだわりあり。しかし本以上に充実&こだわりなのが、おもちゃや棚脇に下がる児童雑誌付録類…よく見ると懐かしい双六なども。本の値段は安めから普通。

レジで本を差し出すと「ハイ、いらっしゃい！」と受け取り表紙を眺める。そして「難しいよね〜〜埴谷雄高」「そうですね〜だからこういう本を…」。袋を取り出しながら「今度教えてっ。テヘッ！」…おぉ、何とお茶目過ぎるオヤジなんだ。自分が売ってる本なのに…楽しい店主と場所のシチュエーションが、魂を揺さぶるお店であった。深夜叢書社『埴谷雄高論／多加野透』を購入。

十二月文庫

落ち着いた西洋の香りが漂うお店

営業時間 14時〜22時　**定休日** 火　**電話** 03・3466・1015

駅からは、踏切から北に若林中央商店会を100メートルも進めば、左手に現れる。店頭には木板の看板と、100均単行本列と文庫箱、それに20円雑誌箱にレコード箱が広がる。ガラスウインドウの向こうには、アンティークな雰囲気の店内が薄暗く待ち構えている。

狭い通路で軽工作作業をしていた、ベレー帽の藤子・F・不二雄風オヤジさんが、にこやかに「いらっしゃいませ。ちょっとゴチャゴチャしてますが、奥にも文庫がありますので、遠慮せずに見て行ってください」と言いながら、奥の帳場スペースに収まった。そう広くはなく、棚が入り組む店内である。

右のウインドウ裏は行き止まりの通路で、窓側の低い棚と奥側の高い棚で出来ており、古い岩波文庫・教養系文庫・文学・オカルト・山岳・自然・カルチャー・思想・古い児童文学と絵本・アート・ファッション・窓際ラックディスプレイ文庫・新書・A5判雑誌が集まる。

入口左横も本棚で、海外ミステリ&SF文庫とビジュアルムックが並ぶ。レコード棚を挟んで短い背中合わせの棚が一本あり、入口側に写真集、奥側に映画と音楽。入口近くの棚脇には縦長のガラスケースがあり、文学プレミア本がディスプレイ中。帳場を右に見ながら奥の行き止まり通路に到達する。奥壁棚には哲学・海外文学・フランス文学・日本文学がパラフィンに包まれて、整然と収まっている。左奥の壁際にスッと高く細い棚があり、海外文学文庫と日本文学文庫とが純文寄りで並んでいる。

棚の流れは華麗で西洋の薫りが色濃く漂う。古めの本が多いのも魅力的。値段はちょい安〜普通。奥の文庫棚下方から、600円と安過ぎる春陽堂文庫『鐵の舌／大下宇陀児』を発見して精算する。

nostos books

静かな街にやって来た最先端

営業時間 13時〜21時（土日祝12時〜20時） **定休日** 水 **電話** 03・5799・7982

停留所から踏切に分断された松陰神社通りへ。北にある神社までの参道を兼ねている、地元感たっぷりの商店街である。踏切を渡って南に歩き始めると、すぐ右手に見えて来る、元は八百屋さんだった店舗を巧みに改装した古本屋である。

ガラス張りで焦げ茶のシンプルなお店の前には、可愛いロゴマークの立看板と、文庫&単行本の安売り棚が二本置かれている。黒く重厚なスライドドアから、横長でシックな店内へ。内装はオイルで磨き上げられた木材で統一され、右壁にラック、奥壁はどうやらバックヤードとの仕切りとなっている大きなボックス棚、フロアには胸高背中合わせのボックス棚が置かれ、左端に帳場がある。お店の人とその関係者（みな例外無くお洒落である）が塊になって奥と店舗を出入りし、帳場では黒ブチ眼鏡のお姉さんがひとり店番中…。右壁にはプレミア写真集が、美しい余白をキープして飾られている。サボテンの乗ったフロア棚には、手前右側からセレクト絵本・ファッション雑誌・クラシック科学絵本・海外児童文学・女流作家・「暮しの手帖」関連が優雅に収まり、裏側には左からセレクト日本文学・海外文学・「美術手帖」・詩集（黒田維理が二種！）・デザイン&アート雑誌と続く。奥壁に、上半分が単行本、下半分が大判本を基本として、幻想文学・アングラ・カウンターカルチャー・横尾忠則・写真関連・写真集・アート・デザイン。帳場前の足下には、チラシ類と共に本&古本関連が十冊ほど。

非常に尖ったラインナップで、勇気を胸に鋭く走り出したお店である。蒐集力とセレクト力が歪に強烈に輝き、魂に揺さぶりを掛けて来る。値段はプレミア本やアート本が多いので、高め&しっかり値な傾向。六興出版『恩地孝四郎詩集』を購入。

まだまだあります、古本屋

東急田園都市線

◉池尻大橋駅　三宿交差点の近くには老舗の「江口書店」。看板には〃雑本〃と掲げてあるが、店内は硬めの古書の山である。国道２４６号を挟んで反対側の「山陽書店」は品揃えの丁寧なお店で、大衆～教養を巧みにフォロー。裏通りの「e-Books」は硬派な本も並べる小さなリサイクル店である。

◉三軒茶屋駅　茶沢通りに面してはいるが、入口は裏道の「TROPE」は女子的洋服屋なのだが、店内各所に古本を配置している。アートブックや絵本が中心だが、文庫類もしっかりと揃っている。さらに通りの先の「SOMETIME」は、アンティーク＋レコード＋古本のお店。本の量は店内より店頭の方が多い。

◉用賀駅　上野毛駅との中間辺りにある「からさわ書店」は、少し硬めの街の古本屋である。

◉溝の口駅　北口の溝口駅前ストアーには「綿屋明誠堂」があり、新しめの本が主だが、各棚にこだわりが見て取れる。

◉梶が谷駅　西側住宅街の中に、住宅敷地内に建てられた箱のような「グリーンブック」。絵本と児童文学と文庫が充実の営業時間短変則店（14～17時）である。

南側の丘の上の「橘リサイクルコミュニティセンター」三階には、一冊十円の激安古本棚がある。

◉青葉台駅　北の団地入口近くにはアナーキーマイナーチェーンの「博蝶堂書店」。お店はそれほど大きくないが、古本にもしっかりとした権利が与えられている。

東急世田谷線

◉上町駅　さくら通りにある「林書店 上町店」はこぢんまりとしたアダルト多めの大衆店。喜多見に系列店があり、世田谷ボロ市には一般本の臨時店を出店している。

古本屋レクイエム

赤い鰊

祐天寺駅

東急東横線

商店街を抜け駒沢通りに出ると、小さなミステリ古書専門店が、待ち構えてくれていた。変わった店名はミステリ用語で「ミスリードを促すためのニセの手掛かり」みたいな意味である。店頭には不安定な文庫タワーが立ち、店内に入ると床がギチギチと軋む。そこに並んだ、探偵小説・推理小説・海外ミステリ・幻想文学、そして映画関連の本の数々。いつも店内にはラジオが流れ、ダンディな店主が静かにそれに耳を傾け、寡黙に本の手入れを行っていた。明らかに好きなもので構築された空間であった。古本好きが一度は夢見る、理想的な空間でもあった。絵本屋以外の専門古書店が減少している今、こういうお店は、段々と貴重になってきている。お店を閉めた店主は、何処で何をしているのだろうか。今でもミステリを、読み続けているのだろうか。

北上書房

古書が堅固に身を寄せあう

営業時間 12時～19時 **定休日** 不定休 **電話** 03・3710・6150

駅東口を出て線路沿いに栄通り商店街を北上。左の建物が切れ、線路にぶつかる向かいに建つ。二階建て三軒長屋風店舗の右端で、その姿は東横線の車窓からも一瞬垣間見ることが出来る。店頭には左のショウウインドウを覆い隠す二本の100円棚。文庫・単行本・歴史読本などが並び、文庫は古いモノも多く何かありそうな予感が背中を走る。右側には雑誌・ムックのラック。入口周りには単行本や大判本の棚が集まる。

中に入ると、灯油と古本がブレンドされた匂いが漂う。壁は一面本棚、真ん中に背中合わせの棚が一本、そして通路にも大量の本が横積みされ、山脈のごとく連なっている。入口近くの足元には、美術展図録の並んだ小さな棚もある。右の壁際には、陶芸・工芸・美術・映画・風俗・性愛、角を曲がり帳場横に日本文学・文学評論という並び。向かいの通路棚には、山岳・写真・建築・料理などが細かく並び、奥には歴史&時代小説文庫・日本文学文庫が収まる。ここは下の平台も見えており、そこにも文庫が背を見せている。値札作成中の店主の前を通り左通路へ。こちらも壁際は一段と茶褐色。帳場横はキリシタン研究本で棚が埋められている。角を曲がり、沖縄・アジア・民俗学・近世・中世・歴史・地方史と続く。向かいには少量のポケミス、岩波・ちくま・中公などの教養系文庫・絶版文庫・新書・海外文学文庫・政治・郷土本などが並ぶ。通路に横積みされた本は、適当に積まれているわけではなく、厳然とジャンル分けが行われている。

とにかく古い本の多いお店である。しっかりとした堅固な棚が、潔く気持ちいい。値段は安く思わずニンマリ（函入り本の値段は未確認）。岩波現代文庫『伊丹万作・演技指導論草案 精読／佐藤忠男』、教養文庫『吉井勇のうた／臼井喜之介編』を購入。

SUNNY BOY BOOKS

才気が走る若々しい小空間

営業時間 13時〜23時（水木15時〜22時、土日祝12時〜21時）　**定休日** 不定休

駅の高架ホームに降り立ち、改札から東口に出ると、すぐに学芸大学東口商店街が始まるので、ズンズン東に進んで行く。100メートルほどで鷹番通りに行き当たるので、賑わいから離れて北へ。道は交差点を過ぎると西へ少し折れ曲がるが、構わず進んで一本目の脇道を東へ。まだまだ駅近なのだが、辺りはもはや住宅街。しかし右手には三軒のお店が並ぶ住宅兼店舗の姿が。その真ん中が白く小さな古本屋さんとなっていた。

店名看板などはなく、小さな黒板に店名や営業時間が書かれている。本が飾られたウインドウの下には、単行本と文庫の詰まった安売り棚と、室外機の上に載ったコミック箱が二つ。慎ましやかな花鉢が並ぶ入口を通って店内へ。

薄暗く小さな空間で、壁際にはぐるっと武骨なスチール棚が巡らされ、真ん中にはテーブルが一つ、床は新品の分厚い合板で覆われている。繊細な本と大胆な内装が入り交じる空間である。正面奥に帳場があり、黒ぶち眼鏡のお洒落な青年がパソコンに目を落としている。

右壁棚には映画・音楽・美術・写真・建築・本作り・出版などと共に、布製のバッグも販売されている。お店オリジナルの物もあり。入口左横は、食・暮らし・古本・児童文学・セレクトコミック。左壁は海外文学・幻想文学・詩集・セレクト日本文学・哲学・現代思想。そして奥壁に言葉・宗教・民俗学・海外ミステリ・闘争・文明など。テーブルには新刊が集められ、夏葉社や港の人本の姿が。

値段は普通〜ちょい高。本は美しく並び、知的さと込められた思いあり。ペップ出版『少年児雷也／杉浦茂』、白水社『路面電車／クロード・シモン』を購入。

ROOTS BOOKS

都立大学を救う救世主

電話 03・3725・6358

古本屋さんが姿を消した都立大学に、新たなお店が誕生していたという情報をキャッチ！ 何はともあれ駆けつけることにする。駅近くにあるらしいのだが、所在地はあやふや…まぁグルグル歩き回れば何とかなるだろう、と適当に雨の街をさまよう…。

改札を出ると、目の前には高架下を通る中根小通り。横断歩道を渡り西へ進むと、すぐに右手にトリツセンターという名のショッピングビルが現れる。地元密着型の、古くマイナーな雰囲気を放つ建物である。その手前に小さな〝古本〟と書かれた立看板。工事中の遊歩道に視線を移すと、そのトリツセンターの一階側面に緑の日除けが張り出し、下には本棚の姿が見えている！ こんなに駅の近くだったのか。それにしても心ざわめく立地条件である！

慌てながら駆け寄ると、お店というよりは通路…センター奥へのアプローチ部分に見えなくも無い。左側に開け放しの出入口、右は白壁に白枠の窓があり、中の様子が見えると共に、窓際に絵本・澁澤本・〝ブルース・リー〟・洋書・コカコーラムックなどが飾られている。

店頭には100均の文庫・新書・単行本が収まるワゴンが二台、雑誌&ムックラックが二台、入口横に100均雑誌ラック。段差のある入口に傘を寝かせると、〝本が悲しむので傘は店に入れないでくださると助かります〟と低姿勢のため、多少回りくどい貼紙が目に入る。

中に入るとまさに通路な細長い店内で、セメント床には色タイルがポツポツ埋め込まれている。壁際に十本ほどの本棚、窓際にも横長な腰高台が設置されている。右奥に帳場…いや、若い男性店主の居場所があり、ダウンジャケット着用で寒さに抗いながら作業中。

床には100円単行本台車や、雑誌・コミックの箱が置かれている。入口横の棚には、文化・選書・探偵小説・海外文学・鉄道・時代小説文庫・100円単行本が並び、壁棚に日本文学文庫・最近刊文学・コミック・旅・紀行・ビジネス・実用・児童文学・絵本・料理・性愛・ビジュアルムック・幻想文学文庫・写真関連・美術図録・作品集・ビジュアル洋書・音楽CD・映画・音楽・雑誌と続いて行く。向かいの店主居場所横にも小さな棚があり、ノベルス・CD・単行本などがカオスに収まる。窓際にはセレクトされたビジュアル本・単行本・文庫が並んでいる。

新しめの本が多く、本の数も多くはないが、棚造りにはしっかりと意志が込められている。現在の手持ちの駒で、細分化されたジャンルに肝となる本を含ませるなど、店主の前のめりな気持ちが乗り移っているかのようだ。値段は安め〜普通で、いい本にはしっかり値付け。白い息を吐きながら本を選び奥へ進む。

店主に本を渡すついでに、いつから営業しているのか聞いてみる。すると、こちらを振り向いた顔に、何故か一瞬堪えきれないような笑顔が現れた…何だ？どうした?…が、一瞬で元の店主の顔に戻る。そして「九ヶ月くらい前からです」との答え。う〜ん、じゃあ前回ここを巡った時は、まだ出来てなかったのか…「都立大学って古本屋さん消えちゃいましたよね」とさらに話掛けると、「ですから喜んでいただければ…」と、この地に古本屋の火を点す頼もしい発言。そして帰り際に「本があったらお売り下さい」とペコリ。そう気が付けば、立看板や貼紙そして棚などあらゆる所に〝本お売りください〟と書かれている。

都立大学にお住まいのみなさん、本を売る時はぜひこの駅前のトリツセンターにある「ギブミー古本」な、通路的お店にどうぞ！　サンポウ・ノベルス『名探偵傑作選 競作シリーズ1／中島河太郎編』を購入。

西村文生堂

街に相応しいお店に変身

営業時間 11時〜19時 電話 03・3725・3330

駅正面口を出てロータリーを左方向へ抜け、線路際のヒロ通りへ。するとすぐ右手に緩やかな上りの細道。その横にお店はある。白と黒でシンプルに抑えられた外装。店名表示はすべて「NISHIMURA BUNSEIDO」となっており、また"BOOK CORDINATE STORE" "VINTAGE USED BOOKS & MAGAZINES"の文字が付属する…以前は「ふるほん文生堂」だったのが、どうやら思い切ったイメージチェンジが行われたようだ。

かつては建物脇にズラッと整列していたラックやワゴンはスッキリと少なくなり、店頭ワゴンはよく音楽機材などを運ぶのに使われる黒いボックス、通称〃棺桶〃で形作られている。奥には以前と変わらぬ安売り文庫棚が二本あり、入口横には紐で括られた大量の大型本が積み上がる。重いスライド扉を開けて中に入ると、古本屋さんは既に何処かに消え去り、セレクトブックショップのように、見せるディスプレイに力を入れた店内に変化していた。

右壁には手前に文庫棚が一本あり、後は大枠の棚が連続して、料理・大判美術本・ビジュアル洋書・革装本などが収まって行く。真ん中には木製ラックタワーのある大きな平台が据えられているが、現在は作業台として使用されている。左壁は一面が白いボックス棚で、洋書を中心にしながら、児童文学・映画・落語・暮し・復刻漫画&漫画評論・「現代詩手帖」・ハヤカワポケミス・探偵小説が飾られ並ぶ。

古本の影を所々に残しながらも、洋書ビジュアル本をメインとする方向に大きく舵を切っている。改装前も土地柄に合わせてわりと洒落たお店であったが、その度合いを大幅にアップさせたようだ。思潮社『現代詩手帖 北園克衛再読』を購入する。

三島由紀夫作品集 1
田舎教師 田山花袋
宇宙の森へようこそ
TECHNICAL ANALYSIS
ACADEMIC ENTREPRENEURSHIP IN ASIA
CARSON McCULLERS
1411 QI FACTS
隠れた秩序
作者の家
火宅の人
草の径 松本清張
暗室のなかで
百年の旅人たち
サハリンへの旅 李恢成
天地玄黄
私のサハリン
追放と自由
桃源郷 陳舜臣
論語の人間学
海市 福永武彦
大学改革
おそい目ざめ
子供の四季 坪田譲治
古都
川端康成・美と伝統
「登呂」の記録
わが六道の闇夜
心の中を流れる河・愛の試み
中小企業存立論
花闇
ありゃせんか
芸術と思想
禁域 黒井千次
白線と短剣
ふりむくな鶴吉
時の鎖
革命の夜明け
中華民国の誕生
かもめのジョナサン
逆境を愛する男たち
氣象
母のない夜
羽根と翼 黒井千次
洛北女人館

古書肆　田園りぶらりあ

高級住宅街にある古本迷路

営業時間 10時～18時　定休日 無休　電話 03・3722・2753

改札を出て、渋沢栄一計画の放射状市街地とは、逆の東側へ。そのまま駅前の道を南へ下り、何となくスペイン風な低層の駅舎を眺めながら進んで行く。信号に行き当たった所で東へ折れる。高級住宅街だが、やけに車通りが頻繁である。

二段の緩やかな坂を下り終わると、車が行き交う交差点。向かいにお店が見えている…。2009年7月に訪れた時は〝しばらく店を休業させて頂きます〟の貼紙があり、営業していなかったお店である。たまたまふと思い出し、さして期待もせず坂を下って来たら、おぉ！　開いているじゃないか！　復活オメデトウございます。

白い三階建ビル一階の店舗。軒に丈夫に張り出す青い日除けと共に、ガラスウインドウがビルの足元両翼に展開している。出入口は二ヶ所あり、右側表通りに面したものと、面取りされたビルの角にメインの自動ドアがある。それにしても気持ちがいいくらい、お店の中が丸見えである。ウインドウには、絵本・『ケロロ軍曹』DVD・全集・湯川秀樹色紙などもあり。

自動ドアから中に入ると、右横の帳場に座る店主が「どうもっ」と頭を下げる。釣られて「どうも」と頭を下げつつ、どぎまぎしながら店内に視線を走らせる。外と中から見た情報を統合すると、店内は入口右横の帳場を中心に、銭湯のように左右に分かれている。店奥の壁はず～っと棚で埋まり、さらに奥の右室壁へと続いて行く。右室には背中合わせの棚が一本、左室は背中合わせの棚が二本、帳場前から左右を隔てる棚が一本奥までのびている。

入口左横の新書・のらくろ棚を眺めてから、左端通路に入り込む。大きなガラス窓の上には古い岩波文庫棚。向かいは上部が新書、下部が時代小説文庫と日本文学文庫で埋まっている。

第二の通路、左には上部に新書と下部に日本文学文庫、右は上部に日本文学・復刻本と下部に教養&雑学文庫となっている。第三の通路、左は日本文学評論・評伝・古本関連、右に歴史・世界・近代史・民俗学・宗教が滲みながら並ぶ。

店奥の壁には、日本文学・評論・古本・出版・料理・詩歌と続き、右室に導かれて行く。店奥棚はそのまま、戦争・俳句・古典文学・書・釣りなどが続く。こちらの左端通路は、左に作品集・大判本、右にキリスト教・思想・心理学・教育・海外文学・映画・演劇・落語・芸能が並ぶ。右端通路の壁棚はカオス気味で、歴史・武道・陶芸・お茶・日本文学・文化・山岳・資料本・学術本が収まる。向かいは海外文学・美術・工芸・建築・写真・自然・音楽となっている。

お店のつくりは日吉の「茂野書店」（店舗閉店）や西荻窪の「音羽館」と似た二室的構造。広さの分だけ本があり、棚造りもしっかりの優良なお店である。文学評論・新書・美術・芭蕉&西行が突出。値段は安め～普通。

店内のそこかしこに、雑誌に掲載された当店の記事が飾られている。帳場周りには特に集中しており、お店の写真や店主の写真・掲載本などに、その写真より少し年を取ったエプロン姿の壮年店主が、囲まれたカタチとなっている。

それにしても開いていてよかった！　営業再開しててよかった！　これからも田園調布をよろしくお願いします！　ハヤカワ・ミステリ『荒野のホームズ／スティーヴ・ホッケンスミス』、洋泉社『本屋さんとの出会い』を購入。

凸っと凹っと

ギュッと凝縮サブカルチャー

電話 044・411・7959

長いエスカレーターを下って東口の地上へ。踏切から東に延びる商店街、モトスミ・オズ通りを東に進む。すぐに円形にモザイクタイルが敷かれた岐路に着くので、そこからは南へ進んで行く。100メートル弱で終わる道の左手に赤い雑居ビルが現れ、中央の小さなビル入口前に置かれた〝古本 中古CD〟と書かれた立看板に、胸をときめかせる。

狭く急な妙な色の市松模様の階段を上がる。二階で右手を振り返ると、つづら折りのように展開して並ぶ部屋のドアがあり、その真ん中だけが開け放たれ、店内の本棚を薄暗い廊下に覗かせている。ビニールカーテンを潜り中に入ると、小さな空間で、入って正面にラックと白い本棚が並び、右奥が帳場になっている。フロア中央には小さく低い平台があり、入口右横は奥に少し広くなってCD棚に囲まれている。

入ってすぐのラックには、音楽・サブカル・コミックのオススメ本とCDが飾られ、白い棚にはレアな電子ブロックと共に、サブカル本が店主の眼と腕とセンスで集められている。あらゆる本をサブカル的視点で捉えているため、社会運動・犯罪・仕事・技術・建築・昭和風俗など真面目な本や専門書もここではすべて同列に扱っている。帳場近くにはサブカル系文庫と新書が集中。平台はおもちゃをメインにオススメ本が飾られ、下の棚にはサブカル系エッセイを多く揃える。CD棚の下にも、おもちゃのゾイドシリーズと共に一部古本コーナーがあり、岡本太郎・アラーキー・ガンダム・UFOなど。

冊数はほどほどだが、徹底的にサブカルである。このお店にとっては、もはやサブカルがメインカルチャーなのである。値段は安め。文春新書『不許可写真／草森紳一』を購入する。

書籍・雑誌

鐵塔書院

パラフィン白亜の優良店

営業時間 10時〜21時　**定休日** 不定休　**電話** 045・401・7129

崖下の駅西口を出ると、小さく短い路地の駅前。そこを素早く通り抜け、晴れやかな坂道の商店街、六角橋商店街を100メートルほど南東に下る。坂は地元民と神奈川大学の学生がひっきりなしに行き交い、とても賑やかである。

坂道の傾斜が緩くなったところで、左手に素っ気なく白いお店が姿を見せる。ちょっと注意していなければ、うっかり通り過ぎてしまうほど、古本屋らしくない店頭。外には何も出ていない。ただガラスウインドウには店名と共に、何かが本を読むイラストが描かれており、右端にはあまり情報が張り出されていないコルクボードと、〝本買ヒ取り〼〟の小さな看板が潜んでいる。

動作音の大きな自動ドアで店内に進むと、縦長で白く、高い本棚が林立する整頓された空間。左右の壁は白い壁棚で、フロアは手前と奥に同様の白い背中合わせの棚が縦に三本ずつ置かれ、計四本の長い通路を生み出している。棚に並ぶ本の多くにはパラフィンがかけられているので、それが店内の白さにより拍車を掛けているようだ。

入口右横には100均文庫棚…なんでこの棚、カチカチカチカチ…というセコンド音みたいのが聞こえて来るんだ？　何かに共鳴しているのか？と棚を押さえてみるが、不思議な音は聞こえ続けている…。そんなことにはお構いなく、左横にはコミックセット&全集ブロックが集まり、通路の遥か最奥では帳場が待っている。

右壁棚はブルーバックスや新書から始まり、さらに新書&文庫が融合しあう、自然・食・交通など様々にジャンル分けされた棚がしばらく続く。丁寧な棚造りである。途中からは海外文学文庫・日本純文学文庫・

思想系文庫・歴史系文庫・ＳＦ文庫・海外ミステリ文庫・探偵小説文庫とドバドバ続いて行く。長い長い文庫で出来た、強固な壁である。向かいには入口側から、時代小説文庫・日本文学文庫・日本ＳＦ文庫・ラノベが大量に並んで行く。

第二通路はコミック通路だが、帳場前である左奥に絶版漫画やジュブナイルＳＦが固まり、古本屋らしい個性を発揮している。

第三通路は、右側に児童文学・漫画評論・ＳＦ・探偵小説・ミステリ・本&古本・海外文学・幻想文学と濃厚なラインナップ。左には哲学思想・東洋文庫・文明・科学・世界と硬めなラインナップ。

左端通路は、壁棚に日本文学・復刻文学・歌句集・建築・書・民芸・美術・横浜・映画・江戸・伝統芸能・サブカル・アダルトと続き、右の通路棚に自然・音楽・歴史・民俗学などが並んで行く。また帳場横には委託販売棚があり、簡単には触れないようだが、絶版文庫や古書がガード固めにディスプレイされている。

本の量も多く、扱いも丁寧で、棚造りは独特で孤高。古い本はそれほど多くないが、目を惹く本が所々に現れる。白楽に来たなら、必ず立ち寄るべきお店である。ただし高いところのパラフィンが光り、時々本の背が読み難くなるのが、数少ない難点であろう。値段はちょい安〜ちょい高で、わりと良い本にはちゃんとした値段が付いているが、時々思わぬ安値の良書が掘り出せるのも、当店の魅力のひとつである。

虱潰しに辛抱強く、白い棚を眺めよ！　角川文庫『落穂拾ひ／小山清』を購入。

ひだ文庫

もうすぐ閉店？ 30％セール中

電話 045・321・8888

深い地下駅を出て改札を抜けると、目の前には太い国道一号線。左へトコトコ進んで行くと、やがて巨大な三叉路に行き当たる。その交差点横にお店はある。黒地のテント看板に巨大な極太明朝白ヌキ文字で〝古本買入〟…市川崑映画のオープニングタイトルみたい…。

その下は真ん中に入口があり、両側壁は本棚となっている。右は「一冊２００円三冊５００円」の単行本と廉価コミック・コミック揃い。左は１００円均一のマンガ・文庫・ノベルスとなっている。外棚を眺めていると、本を手に何処かへ向かう女性が「いらっしゃいませ」と声を掛け通り過ぎた。店の方だろうが近くに倉庫でもあるのだろうか。中に入ると案の定誰もいない…。

入口両脇には棚が据えられ、ここには最近刊の文庫や単行本が並べられている。店は横に広がり、左右にスペースを持つカタチ。壁はほとんどスチール棚で覆われ、右スペースに背中合わせの棚が二本、左スペースに一本置かれている。左はマンガスペース＋レジ。レジ後ろの壁には80〜90年代のアイドル写真集が飾られ、レジ下には絶版漫画が集められている。先ほどの女性が戻って来て、再び「いらっしゃいませ」。

右スペース手前の通路へ。壁際には海外文学文庫やノベルス（きだみのるコーナーあり）、向かいには文庫揃いと実用本が並ぶ。右奥の壁際はミステリ＆エンタメ・時代小説・官能・教養系の文庫が並ぶ。古い本は無いが、ミステリなどは変化球的な棚造りで目を惹きつける。真ん中の通路には、ハーレクインと新書、アダルト雑誌・古本関連・エッセイ本が収まっている。一番奥の通路には、日本文学・文学評論・幻想文学・戦争関連・歴史・民俗学・学術書が並び、レジ横には再びアダルト。各棚の上には手作り感満載の増設棚があり、学術書・全集類・横浜関連本・サンリオ文庫などが板をたわめている。途中店主らしきオジサンが飛び込んで来て「もういいよ。急いで食ってきちゃった」と店番を交代。手早く仕事を片付け、劇画の『鬼平犯科帳』を読みふけっています。

中々興味深いお店である。機能としては街の古本屋さんなのだが、新しい本でもツボを突く品揃え（少ないスペースなのに平山夢明がまとめられたりしている！）に好感が持てる。奥の文芸には古めの本もあり。値段は普通〜高め。文春新書『ドリトル先生の英国／南條竹則』、集英社文庫『荒野へ／ジョン・クラカワー』を購入。

そうは言いながらも、実はこのお店とはそれほど相性が良いわけではなく、満足出来るような古本と出会ったことは、以前は長らくなかった。しかしそれは、ある冬の日に一変してしまう。

その日も、好みの本と出会えないからといって、決して棚を流すようなマネはせず、店頭と狭い通路の店内をじっくりと見ていた。すると奥の通路でキラッと光る本が！　集団形星『風光る丘／小沼丹』である。昭和四十三年刊のユーモア小説だが、これは確か珍しいのでは…恐る恐る値段を見ると、３０００円である。普通に考えると値は張るが、この本にしては安いのでは…か、確信が持てない…ぐっ、買うべきか、買わざるべきか…本を手にしたまま、凍ったように動きを停めて、かなり悩む。…あっ、そうか。この話は確か未知谷から再刊されたはずだが、定価は３０００円以上したはずだ。ならば、こっちの方がお得じゃないか。何たってオリジナルだし、と己の説得に成功し、ようやく心を決める。後に調べると、小沼丹のキキメ本であることが判明し、めでたしめでたし。

ところがその後、お店は２０１５年10月いっぱいで閉店することが判明した。それまで全品30％オフセール中！

誠文堂書店

歴史博物館横の知の宇宙

営業時間　11時〜19時　定休日　無休　電話　045・663・9587

地下のホームは地上の雰囲気を継承し、赤レンガに囲まれた空間。金庫の扉やラジエーターなど、近代建築の遺物が埋め込まれた壁面もあったりする。五番の馬車道口から地上に出ると、目の前には重厚&壮麗な神奈川県立歴史博物館。そして、もう右手ビルの二階のウインドウに、本棚の姿が見えている！　変わった本棚の姿が見えている！

このお店は三〜四年ほど前に偶然見つけたのだが、怖気づいたっきり未だ未入店なのである。この桜木町・関内周辺で、根岸線を越えて海側にある古本屋さんは、ここ一軒のみではないだろうか…。

馬車道を南西にちょこっと進み、すぐの脇道、南仲通りを西北へちょこっと入ると、すぐに二階のお店への入口が出現。白い壁面にはガス灯のような外灯と、白く柔らかな光を放つ店名看板。地に赤と緑で構成された木のイメージが、ボウッと浮かび上がっている。ポッカリと口を開けた一階アプローチには二台の「100円から」ワゴンが置かれ、山岳や硬めの人文本がギチギチに詰まっている。左側の本が積み上がる階段から二階へ。

入口付近にはすでに本棚が進出し、思想・歴史・文化の単行本・新書・文庫本が収まっている。中は明るく小さな図書館のような雰囲気。出入口の左右は本棚、左壁は本棚、右壁は本棚と帳場、店奥は馬車道からも見えた大きなガラスウインドウ。

そしてフロアの真ん中に、木の素材が暖かな半円形の棚が、二本前後にずらされ置かれている。むむぅ、素敵で優雅な弧を描いているぞっ。出入口の右横には、本の山と背の低い棚あり。店内はキレイだが、所々に本のタワーが建てられ、ちょっと乱雑な雰囲気。各通路も狭めである。BGMは薄く流れるクラシック。

出入口の左には、古典文学・日本近代文学・純文学・海外文学の文庫が岩波を核に並んでいる。少量の豆本あり。出入口の右には、文学評論・音楽・芸術が収まり、小さな棚には映画や落語が並んでいる。右奥は建築から始まり、帳場上にビニールに包まれた思想・文化、帳場左の民俗学・郷土と続く。注目の半円形棚には、哲学・思想・心理学・精神科学がズラリ。

いよいよ帳場前から、二本の半円棚の内側に入り込むと、さながら貝殻の内部のような、小部屋的空間！しかも並んでいるのはすべてキリスト教関連。歴史・イスラエル・聖書・教理・研究・福音書・日本のキリスト教関連などなど。真ん中の本の島を中心に、思わずクルクル回りながら一周。窓際に出ると、足元には政治・社会関連。背後の半円棚外側には、歴史・近現代史・世界がズラリ。左壁には、アジア関連・触ってはいけないビニール包装本・数学・科学・生物、角を曲がり科学系文庫・山岳・思想系文庫・同時代ライブラリーが並んでいる。

硬い！素敵に硬い！古い本も多く、哲学・思想・キリスト教が特に充実。ハードカバー&函入り本のオンパレード。〃モースの硬度計〃で計測したくなるほどの、赤レンガのごとくしっかりしたお店である。それでも懸命に本を選び取り、白い帳場へと向かう。堀江敏幸が多少もっさりしたような、三十代と思しき男性が座っている。物静かに精算を済ませて外へ出ると、緊張がふーっと緩んで行く。新潮文庫『博物誌／ノワール』、ハヤカワライブラリ『空想自然科学入門／アイザック・アシモフ』を購入。

まだまだあります、古本屋

東急東横線

◉代官山駅　マンションの一室にあるアーティストのショップ「STRANGE STORE」は、服と共にサブカル古本を並べる異色店。Sodoccoビル二階にあるカフェBIRDSには松陰神社前の「nostos books」が「代官山店」の名で壁棚に自然・アート・文学を揃えている。有名な「蔦屋書店」店内にもセレクト古本棚が所々に潜んでいる。

◉中目黒駅　目黒川に面した「COW BOOKS」はお洒落古本店のトップランナー。超セレクト棚は、センスを求める若者の心を捉えて離さない。駅から北西に600メートルほど離れた所にある「デッサン」は渋谷「東塔堂」の姉妹店である。目黒銀座にある「杉野書店」は心和む大衆店だが、本が多過ぎて店内に入れぬこともままあり。

◉学芸大学駅　西口にある有名店の「古本遊戯 流浪堂」は、良質な品揃えと棚造りに定評がある。東口商店街には「飯島書店」。わりとかっちりとしたお店だが、奥の文学棚や足元に積み上がる古本群に目を光らせると何か見つかるかも。スタジオとギャラリーを併設する「BOOK & SONS」は、文字やタイポグラフィーの専門店である。

◉都立大学駅　駅西側の八雲通りには「博文堂書店」がある。社会学系に強く、資料本や学術本を多く集めている。

◉自由が丘駅　「東京書房」は現在建物をリニューアル中で、2016年春に再オープン予定である。

◉新丸子駅　駅東口の小さなビル一階には「甘露書房」。ほとんどネット用の倉庫と化しているお店だが、美しい詩の棚はやはり実物を目にすべきである。

◉元住吉駅　ブレーメン商店街には「ブックサーカスmotto店」があるが、ここはあくまでもリサイクル系に徹している。

◉日吉駅　西に広がる放射路の街には貸本屋も兼ねた「ダダ書房」と、リサイクル系の「BOOK JOY」がある。ダダはそのお店に目をみはり、JOYは入口横の古書棚に目をみはる。

◉綱島駅　マンション一階その奥にある「FEEVER BUG」は、サブカル＋オルタナティブな尖った棚揃えを見せる、広く極めて男子的なお店である。

◉大倉山駅　西口の坂にある「Libnos横浜大倉山店」は新刊を備えたブックカフェだが、入口付近に１００均文庫棚を設置している。

◉白楽駅　神奈川大学のお膝元である白楽には、古本屋が嬉しくなるほど多い。駅西側の妙蓮寺寄りにある「Tweed Books」は一番新しいお店で、ファッション関連を核にして大いに奮闘中。南に下って大きな通りを越えると、まずは大きな雑本店の「高石書店」。裏路地にある「相原書店」は専門書も多いが文庫も絶版を含め充実している。「小山書店」は硬めの古い本が多いが、まったく歯が立たないわけではない。

◉反町駅　国道1号沿いにある「孫悟空」は一見派手なアダルト店だが、古本は満足出来るほど多く、掘り起こす楽しさと安値なのが大きな魅力。

みなとみらい線

◉元町・中華街駅　「関帝堂書店」は中華街の横濱バザール三階にある中華カフェ。ドリンクを頼まないと入れないが、中華・中国関連の古本を多く揃えている。

BOOKOPEN

天衣無縫な大衆店

営業時間 15時〜22時　**定休日** 日祝　**電話** 03・3717・1516

地上に出たら、堅固な塀の多い住宅街を通って、西に横たわる環七通りへ。後はこの大通りをひたすら北西に進んで行く。

交通量は当然のように激しいが、交互に植わって行く欅と楠、それに足元の椿と躑躅が、たとえ気休め程度とは言え、汚れた空気から歩道を守ってくれている気がする…と、車の起こし続ける風を浴びながら一キロほどテクテク。すると、歩道にふいに現れる〝本〟の文字がある黄色い立看板。

場所は南交差点手前の宮が丘バス停前である。毎度毎度の感想ではあるが、一体何だこのお店は……明らかに通常の古本屋さんではないっ！　一帯に漂う作業場のような雰囲気…。店頭右側には、十台ほどの自販機で造られた「自販機小路」があり、左側には明らかに手作りの店頭棚が一本…華奢なトタン屋根が架かり、お祭りの露店の如き姿である。

棚には表裏共に、何冊買っても50円のコミックが並んでいる。ワクワクドキドキしながら矢印に誘導され、横幅のあるサッシを開けてお店の中へ。するとすぐ後ろから、Tシャツにハーフパンツだがチョイワル親父風の男性が入って来て、にこやかに「いらっしゃいませ」。そしてすぐに脇の素通しの事務所に入り、電話をかけ始めた。

私は早速、中々壮観なジャングル的店内の様子を窺う。入口から奥まで様々な種類の棚が組み合わされ、奥のガラス戸のある住居部分まで通路を出現させている。そして右側奥には長い背中合わせの本棚が二本設置され、合計四本の通路を造り出しているのだ。

入口から始まる左端通路には、漫画週刊誌＆月刊・隔週漫画誌・廉価コミック・１００円新書＆単行本・期間限定値下げ本・１００均コミック・１００均文庫、左側には１００均単行本のミニ通路と、『ゴルゴ13』

『こち亀』『ドラゴンボール』など長寿連載コミック通路もある。最奥にはアダルト・写真集・絶版漫画のコーナー。途中に置かれた立看板には〝掘り出し物の古本屋さん。リーズナブルな価格。口コミで知られています〟と書かれている…。

二番目の通路には、海外文学文庫・100均文庫・コミック・300円文学&ビジネス・社会・ノンフィクション・ミステリ文庫・少量の岩波文庫と並んでいる。単行本類は、基本的にかなりカオスな状態が展開して行く。

三番目の通路は、100均ラノベ・映画パンフ・ハーレクイン・時代小説文庫・コミック揃い・100均コミック・ガイド・実用。右端通路は、奥の入口部分にゲイ雑誌・古い漫画雑誌が集まり、辞書・コミック・各種雑誌・自動車&オートバイ雑誌・電気技術本と奥まで続いて行く。

コミック・雑誌・雑本の、非常にカオスで大衆的なお店である。…何だろう、このアウトローさ加減は…。花小金井の「藤本チェーン」（店舗閉店）と同類の匂いが濃厚に鼻先を掠めて行く。値段は100円〜300円が中心で、とにかく安い！

先ほどから、ズ〜ッと追突事故の事案について電話で話し続けている店主に、申し訳なくジェスチャーで精算をお願いする。一旦電話を切り、先ほどまでの複雑な話を頭の片隅に追いやったのか、にこやかに愛想よく精算してくれた。本は「ロヂャース」のポリ袋の中へ。フフフ、今日も面白いお店にたどり着けたことを、古本の神に感謝！　樹石社『日本の石〈東日本編〉／全国樹石会編』小学館ビッグコミック『MASTERキートン　2〜5・9／勝鹿北星・浦沢直樹』を購入。

タヒラ堂書店

老紳士のように端正なお店

営業時間 10時〜20時 定休日 月 電話 03・3729・9384

駅正面口を出て、線路沿いに東へ。すると郵便局の横に味のある古い建物…目指すお店である。二階の窓上の巨大な〃古本買入〃の看板文字が何とも頼もしい。隣りの中華料理店ビルの壁にのたうつ巨大な龍の飾り…絶対にこの看板文字を意識して派手にしたに違いない！…そう思わせるほど立派なのである。店名とともにその古さが何とも言えず、四枚の木の戸が時代を感じさせる。

中に入ると強い風がガラス戸を揺さぶっているのがよく分かる。店内は奥行きがあり、壁は両側とも本棚、真ん中に長めの背中合わせの棚が一本。左側通路と入口側棚脇に50〜100円文庫と50〜100円新書のワゴンが置かれている。普段は外にあるのだろう。最奥に帳場があり、ちょっと怖そうな店主が頬杖をつき、BGMのオペラに聴き入っている。オペラの歌声と外の強風が重なり合い、店内は荘厳な雰囲気に…無闇に緊張するなぁ…。

右壁はズラ〜っと学術書・技術書・教科書類が並ぶ。駅の真ん前に東京工業大学があるためだろう。向かいには時代小説文庫・日本文学文庫・岩波文庫が並んでいる。レジの両翼には宗教関連が集められている。オペラ鑑賞を邪魔しないように、そうっと左通路へ。壁際は宗教の続きから、辞書・能・京都・民俗学・古代史・歴史・江戸・心理学・日本文学・文学評論・料理・戦争が並ぶ。向かいには新書が端から端までひたすら並ぶ（一部にブルーバックスあり）。棚上にはお茶の本なども。

アカデミックなお店である。しかし値段は安め〜普通。新書に見応えあり。ちょうどオペラが終わったところでレジへ。岩波新書『西域 探検の世紀／金子民雄』、中公新書『グランド・ツアー／本城靖久』を購入。

PINNANCE BOOKS

ジャンル充実センス爆発

営業時間 10時〜22時 **電話** 03・3720・7219

踏切を渡って駅南側に出て、そこから南の脇道に見える「CITY OKUSAWA」の商店街ゲートを潜る。ややっ！ 右手に見えて来た新興古本屋さんはしっかりと営業中！ 店頭の安売り単行本&雑誌箱を覗き込み、足の速い本が詰まっているのを確認。開け放たれた入口から中に入ると、見やすく洗練された印象となっている。

青と白の本棚の側板には、棚の分類が手書きで記されている。入口左横には雑誌箱、左右の壁棚は健在で、フロアには左側に背中合わせの本棚、右に上に雑誌箱を乗せたボックス棚と本棚の複合体。奥に帳場があり、キャップにヒゲのスケーターファッション青年店主が作業中。左側通路は壁棚に、児童文学・絵本・一般日本文学文庫・時代小説文庫・海外文学文庫・創元推理文庫・SF&幻想文学系文庫・絶版文庫。向かいはミステリ&エンタメ・女流作家文学・本&古本・エッセイ・ノンフィクション・新書となっている。中央通路には、左側に絶版漫画ブロック、そして音楽・映画・落語・演劇・山岳・野球・武術・鉄道・世界各国・旅・天文・自然・猫・古い児童読み物・建築・写真・美術。向かいは雑誌箱の下にセレクト日本文学。奥の本棚に詩集・文学評論・批評・松岡正剛・草森紳一・植草甚一など。右端通路は、壁棚に思想・風俗・海外文学、ボックス棚に探偵小説・幻想文学、そして本棚に海外ミステリとSFが収まっている。

ミステリ&SF・海外文学に造詣が深いが、もちろん一般的な部分にも気を配っている雰囲気が漂う。値段はしっかり値だが、文庫は絶版でもある程度買い易い値段なのが不思議なところである。集英社文庫『鳥たちの河口』『一滴の夏』共に野呂邦暢を購入する。

星野書店

二十一世紀もこのスタイル

電話 03・3781・7977

改札を出ると目の前には難解な道々…方向感覚を失わぬように、東急大井町線を背に、恐る恐る東南東へ。するとやがて商店街が直線に続く三間通りに行き当たる。この辺り特有の、昔の匂いを色濃く残す商店街である。「柔道修行所」なんて建物が…。通りを南に進むと、右側に緑の日除けのお店。

店頭の車道に自転車が置きっ放しなのは、車の駐停車避けであろう。その後ろの歩道に、小さな木製の平台…文庫が面出しでピッチリ並び、一冊30円！　もはや駄菓子の値段である。中は薄暗く、その古さは商店街と足並みをしっかり揃えている。壁は左右とも本棚、真ん中に平台付きの背中合わせの棚、奥に帳場があり通路は逆Uの字型である。入った瞬間にチャイムが遠くで鳴り響き、ガラス障子を「ラッ！」と開けてご婦人が登場。帳場に座りテレビを点けて店番開始。時々放たれるサーチライトのような視線は意外にも鋭い…。右壁棚は歴史・時代小説から始まり、海外文学・ミステリー・日本文学・またもや歴史小説・コミック・文学全集が並ぶ。下には一冊50・100円のノベルス&コミックが平積みされている。向かいには、歴史・古代史・江戸・官能小説（ノベルス&文庫）が収まり、下にはアダルト雑誌が並ぶ。左通路に移動。壁棚は、趣味・実用・辞書・文学評論・社会・経済・少量の新書など。向かいは文庫棚で、日本文学と時代小説文庫、下には一冊50・100円の文庫が横積みで並ぶ。

昔の街の古本屋さんという雰囲気。棚は70年代〜現代の本が中心。店内は手入れが行き届き清潔である。そして本は激安！　筑摩書房『現代日本文学大系別冊現代文学風土記／奥野健男』を購入。

源氏書房

緊張感漂う街の古本屋

電話　03・3787・1030

　駅近くの第二京浜を南下、二葉四丁目の交差点を右折するとすぐにお店を見つけることが出来る。緑の日除けの下に洞穴のような薄暗い入口。左には雑誌ラック、右には壁内蔵型の棚と細い平台。ここには単行本・文庫・ノベルス・廉価コミック・漫画雑誌がキレイに並ぶ。その前にはカバー無し50円文庫を積み上げたワゴン。

　中は薄暗く、昔の造りそのままの店内。表と同様、整頓が行き届いている。ラジオから流れているのは「火サス」のテーマ…そして奥の帳場の店主のオヤジさんの視線が鋭い！　壁は両側とも棚、真ん中に背中合わせの棚が一本、足元には小さな平台が続いている。右の入口横は雑誌ラックで、アイドル写真集が飾られている。壁棚は、上二段に揃いのコミック、下段に不規則にアダルトが並び、中間に実用・文化・エンタメ小説・日本文学が集まる。角を曲がった帳場横の棚には古い本がドッサリ！　江戸&東京・文学系の本が多い。通路棚には実用ノベルス（怪奇系多し）・新書・官能小説が並ぶ。

　レジ前を通るのはコワイので、入口側から左通路へ。通路棚は最近の日本文学文庫が中心。棚の脇にはコミック文庫の棚もある。左壁棚には入口横からコミックが続き、終わり近くに美少女コミック。そして帳場横には、パラフィンとビニールに包まれた絶版漫画の棚…サンコミックスがたくさん並んでます。

　どちらの通路にいても、店主の研磨された刃物のような視線から逃れることは出来ない。覚悟を決めて堂々と見るべし。新しい本が中心だが、古い本もしっかり混ざり目を惹きつける。その白眉は帳場の両翼に集約されている！　値段は安め〜普通。ふぅ、緊張した…。二見書房『日本怪奇案内／平野威馬雄』を購入。

木鶏堂書店（もっけいどう）

駅前&門前前の小さな商い

電話　03・6279・7370

自由が丘で東急大井町線に乗り換え、溝の口方面へ。次の駅まではおよそ一分の短い旅。二本の線路に挟まれた島状のホームに降り立つと、東側に出口がひとつ。改札を抜けると、そこは踏切の真っ只中。北に向かい踏切内から脱出すると、すぐの九品仏駅前交差点脇左手に、小さなお店が見える。

並び建っているのではなく、建物と建物に挟まれた佇まい。軒には大きな濃緑の日除け…しかし前面の店名部分は何故か青っぽく、そこだけ何かが貼り付けられている気配。このお店の前入居者は「アンデス書房」…ということは、大森の「東京くりから堂」と同パターンで、この下に「アンデス書房」の名が隠されている可能性大!…などとまずは訳の判らないことで盛り上がる。

店頭左には古い壁棚（均一〝台〟と書かれた札あり）があり、100均の文庫と新書が並ぶ。平凡社のカラー新書もラインナップ入り。右にはラックが一台置かれ、ムック・ビジュアル本・大判本が並んでいる。

開けっ放しの出入口から中に入り込むと、古く狭い店内。壁は本棚、真ん中に背中合わせの棚が一本、奥に帳場、という最小限古本屋形態。床はツヤツヤになってしまったコンクリ。帳場には若い男性店主が、エプロン着用で横向きに座り、パソコンを操作中。BGMには『新ルパン三世』のジャズバージョンが流れている。

右壁棚には、風土・東京・祭・映画・歴史…と書いてはみたが、中々にカオスな並び。奥には箱入りの資料本が、歴史・風俗関連を軸に収まっている。帳場横や棚下膝近くには、大判本や図録類がズラズラ。紙物が入った箱もあり。向かいは、上段一段に新書、後は文庫が詰まっている。入口側の棚脇には大判本と共に、武蔵野関連や遺跡発掘資料などが見える。

左壁棚も基本的にはカオス的だが、犯罪・民俗学・シェイクスピア・日本文学・海外文学・ノンフィクション・歴史・京都などが並んでいる。棚上には、カラフルな三つのフルフェイスヘルメットが置かれている…モトクロス用だろうか？　向かいの通路棚には、エッセイ・実用・文学などがまたもやカオスに収まり、帳場前には茶色になった年代物古本が集められている。文学・科学・社会・紀行・児童書などを確認。

とても若い人がやっているとは思えないお店である。何というか…年季は入り過ぎっ！　若さを感じ取れるのは、あのヘルメットのみの、見事なまでの古本屋っぷりである。しかしこの狙っても出せない雰囲気が、妙に居心地が良いのもまた事実。各街に一軒はこのようなお店があると楽しいのだが。くたびれた本が見られるものの、その分値段はしっかり安めとなっている。帳場で店主に本を渡すと、「ここがちょっと破れてますが、よろしいですか？」と丁寧に教えてくれた。

それにしてもこのお店、以前は「アンデス書房」だったのだが、その前は「なないろ文庫ふしぎ堂」という「彷書月刊」編集長が営むお店だったそうである。つまり「なないろ文庫ふしぎ堂」→「アンデス書房」→「木鶏堂書店」の流れ。前述の大森のお店は「天誠書林」→「アンデス書房」→「東京くりから堂」の流れとなっている。この「アンデス」さんの盤石な中継ぎの雄姿！　今は何処で中継ぎの古本マウンドに立っているのだろうか…。駸々堂『京洛舞台風土記／戸板康二』を購入。

まだまだあります、古本屋

東急目黒線・大井町線

◉武蔵小山駅　駅横の小山台高校脇には名店「九曜書房」がある。店内５００均棚、古書文学棚、文化風俗関連棚は、いつ見ても目の輝く発見がある。その先の「HEIMAT CAFE」は「SUNNYBOY BOOKS」が選書した古本を展示販売している。

◉大岡山駅　駅南側には中古自転車屋と融合した「ふるほん現代屋」。リサイクル系のお店にサイクルが同居する駄洒落のようなお店である。北側の住宅街には奇跡の古屋店「金華堂書店」があり、硝子戸の向こうに電気技術書やＳＦ本を並べている。「古本カフェロジの木」は、女子度高く、暮らしや食関連の本を優しくまとめている。

◉奥沢駅　駅南側にある「ふづき書店」はキリスト教系の専門店。複雑な通路に敬虔な古本を集めている。

◉九品仏駅　環八通り沿いのマンション一階にある「D&DEPARTMENT」はレストランや生活雑貨を売る洒落たショップだが、奥に六本の雑本古本棚が控えている。

東急多摩川線・池上線

◉鵜の木駅　小さな商店街にある「ブックマート村上書店」は、集まる古本はしっかりしているが、店内が半ば倉庫状態になっており、本を見るのも探すのもなかなか困難となっている。

◉矢口渡駅　駅から離れた住宅街にある「ひと葉書房」はほぼ事務所店だが、声をかけると棚を見せてもらえる。武骨なスチール棚は、硬めな人文書が多く収まっている。

◉戸越銀座駅　戸越銀座通りの西端には「小川書店平塚店」がある。入口が二ヶ所の、戦争と東京に強いお店である。

◉旗の台駅　三間通りの「みやこ書房」は時が経つと共に古本屋から乖離し、リサイクルショップ＋何でも屋として、ハイブリッドに営業中。

古本屋レクイエム

星雲堂秋葉PX

秋葉原駅

JR総武線

長らく古本屋不毛の地であった秋葉原に、突如彗星の如く現れ、彗星の如く去って行ったお店である。多国籍な店舗が並ぶ通路の最奥にあった古本空間。ＳＦ文庫と共に、学術的雑本が多く並ぶ、しっかりとした古本屋であった。値段は安く、古い本も並んでいるので、定点観測店に認定して頻繁に通い、何冊かのプレミア本を安値で掘り出したりしていたが、ある日突然ＩＳ（イスラム国）絡みで警察の捜査が入り、閉店に追い込まれてしまった。原因は店内店外に貼られていたシリアやウィグル地区の求人募集で、これがＩＳとの関係を疑われ、やがて世間を騒がせる事件に発展して行ったのである。ちなみに通ったものの印象としては、その貼紙以外に、店内や店員にＩＳを感じさせるものは一切感じられなかった。だから、ただの古本屋さんとして、今でも惜しいと思っている。

天保堂苅部書店

植草甚一も足を運んだ老舗店

営業時間 10時～21時　**定休日** 月　**電話** 045・231・4719

駅西から平戸桜木道路を野毛方面へ。野毛三丁目の交差点から野毛坂通りを西北へ進むと、動物園通りを越えた所に堂々たる看板のお店がある。

左側の入口から中に入ると、外観同様在りし日の古本屋さんといった風情。壁はぐるっと本棚、奥に帳場、真ん中の背中合わせの棚が店舗を右と左に分離させている。この棚には中途にトンネルあり。左右の部屋の真ん中に大きな棚は無く、本の山や小さい棚の組み合わせで、島状の塊がいくつか形成されている。

左の壁際には文学全集がズラリ。しかし入口側通路には本が積み上げられているので、壁棚には近付けない。右の壁棚には、手塚治虫・漫画・歴史・戦争・世界・心理・思想・哲学と並んでいる。真ん中には新書がギチギチに詰まった大きな回転棚が一台。奥の島には、ビジュアルムック・城・文学が積まれている。真ん中から近付ける壁棚は、ペーパーバック・語学・経済・自然、そして神奈川&横浜本が並ぶ。

右側の部屋は、奥から入口方向に床が傾斜しているように見えるのは、私の錯覚なのだろうか…。左壁の上段は単行本で埋められ、実用・料理・探偵&推理・音楽・演劇・映画・民俗学・博物学・江戸・東京・風俗・鉄道が並ぶ。下段は、時代小説・日本文学・教養系の文庫が支えている。真ん中の島には、美術系大判本・文学・アダルト・将棋・囲碁・船舶雑誌などが固まっている。右の壁棚は、時代劇&歴史・日本文学・海外文学・文学評論・幻想文学・近代文学がズラリ。帳場横には、美術・工芸が収まる。

本の量・古い本・雰囲気…すべて古本屋さんの見本みたいな古本屋である。値段は普通～高め。かもめ文庫『かながわの作家文化部記者20年の記録／青木茂』を購入。

活刻堂

左側通路で古書に溺れる

営業時間　11時〜20時　定休日　火

イセザキ・モールの有隣堂より西南に奥、タバコ屋と靴屋に挟まれた脇道があり、そこにビルから飛び出た小さな看板の小さな〝文庫〟という文字を発見。誘われるように曲がってしまうと、そこはやはり古本屋だった！

古い小さな雑居ビル一階、緑のスレート風ミニ屋根があり、さらにその下には木材がガッチリはめ込まれたファサードがある。左には店頭棚があり、右には木枠の扉がある。棚は100円均一で、日本文学・文学全集・洋書・学術全集…みな恐ろしく古い本ばかり…何故か間に『ワンピース』や『エヴァンゲリオン』のコミックが…このお店、何かおかしい…。と思い中に入ると、何だこのお店はっ！　狭くシンプルな構成だが、右壁にフィギュアやガラスケースにドッサリ並んだガチャガチャフィギュア。向かいにカードなどのファイルの他に、児童文学復刻本と大判の全集本…右と左に大いなる違和感を感じている。奥の帳場前はあまりに狭く通れないので、入口側から左通路へ。扉側にはラックが置かれ、古いパンフや旅行案内・紙物、またもやフィギュアが並んでいる。そして通路に顔を向けると、天井までのスチール棚に収まった古い本のオンパレード！　こちらはさらにスゴイことになっていた！　一部の比較的新しめな文庫を除き、第二次大戦前後の古く茶色い本が、存在感のあり過ぎる本がビッシリと並んでいるのだ。風俗・学術・文学・随筆・教育・スポーツ・ノンフィクション・実用・資料。

何度も子供達がフィギュアを眺めに飛び込んで来るが、こちらの通路は入って来た瞬間に、百八十度転回して逃げて行く。そりゃそうでしょう。とても同じお店とは思えないのだ。ここは人造人間キカイダーのように、真っ二つなお店なのである。

自然林

古本で出来た自然科学の世界

営業時間 12時～20時 **定休日** 不定休 **電話** 045・622・6071

駅を出てすぐの高架下を潜り、長い直線道路の商店街をひたすら北東へ。「山手駅前商和会」が「大和町商栄会」に変わり、まだしばらく歩くと右側にお店が現れる。地元商店街に埋没しているが、そこから漂う古本の気配は、しっかりした古本屋のようである。

店頭は入口を真ん中にして、右にスチール棚が二本、台車に乗せられたカゴが二つ、左には雑誌ラックが二台ある。安売りの単行本&文庫、カゴの中にはペーパーバックが詰め込まれている。中に入ると見通しの良い店内。良く見ると、奥のスペースは一段上がっている。壁はすべて本棚で埋められ、下段の部屋には背中合わせのラックが二台置かれている。上段の部屋は壁棚のみ、そして奥にレジという構成。

真ん中のラックには、美術本・大判本・浮世絵・版画・地図などが飾られている。右壁際には、美術展図録・美術・演劇、角を曲がってセレクトされた文庫が教養・文学を中心にお目見え。隣りには民俗学とそれに関連した大判本やビジュアル本が並ぶ。左壁棚には、ペーパーバック・新書・ノンフィクション・エッセイ・社会・海外文学・横浜本・文化・歴史・山岳など。入口横には児童文学と図鑑類が少量。一段上がっていよいよ奥へ。正面レジ横の壁際には写真集がズラリ。レジ周りには、額装された版画やLPが多数飾られている。右壁棚がスゴイことになっており、海洋・魚・宇宙・動物・科学・昆虫・植物などがひしめき合い、児童書から専門書までのワンダフルな品揃え！

いやぁ、いいお店である。セレクトされ目の行き届いた棚、そして何より安いっ！ つい本の山を一生懸命移動させてしまうほど、熱中してしまった…。ありがとう自然林。そして昆虫バンザイ！ 小学館『学習百科図鑑46 珍虫と奇虫』を購入。

たちばな書房

意外に硬めで古色蒼然

営業時間 10時～20時 **定休日** 日 **電話** 045・751・3508

工業地帯の景色が目の前に広がるホームから、跨線橋を渡って北側のロータリーへ。左側へ回り込み、駅前に立ち塞がる高層住宅棟の間を通り、北の本牧通りへ出る。大通りを西へ進むとガソリンスタンドが現れ、やがて歩道橋が見えて来た。その脇に、青い陶製タイルで覆われた古びたビル。一階右側にお店を発見する。

道路に沿って三角に飛び出すベランダが、無骨で素敵である。そのベランダ下に店名看板があり、黄色い日除けが急角度で展開中。店頭には三台のラックが置かれ、二台に新刊週刊誌や新刊漫画雑誌が並んでいる。中も外観同様に古びており、煤けた天井・壁を覆う造り付けの本棚と背中合わせの木製棚・むき出しのコンクリ土間…奥にはガラスサッシの扉があり、暗い小部屋の中でテレビを見ている老婦人の姿が見えている。そのサッシの右に、小さな棚と一体化した、駅の古い切符売り場のような小さな帳場がある。

右壁はホコリに汚れたビジュアル本のラックとコミック文庫から始まり、コミック・神奈川&横浜関連本・ノベルス・近現代史・戦争・アダルトと並ぶ。向かいは古い函入り本が中心で、上部に全集類が積まれ、江戸・風俗・文学研究・詩集・美術研究・社会・幻想文学・山岳・趣味など。奥の棚脇には少量の岩波文庫・東洋文庫・新書。左側は入口付近に新刊雑誌が集まり、左壁に辞書・辞典・大判本・雑本的文庫・官能文庫・横浜関連ビジュアル本・戦争・アダルト・大判ムックラック。向かいは宗教・資料本・古典文学が収まり、下には雑誌の入った箱が置かれている。硬めの動きの鈍い函入り本が棚の半分を占めており、後の半分を新刊雑誌・新しめのコミック&文庫・アダルトで分け合っている。値段は安め～ちょい高。講談社『儲かるコイン全ガイド／日本貨幣商共同組合』を購入。

公文堂書店

由比ガ浜通りの古本ランドマーク

営業時間 10時半〜18時　**定休日** 木、第2・3水　**電話** 0467・22・0134

早春の鎌倉…それにしても今日は寒過ぎだが、ここは観光地らしく、お構い無しに賑わいを見せている。西口から出ると小さなロータリー。振り返ると、ハーフティンバースタイルの瀟洒な駅舎。こちらは東口ほどは混雑していない。そのまま南の御成通りへ入り込む。古都とは乖離した観光地的店舗が連なって行く。それでも左右に視線を振り分けながら通りを抜けると、渋滞はなはだしい由比ガ浜通りに出る。そこを西に進んで行くと、１００メートルほどで通りの右手にお店が出現する。ここは「公文堂書店」である。

　通りに沿ってナナメに建つ看板建築がイカス店舗。二階下部に小さな店名看板、その下に緑と濃緑の日除け、その下には直方体の〝古書買入〟看板、安売り単行本ワゴン・本棚・雑誌ラック・単行本ラックなどが、狭い歩道前に並んでいる。

　サッシ引き戸から中に入ると、寒くちょっと暗めな広い店内。全体に雑然とした雰囲気で、古本屋さんそのものである。壁は全面天井までの本棚で、左壁は途中緩やかな角度で、内へ折れ曲がる。フロア左には長い背中合わせの棚が一本、入口右側には小さな棚が続き、その奥に背中合わせの棚とガラスケース。店奥にはレジとガラスケースがあり、マスク＆エプロン（店名刺繍入り）姿の若者が、ひたすら携帯端末を操作しながら店番中。…それにしても寒い…。

　入口左横は美術大判本や美術雑誌。左壁棚に、経済・学術・言語・文化・世界・思想・美術・古典文学・歴史・辞典・資料本・東洋文庫が並び、下には棚と同ジャンルの本が一定の規則を見せながらも、乱雑に積み上がっている。向かいは、古い海外文学・句歌集・宗教・工芸・民俗学・科学・新書と収まり、下は図録類で埋め尽くされている。帳場後ろは、中世・鎌倉・横須賀・各種資料本が幅を利かせている。真ん中の通路左側は、戦争・海外文学・鉄道・映画・音楽・詩集・古い日本近代文学・建築・鎌倉・性愛が並び、右には文庫揃い・戦争文庫・海外文学文庫・ハヤカワポケミス・日本文学文庫・ジャンル別教養系文庫・ちくま文庫・岩波文庫が収まり、ガラスケース内には日本文学のプレミア本が飾られている。文庫棚は表裏とも面白い形状になっていて、上二段が前に少しお辞儀しており、本の背を見やすくしているのだ。レジ横ガラスケースのプレミア詩集を眺め（あっ、高橋睦朗『眠りと犯しと落下と』がっ！…横尾忠則のイラストが最高！）右端通路へ。

右壁棚には、セレクトカルトコミック・伝統芸能・趣味・紀行・日本女流文学・日本文学・文学新書が並び、入口側の行き止まり棚には女性服飾関係。向かいの通路棚は、日本純文学文庫・時代小説文庫・文学評論・自然・生物・児童文学・絵本が収まる。

古い本・珍しい本が多く、棚に翻り付きがいのあるお店である。欲しい本が結構見つかるので、どのように歯止めを掛けるかがポイントとなる。値段は安め〜高め。隙が無いようであるような…これも自分の気分次第で印象が変わりそう…。レジで素早く精算を済ませ、より寒い表に出る。

駅に戻るついでに、さらに足を延ばし、倒れてしまった鶴岡八幡宮の大銀杏を見物。ついでにお参りして、おみくじを引いてみると…凶！……スゴスゴと駅に戻り、ホームで電車を待つ。すると目の前の江ノ電ホームの上には、西岸良平『鎌倉ものがたり』の横長広告！〝愛されて四半世紀。古都・鎌倉の漫画です〟のキャッチコピー…これを見てオバチャンが読み始めたら、結構振り切ってる漫画なんでビックリしそう。それにしてもこんな所に広告を出しているとは。「漫画アクション」の隠れた稼ぎ頭めっ！

東洋文庫『デルスウ・ウザーラ 沿海州探検行／アルセーニエフ』、中央公論社『お早く御乗車ねがいます／阿川弘之』を購入。

まだまだあります、古本屋

ＪＲ根岸線

◉桜木町駅　「古本ちかいち」は複合商業施設ちぇるる野毛の一階にある、通路極狭リサイクル店。

◉関内駅　イセザキモールの奥深くに入り込めば、良店の「なぎさ書房」。古本屋の醍醐味を味わえる足腰のしっかりしたお店である。その先には「川崎書店」があり、古い雑誌や鉄道関連が面白い。

◉石川町駅　「books & things green point」は、山の上にある古い商店街の元カメラ屋を改装したギャラリー兼雑貨屋&古本屋。女子向けにお洒落である。

◉山手駅　本牧通り沿いには三軒のお店が存在する。「一寒堂書店」は夜から営業開始する昭和天然記念物店。店構えも品揃えも時が停止している。「BOOK STAR」はリサイクル店。「古本イケダ」はクリーニング店と一緒になったコミックとアダルトと写真集中心のお店。

◉新杉田駅　「神保書店」は大きな産業道路沿いにある小さなお店。昔の在庫を細々と商う大衆店である。

◉洋光台駅　遠い丘の上にある「公文堂書店 日野店」は大きなほぼ倉庫店である。しかし入ることが出来れば、大量の古い本や見たことのない本に溺れることが出来る。

◉港南台駅　「ぽんぽん船 港南台店」は新興住宅地に

あるリサイクル店。ぽんぽん船は神奈川に隆盛したマイナーチェーンであるが、今や残るのは二店のみである。

JR横須賀線

◉鎌倉駅　駅に一番近いのは線路沿いの小さなビルの奥にある「ウサギノフクシュウ」。小さいながらも若者を惹き付ける少数精鋭品揃え。さらに北の踏切際には「游古洞」があり、古道具と共に古い本を並べている。小町通りの脇道には、古都に相応しい瀟洒なお店「古書藝林荘」。さらに裏道には立ち飲み屋に古本棚を備えた「ヒグラシ文庫」やシラス丼もある映画本を集めた「鎌倉キネマ堂」がある。「books moblo」は、由比ガ浜方面の小さなショッピングモールの二階にある。センスの良い若々しい棚は、鎌倉に新たな古本風を吹き起こしている。

◉逗子駅　一軒家を改装した「古本イサドととら堂」は、逗子銀座通りから一本外れたところに佇む。部屋には自然・文学・美術・児童文学・暮らしが、爽やかに森のように広がっている。

◉東逗子駅　駅南口の商店街にある「海風舎」は、一見すると街の古本屋であるが、その中身は実は文学の鬼！　特に詩には造詣が深い。

松村書店

通路一本の暖かなお店

営業時間 13時〜19時半 **定休日** 日 **電話** 03・3777・7446

駅中央口の西口から出て、目の前の池上通りを南下。西口前の信号から数えて六つ目の手前左にお店がある。小さく何だか挟まれた感じの店舗。油断していたら、確実に見逃して素通りしてしまう小ささである。

片側アーケードの下には、間口と同じ幅の恐らく光るであろう看板、その下の入口両脇には紐で下げられたムック類、さらに下には古びた小さな台が置かれ、右に安売り文庫、左に安売り単行本が詰められ積まれている。

中に入ると左右壁は本棚（下に小さな平台付き）、奥に帳場の超シンプルな構成。床はモスグリーンと白の大柄な市松模様となっている。右壁棚は、いきなりアダルトのラックからスタート。時代小説文庫・ミステリ文庫・ガイドブック・江戸・東京・艶本研究・歴史・アダルト・戦争・ビジュアルムック・雑誌・写真集が並ぶ。

左壁棚は、選書・ハーレクイン・新書・山岳・辞書・実用・囲碁・将棋・岩波文庫・文学評論・日本文学・歴史文学・アダルトが収まる。帳場下にも棚があるが、ダブり本が目に付く。通路…というか床の両脇には未整理本が置かれ、中には本屋の袋に入ったままと、不思議な物も。

昔ながらの街の古本屋さんである。容積の割にはオールマイティさを保っており、ちょっと古い本があるのもいいところで、タイミングが良ければ珍しいものに安値で出会えることもある。値段は安め〜普通。帳場のおばさんが非常にいい方で、店頭台前で小銭の準備をしている人の所まで足を運び、お金を受け取ったりしています。自然な笑顔と「ありがとう」に、心から癒される。こちらこそありがとうございます。作品社『東京の池／冨田均・小沢信男』を購入。

一方堂書林

駅前営業の変型店

電話　03・3734・3531

西口ロータリーから北西へ進むと、ロータリーを出たすぐの所で、ビルの一階に発見。宝石屋と宝くじ売り場の間である。窮屈そうではあるが、それでも二階には看板が掛かり、その下には緑の日除け、店頭には二台の平台がある。左側は120円の週刊漫画誌、右にはアダルトも含めた雑誌類。

店内に入ると、そこは細長いくさび型。通路のようにシンプルである。奥に向かう両壁の古い天井までの棚。左側途中に帳場があり、おばあさんがお客さんと会話を弾ませ中。棚下には大量の本が積み上がり、棚の下1／3を覆い隠してしまっている。左棚には最近刊文学・70年代日本文学・全集・古典・学術本・辞書・仙花紙本が迫り来る感じで並ぶ。

棚下には、箱に入った文庫・週刊漫画誌・アダルト…そしてクロネコ！「週刊少年マガジン」が一段と高く積みあがった特等席で、手足をぐ～んと伸ばしスヤスヤ寝息をたてている。こ、これは…美しく悩ましくそしてカワイイ！帳場をチラと見るとおばあさんは話に夢中…よし、撫でてしまえ！ネコの肩口から後ろ足までをスィ～っと撫でる。暖かくビロウドのような感触。

さらに奥に進み帳場横に立つと、アダルト雑誌の上にまたもやネコ?!…と思ったら脱ぎ捨てられたカーディガン…今日はことさら暑いなぁ。右棚は入口手前から、文学文庫・時代小説文庫・資料本・全集・絶版文庫・新書・写真集・映画、そして古めかしい日本近代文学が帳場奥にズラリ。

量は少ないが、古い良い本が揃っている。しかしそれらにはちゃんとした値付けがされている。通常の本は安め～普通となっている。新学社文庫『戸川幸夫動物記／戸川幸夫』を購入。

朋翔堂

店頭も店内も油断ならない雑本たち

電話 044・233・2059

　駅東口から新川通りを進んだ所にあるお店。いつでも店内にお客の姿がある人気店である。店頭にはたくさんのラックや均一本。中でも目を惹くのは週刊誌古本。「当日発売週刊誌は130円。翌日より110円」とのこと。中に入ると右横には均一本と雑誌のラック。そこから棚は、最奥のレジまで連なっている。

　さて、どんなジャンルから始まるのかな?と思い眺めると、これがまったくつかめない。人文系が多めで、何となく大きいくくりはあるのだが、境界があまりにも曖昧過ぎるのと、突然の関係のない本の挿入が心を激しく動揺させる。…これは強敵だ。向かいには出版社別のコミック棚である旨が明記してあるのに、まったく関係の無いハードカバーがびっしりと、いけしゃあしゃあと収まっている。しかし、本の一冊一冊は中々面白そうなものが…うむ、一列たりとも、一段たりとも疎かにして流すわけにはいかない。これは一体どんな罠なんだ!

　右奥の通路は、一目瞭然なアダルトコーナー。その手前には郷土史や資料本が固めてある。レジ前を通り真ん中の通路に入ると、左はコミック棚でしっかり整理整頓、右は文庫…だがやはり何だかバラバラである。写真集や図録を横目に最後の通路へ。ここは意外とまとまっており、壁際は民俗学関連がキレイに並ぶ。その後は歴史・戦争・文学となり、再びあやふやに。向かいは時代小説文庫・新書・またもや文庫となっている。

　とにかく何だかバラバラな感じ…。だがその代わり、全部の棚から中々目が離せない…つまりは見事なまでの雑本世界なのである。値段は安めで、良い本も比較的相場より安値が付けられている。講談社『黒いトランク/鮎川哲也』を購入する。

古ツア定点観測店

九曜書房

武蔵小山駅
東急目黒線

小道を歩いて店に近付く時点から「今日は何が見つかるだろうか?」と胸躍らされ、外棚の蜂の巣のような100均棚をまずはじっくり。本命ではないのだが、面白い本は良く見つかる。しかし入口右横の三本の500均単行本棚では、本命な本がビシバシ見つかるので、出来れば一日たりとも目を離したくないものだ。日本文学・海外文学・探偵小説・児童文学・古書・ノンフィクション・世相・風俗・評伝・ルポ・専門書……探していた本や見たことのない本が、チカチカと視界に飛び込んで来るのは、快感以外の何ものでもない。しかし一冊500円だからといって調子に乗って抱え込み過ぎると、懐にダメージを受ける場合があるので、ふるい分けは慎重にすべきである。また左側通路の文庫・新書棚や古書棚にも相場より安値な良書が常に並んでいる。

西田書店

2フロアに満ちる横浜的教養

営業時間 9時～19時（祝10時～19時）　**定休日** 日　**電話** 045・572・3495

鶴見線のりばを左に見ながら西口改札を出て、地上への階段を下ると、賑やかで昔の横浜のような雰囲気。真っ直ぐ横断歩道を渡り、ビルとビルの間のショッピングモールを西に進むと、そこはとよおか通り。ガス灯を模した外灯が連なる商店街を北に200メートルほど進むと、小さな交差点を越えた左手にお店の看板が見えて来る。

キレイな現代建築風店舗で、左から迫り出す巨大な塀に店名看板。Rを描く出窓のような二階部分にはガラスブロックの下に看板文字。その下のガラスウインドウと左右出入口の周囲に、多数の105円単行本棚・53円文庫ワゴン・ディスプレイ机・横積みされた全集や雑誌がひしめいている。その棚たちに紛れて、一本の木がスッと二階まで伸び上がる。ウインドウには函入り本や全集類と共に、虎のぬいぐるみが飾られている。

左から中に入ると、天井が高く余裕のある店内。フロアの真ん中から通り側に向かって、二階への階段がのびている。その入口横のレジにはおばさんがおり「いらっしゃいませ」と優しく声を掛けてくる。

壁はぐるっと天井までの本棚が壮観。階段周りや裏側には、全集を中心とした大量の本が横積みされている。階段には鎖が掛けられ、上がる場合は店員さんに声を掛ける仕組み。奥に背中合わせの本棚が二本、店奥壁は扉とガラス窓になっており、本棚に囲まれた素敵な事務所が丸見えになっている…ここでもお母さんのようなおばさんたちが働いている…ちょっと不思議な光景。

左壁棚は宗教から始まり、歴史・江戸・建築・科学・横浜・神奈川・大量の戦争関連本・思想と続く。途中、陶板の根岸競馬場の錦絵が飾られてあり、暫しの間トリコになる。左側の通路棚には、占術・刀剣・武道・趣味・料理・映画・音楽・演劇・伝統芸能・登山が収まる。右側の通路棚には、詩歌句・文学評論・古本・編集・出版・図書館・芸術が収まる。店奥の右壁棚には海外文学が並び、そのまま右壁に文学評論・日本文学・芸術・横浜・日本近代文学（荷風関連多し）・落語・芥川&直木賞受賞作品・少量の文庫&新書・辞書と続く。

ここで本を手にせずレジに向かい「すみません、二階は見せていただけますか？」と聞くと「どうぞどうぞ」と立ち上がり、一緒に階段前へ。「上は書や美術などですがよろしいですか？」「ハイ。あの、カバンは預けなくても…」「あぁ、そのままで大丈夫ですよ」と笑いながら鎖を外す。お礼を言い、本が積まれた階段を上がる。

階上は一階より狭く、出窓の部分に大量の和書類、階段右側の棚に中国や漢籍・書、左側に机と共に西洋美術・陶芸・民藝・デザイン・日本美術が並んでいる。机の上に置かれた扇風機が激しい唸りを上げ、室内の空気を攪拌している…。

本の量が多い、そして古い本も多め。ちょっと図書館のようなお店である。棚には私が法則に気付いてないだけかもしれないが、ジャンル不明瞭&重複ジャンルあり。値段は普通〜高めとなっている。しかし店頭には時々、良書が安値で紛れていることもあるので、注意が必要である。

途中ひとりの若者がお店を訪れ「ドン・ファンという本はありませんか？」と探書依頼。店番のおばさんは奥から助っ人を呼び出し、みんなでその本を探し始める…その奥から出て来た方もおばさんである。みんなで「プーシキンだよ、プーシキン」「全集が…」「緑の本が…」とお店の中を捜索開始。おぉ、ここまで懸命に探してくれるとは…思わず胸が熱くなりました。

深夜叢書社『横尾龍彦作品集』を購入。この本何と高橋巌氏への献呈署名入り！　ラッキーである！

ブックサーカス 戸塚モディ店 トツカーナ店

古本で駅をサンドイッチ

営業時間 戸塚モディ店 10時半～23時（日祝10時半～20時）
トツカーナ店 10時～22時（日10時～21時）
定休日 無休
電話 045・862・3020
電話 045・881・2826

駅には改札が二つあるが、橋上の改札から出て東口の空中広場へ。そして左を見る。そこには「戸塚モディ」（写真）がそびえ立っている。空中回廊の二階左端に焦点を合わせると、そこにお店の姿があった。

広場から階段を下りて近付く間に、お店に吸い込まれるのは小中学生ばかり。入口右横に100均棚が二本あり、文庫・単行本・ラノベが並ぶ。縦長の店内を懸命に見通してみても、やはりコミックがメインの印象。そのまま手前左側通路の壁際文庫棚にピタッと貼り付く。七本の棚の上一段にノベルスが並び、入口側から作家五十音順日本文学文庫・時代小説文庫・出版社別文庫と、新しい文庫の背を眺め続ける。

しかし途中の二本に突然の異変！　岩波文庫・中公文庫・ちくま文庫が始まったと思ったら、唐突に古い本が現れ始めたのだ！　しかも二段分は面出しディスプレイとなり、古本もしっかりとアピールされている。必然的に絶版文庫も多く姿を現し、古い角川文庫・旺文社文庫・サンリオSF文庫がしれっと並ぶ。最後は普通に戻って海外文学文庫。

奥のスペースには、BLノベルス・児童文学・ハーレクイン・実用・思想・コンピュータ・音楽・サブカル・映画・スポーツ・海外文学・日本文学・新書などが、肩を寄せ集めて震えていた。こちらは新書に古い本が多少混ざっているくらい。

子供のためのリサイクル古書店だが、一部の棚に、良識ある古本と藤沢本店の匂い付けが為されている。値段はちょい安～普通。ハヤカワ文庫『鋏と糊／三國一郎』、集英社文庫『はるかな町／三木卓』、岩波新書『西域 探検の世紀／金子民雄』を購入。

＊

駅から空中の西口に出ると、目の前には「トツカーナ」の新しいビル。奥のエスカレーターで四階へ向かうと、右手にナナメに奥に向かう通路があるので進んで行くと、左手に目指すお店が姿を現した。壁に埋め込まれたショウウインドウを眺めて回ると、フィギュアやＤＶＤに混じり、プレミア幻想文学や資料本・貸本漫画の姿が！

コピー機・週刊漫画誌ラック・廉価コミック棚を備えた入口を通って中に入ると、すぐに二つのゾーンに分かれていることが見て取れる。入って真っ直ぐ進むと左にフロアを広げる古本ゾーン、入ってレジ前から直ぐに左に入るとコミックゾーンとなっている。入口右横の音楽棚、通路真ん中の最新刊・ミステリ＆エンタメ棚、そしてレジ脇のプレミア幻想文学ガラスケースを確認してから奥の古本ゾーンへ！

そこは、左横からナナメに奥へ延びて行く壁棚以外は、背中合わせの棚で造られた四本の通路で構成されている。右端にもう一本行き止まり通路があるのだが、ここはＤＶＤと映画・軍事関連に占領されている。右から二番目の第一の古本通路に入ると、右側はタレント・アート・スポーツ・ノンフィクション・ビジネス・サブカルと一般的な新古書の並び。左側は出版社別雑学文庫・マナー＆ビジネス文庫・探偵小説文庫・新書・官能文庫。ここの通路だけ隣りと行き来が出来るようになっており、奥の壁棚に突然現れた軍事・美術・工芸の茶色い古本に、驚きつつ隣りの通路に進むと、そこは見事なまでの古本通路！　右には江戸～現代までの文学・幻想文学・探偵小説・思想・風俗。向かいは岩波文庫・絶版文庫・古代史・中世・古典文学・宗教・社会科学・自然が古く続いて行く。ひとつ奥に移ると、右に歴史や横浜を中心とした古本棚が続き、奥には風俗雑誌など。向かいは海外文学文庫と１００均単行本＆文庫棚となっているが、ここにも古い本の姿が。左端の通路は短く、ハーレクインと海外文学文庫・日本文学文庫・時代小説文庫がドッサリ。

古い本や幻想文学が多いのが嬉しい。良い本にはしっかり値が付けられているが、文庫は意外に安めで、絶版にも嬉しい値付けあり！　河出文庫『島久平名作選』を購入する。

太虚堂書店　藤沢駅北口支店

営業時間 10時〜21時45分　定休日 無休　電話 0466・28・7355

三角形のマニアック店

北口の空中デッキに出る。左奥のデパートさいか屋脇に入り込んで行くと、歩廊の左下に横浜銀行のビルが現れ、その一部が何と古本屋さんになっている。

元々は一・二階だったのが、いつしか一階のみに棚を凝縮させ、二階には上がれなくなってしまった。店頭には右端に108均文庫棚があり、続く三台のワゴンは、右の二台が大体1000円以下単行本（古書含有率高し）で、残りの一台がまたもや108均文庫となっている。背後のガラスウインドウには、古書絵本や明治本が良い値段でズラリと飾られている（江見水蔭が目立つ）。入口の左横には雑誌ラックと雑誌箱が据えられている。

店内に進むと、右奥が延びて鋭角になった、直角三角形的フロア。手前右側奥に漫画揃いが集まる上がれない階段と、窓際に時代小説文庫棚、そしてプレミア本を飾るガラスケースが組み込まれた帳場スペースがある。そこ以外は、入口左横から壁棚がぐるっと覆い、真ん中には大胆にナナメに胸高の長めの棚が置かれている。壁棚には入口左横から。辞書・古書絵本&児童雑誌・児童文学・絵本と続き、ナナメの壁に美術図録・書・版画・日本美術・現代美術・写真・工芸・骨董・新書・古観光地図類・函入学術資料本などが、なかなかに厳めしく続く。鋭角に折り返して、仏教・郷土・神奈川・横浜・藤沢・鉄道。フロア棚には、奥側に出版社別文庫・新書・CDが並ぶ。通路が狭くて見難い入口側には、出版社別文庫・探偵小説文庫・日本近代文学・幻想文学・児童冒険&探偵&SF&時代劇&伝記仙花紙本・海外文学が収まる。

何処にでも紛れ込んでいる古い本に大いなる魅力あり。値段は普通。東方社『写真記者物語／中山善三郎』（函ナシ）を324円で購入。

古本の店 つじ堂

海の街の忘れ去られたお店

電話 0466・36・5741

南口に出て空中通路を南へ。東寄りのビル沿いに東に進み、長めの階段で地上に下り立つ。そのまま通りを南に進むと、小さい十字路を過ぎた所で、南東に延びる脇道が現れる。そこに入ると、三軒長屋の店舗兼住宅左端に、古本屋さんの姿が残されていた。

何かポッカリとした印象を与えるお店であるが、しっかりと営業中である。中に進むと二つの部屋が縦に連続しており、その間はサッシで仕切れるようになっている。手前には、左右に棚付きの木製ワゴンと細い本棚、それに中央に小さな木製ラックがポツンと置かれている。左には１００均（三冊２００均）の文庫・単行本・児童文学、右には同じく１００均のコミック・単行本・ノベルス・ハーレクインが並び、ラックには絵本とムックが少々。時間の停まったような棚造りが、早速胸を熱く焦がし始めている。

奥に進むと、左右に造り付けの木製壁棚があり、真ん中には棚付き木製ワゴン。右奥に帳場があり、裏側にTシャツ姿の老婦人が隠れるように収まっている…気配が無いので、新聞をめくるまで気付かなかった…。左壁は映画・実用・自然・日本文学・詩集少々・歴史文学・歴史・文化などが並び、左奥には和本の飾り棚もあり。向かいは日本文学文庫と海外文学文庫が収まり、棚脇にはアダルト雑誌ラックが設置されている。右壁は大判ビジュアル本と美術本・海外文学・ミステリ&エンタメ・ノベルス・美少女コミック・全集類。向かいは古めのコミック一色となっている。

棚に流れる時間が停滞気味のお店である。値段はちょい安〜普通。木製の什器と殺風景が織り成すハーモニーに否が応でも昭和を感じてしまう。ケイブンシャ文庫『野坂昭如雑文の目１／野坂昭如』、廣済堂文庫『淡雪の木曽殺人行／梶龍雄』を購入。

お濠端古書店

腸のように奥深い古本世界

営業時間 11時〜20時半　**定休日** 不定休　**電話** 0465・23・5071

新宿からロマンスカーに飛び乗り小田原へ。家族連れとカップルしか乗っていない車両…古本屋が目的なのは恐らく私一人だけではないのか…。およそ七十分で小田原に到着。すると改札前は、足軽がいたりして何やら大混雑。その足軽が配っているチラシを受け取ると、小田原北条五代祭りが開かれており、もうすぐ武者パレードが始まると書いてある。

駅東口に出て地上に下り、駅前東通り商店街（通称おいしいもの横丁）を線路沿いに進んで行くと、東通り入口の交差点にぶつかる。そこを右折したすぐの場所にお店はある。白い下見板風のファサードに白い看板。キャッチフレーズは〝本は心の糧〟。

入口は道に対して平行だが、店舗自体は左奥にのびているので平行四辺形的形状となっている。中に入ると奥深く薄暗い店内に先客が二人。両壁共本棚、真ん中に背中合わせの棚が一本のシンプルな構成…だがとにかく奥行きがありまくり！

真ん中棚の中央部分はトンネル状になっており、左右通路の行き来が出来る。入口上にも棚があるが、入口に沿っているので店内から見ると、逆に棚が斜めになっているように見える。通路には腰くらいまで本が積み上げられ、人ひとりがようやく通行出来る幅。そのため壁棚の下半分はよく見えない。

まずは左壁棚がスゴイことに！　オカルト関連の単行本がひたすら続いて行くのだ！　魔術・呪い・宗教・UFO・宇宙人・別次元・占い・幽霊・古代史・超能力…中野ブロードウェイ顔負けの品揃え。奥には辞書・和本・美術・LPレコードなども。

その時入口で困っている宅配便さんを発見。両通路に客がいるので入ってこれないのだ。そこで一旦外に出ると「すいません」と言ってレジの奥までカニ走り…何か楽しそうな笑い顔。そして入れ違いに再び店内へ。

真ん中の棚脇には手塚治虫の漫画が少量。入口上には作家五十音順日本文学文庫。絶版文庫も普通に五十音順に並んでいる。左側通路棚も五十音順文庫から始まり、後半は日本文学・コンピュータ・実用・社会・経済などが続く。

理系風店主が立つレジ前を通り右側通路へ。店内に流れているのは地元のラジオ番組で、パレードの様子を刻々と伝えている。

壁際には刀・文学などちょっと掴み所のない棚。中盤にはアダルトがあり、その次には充実の地震コーナー。科学的な研究所からいかがわしい予言の書まで、大地震のすべてを網羅！　浜松も地震の本が多かったが、この棚は完璧に近いのでは…。その後は、オカルト&実用ノベルス、入口近くに海外文学文庫が並ぶ。通路棚には、ユダヤ関連本・性愛・女性・詩歌・日本文学・神奈川&小田原本・五十音順文庫の続きとなっている。

オカルト&地震に脱帽!!　本も安い！　そして文庫も中々の充実！　小田原来てよかった！

途中、入口にお父さんと子供二人が自転車で乗りつけた。「ちょっと見て来るから待ってろ」と父が言うと「やだぁ〜」と子供たち。「じゃあ絶対触るなよ」「なんでぇ〜」「ここにあるのは昔の本だから変な風に触ると壊れちゃうんだぞ」と言いつつ中へ。そして子供が入った瞬間に「せまっ！」と一言…。というわけで心の糧を買わせて頂きました。中央公論社『詩歌風土記　上　東日本篇／野田宇太郎』を購入。

まだまだあります、古本屋

ＪＲ京浜東北線

◉大井町駅　大井銀座商店街にある「海老原書店」はオーソドックススタイルながら、郷土本や妖怪本が充実。すずらん通りの「松林堂書店」も、まるで海老原と兄弟のようにオーソドックススタイルで営業中。

◉蒲田駅　駅南西の住宅街にある「石狩書房」は民家敷地内の小屋に古本を集めて営業している。入り難いがカルチャー系に強い棚は上質。西口アーケード商店街にある「南天堂書店 蒲田店」はほぼ大衆的なお店なのだが、右側通路に古書の牙が少し隠されている。

◉鶴見駅　東口の裏町には「閑古堂」。アダルトとコミックが目立つが、奥には掘り出し甲斐のある文庫＆単行本棚が乱雑に眠っている。

ＪＲ東海道線

◉川崎駅　駅東口の新川通り沿いで最初に出会うのは「近代書房」。趣味色の強いジャンルから文学・アダルトまでを丁寧に揃えている。飲屋街の中には「ブックスマッキー川崎店」が潜み、手前はリサイクル系で奥にはマニアックな古書が集められている。新川通りをさらに進み続けると「大島書店追分店」にたどり着く。ノベルス・時代小説文庫・アダルトがメインの男らしいお店である。

◉横浜駅　「喫茶へそまがり」は駅西口からちょっと歩いた新田間川近くにある。喫茶店的フリースペースなのだが、玄関に多様な古本棚を設置している。

◉戸塚駅　東海道を北へ北へと進むと「ブックショップすずらん」がある。午前と夕方のみの変則的な営業時間で、ゆったりとした街の古本屋として存在している。

◉藤沢駅　藤沢駅周辺にはかつてほどではないが、多くの古本屋が集まっている。南口側にはフジサワ名店ビル内の有隣堂五階には、神奈川の古本屋が出店した古書モール＋特価店＋リサイクル店の「リブックス藤沢店」。またその一階にはリサイクル店の「ぽんぽん

船 藤沢店」もある。さらに遥か東南に歩いて行くと「古本小屋本店」がある。アダルトメインだが、その周りを安値の古本棚がけなげに覆っている。北口にはマニアックな「湘南堂ブックサーカス藤沢店」が三階建てで君臨し、その道の先では「光書房」が通路のような細長い店内に、知的な品揃えを展開。「葉山古本店」は完全に時間の停まった雑本店で、閉店セールを長い間開催している。

◉辻堂駅 古本屋はすべて駅の南側にある。「tiny zoo」は古書絵本も販売するえほんカフェ。古本販売イベントも良く開いている。「洋行堂」は浜竹通りを先へ先へ進むと現れる、質の高いお店。映画と文学が見所である。

◉茅ヶ崎駅 北口にあるビアレストラン「MOKICHI」には大きな古本棚があるが、購入出来ない本も多いので注意が必要。「古本大學 茅ヶ崎店」は駅南側の裏道に佇む。雑本店だが油断ならない本が紛れ込んでいるので要注意。東へ歩いて行くと文学に強い「書肆 楠の木」。古い本が多いが店内はちょっと乱雑。さらに遥か道の先には「古本屋パラレル」は100均棚に光が見えるリサイクル店。

◉平塚駅 西口から徒歩0分のところに「萬葉堂書店」があり、文学評論や郷土本を充実させている。

◉鴨宮駅 駅からかなり北に歩いた長閑な住宅街に大きな倉庫があり、その一角に週末だけ開く100均の無人古本屋「楽々堂」がある。新しい本からCD～古書までが並ぶ店内は、小さな古本パラダイスである。

◉小田原駅 駅東口地下街HaRuNe小田原のメトロマルタには、かつて六角橋にあった「猫企画」の棚があり、サブカル・アート・へんな本をはびこらせている。駅から離れた大工町通りの古い商店街には、古いお店の「高野書店」があり、小さな店内に神奈川の本を多く並べている。

「ブックセンターいとう」について

ブックセンターいとうは、西東京や多摩地区に勢力を広げる、マイナーチェーンのリサイクル系大型古本店である。最盛期は「ブックセンターいとう」と「ブックスーパーいとう」が混在し、二十店以上を展開していたが、現在は名前を「ブックセンターいとう」に統一。ここ最近は、お店を次々と閉店整理し、十三店にその数を減らしている。また、チェーン契約をしていたのか、お店の看板に「いとう」のフクロウマークを掲げる個人店が、関東エリアに今も残っているが、チェーンのホームページなどには、支店の記載しかされていないので、もはやつながりはなく、独立した古本屋として営業しているものと思われる。

「いとう」は、買い甲斐のあるチェーンである。お店によって当り外れはあるが、まず絶版文庫が多い。プレミア値を付けずに、そのまま棚に並んでいるのが嬉しい。値段は定価の半額を下回る感じなので、１００均棚も含めて、大量の棚に負けずに目を凝ら

◉**元八王子店**　京王線・八王子駅／東京都八王子市元八王子町１－５０４／11時〜20時／０４２・６２０・５６５８

◉**東中野本店**　多摩都市モノレール・大塚帝京大学駅／東京都八王子市東中野５３３／10時〜23時／０４２・６７６・７３７６

◉**高津店**　田園都市線・高津駅／神奈川県川崎市高津区二子６－１－１／10時〜24時／０４４・８２９・６６１５

◉**平間店**　ＪＲ南武線・平間駅／神奈川県川崎市中原区田尻町２０６７／10時〜24時／０４４・５５５・８７７８

◉**中野島店**　ＪＲ南武線・中野島駅／神奈川県川崎市多摩区生田１－11－９／10時〜24時／０４４・９４６・３０４７

◉**分倍駅前店**　ＪＲ京王線・分倍河原駅／東京都府中市片町３－33－２／11時〜24時／０４２・３６８・７７１２

◉**恋ヶ窪店**　西武国分寺線・恋ケ窪駅

して行けば、必ず何冊かの絶版が手の中に収まっていることだろう。これは大きなお店になるほど、余裕があるためか、絶版含有率は上がるようだ。

また、古書棚が特別に設置されているお店が何店かあるのは大きい。普通のリサイクル店では扱わない茶色い本を、しっかりと棚を造り（大抵本棚は一〜二本）並べている。こちらはプレミア値が付けられていることもあるが、それでもさして高くはない。そこまでのレア本があるわけではないが（いや、時には並んでいる瞬間があるかもしれない…）、リサイクル店にそんな棚があるだけで、嬉しくなってくるではないか。しかもお店はどこも年中無休なので、古書に飢えたら正月から「いとう」に駆け付けるのも、素晴らしい一年の幕開けとなるだろう。

そしていつの日か、十三店を一気に朝から晩まで駆け巡る、「いとう全店トライアル」に挑戦してみたいものだと、絶対に大変で無謀で、ある意味地獄巡りになるだろうと容易に想像出来るそのツアーを、今はまだ軽々しく夢想して、ただただ楽しみにしている。

／東京都小平市水上本町６−４−１／10時〜23時／０４２・３２２・６６７８

◉国分寺店　ＪＲ中央線・国分寺駅／東京都国分寺市南町２−14／10時〜24時／０４２・３２７・８９６８

◉昭島店　ＪＲ青梅線・昭島駅／東京都昭島市宮沢町２−39−23／11時〜24時／０４２・５００・２７０５

◉日野店　ＪＲ中央線・日野駅／東京都日野市日野１５０１−１／10時〜24時／０４２・５８７・４６７８

◉立川羽衣店　ＪＲ南武線・西国立駅／東京都立川市羽衣町２−49−９／10時〜24時／０４２・５２３・７３６０

◉立川西砂店　ＪＲ青梅線・拝島駅／東京都立川市西砂町３−24−３／10時〜24時／０４２・５６９・１１２７

◉星ヶ丘店　ＪＲ相模線・上溝駅／神奈川県相模原市星が丘４−17−17／10時〜24時／０４２・７５１・７００６

街道文庫

道・道・道！ 道のすべてがここにある

営業時間 11時頃～21時頃（午前中歩く会のある水日、金土13時頃～21時頃） **定休日** 街道歩きのある水土日 **電話** 03・6433・0349

北口に出ると、左手には海方向に向かって開かれた品川神社の小山がある。その向かいの北馬場参道通りにまずは入り込んで東へ進む。どん詰まりで旧東海道に鋭角に曲がり込んで北へ。50メートルほど歩いて、右手二本目の脇道に足を踏み入れると、行く手に「街道文庫」の看板を発見する。

扉に手を掛けてみると、ギシギシと本棚がひしめく店内で、三本の通路は目を疑うほど狭く、さらに本が隙間無く視界を埋め尽くしている。声をかけると店主が現れ、右端通路奥の帳場&作業場&サロンに身体を収めた。

とにかくこのお店は、街道と旅を主眼にしたお店なのである。入口周辺には旅・道・都市・ランニング・競歩・鉄道・交通などが集まり、およそ五十センチ幅しかない三本通路の右端には、一般雑書（文庫あり）と北海道～関東までの郷土本。真ん中通路には巡礼&遍路と共に、関東～沖縄までの郷土本。入口左横は城からスタートし、奥に江戸東京。これはそのまま左端通路に雪崩れ込み、大量の江戸東京・二十三区郷土、それに全国各地の大型本が集まっている。通路はすべて行き止まりで、上半分が見える壁棚には、まだまだ江戸東京が続く模様。

旅を中心に、その土地土地の歴史・民俗風俗・文学・自然・ガイドなどを、文庫・新書・ソフト&ハードカバー・函入本・大型本・ビジュアル本・資料本・簡易出版本などの、様々な形態で徹底的に蒐集。その執念と網羅性は、もはや笑いが起こるほどのレベルとなっている。値段は普通～高め。岡山文庫『岡山の考現学／おかやま路上観察学会編』、宝島社文庫『鑑定！お宝マンガ古書』を購入する。

2F OPEN
AM12:00〜PM19:00
100円均一
コミック100円
コミック100円

普賢堂書店

本もジャンルも詰め込んだ密集店

営業時間 13時～20時（土日祝11時～20時） **定休日** 火 **電話** 045・521・5336

京浜急行の各駅停車で神奈川方面へ向かう。目指すのは知らぬ間に移転していた、鶴見のお店である。ちなみに、妙蓮寺↓鶴見↓鶴見市場と、長いスパンで二度目の移転なのである。

狭い駅階段を下りて西口に出ると、狭い通りのみの駅前で、すぐ先の踏切前にいちば銀座のゲートが見えている。そこを潜り、閑散とした昼間の商店街を北北西へ進む。商店街がすぐに終わると、目の前には広い空をバックにした熊野神社が出現する。異様なほど道に広がる横断歩道の白線を踏み締め、神社右側をクランク状に進む。神社の敷地が終わったところで、完全なる住宅街の小道を北東へ。100メートルほど進めば右手に白いマンションが現れ、道沿いの一階に古道具屋さんと仲良く隣り合った、古本屋さんの姿。

以前のような店名看板は無く、その代わり右側のガラスに、黄色い紙に手書きの力作が貼られている。店頭には、右側に鉄道雑誌ラックと雑誌ラック、左側に100均文庫ワゴン・雑誌ラック・単行本&ノベルス&漫画雑誌&コミックの本棚が置かれている。近所の若者や主婦の出入りに紛れて店内へ。

本が密集した縦長の店内。若者はコミックを一瞥しただけで出て行ってしまい、主婦は本の買取について奥で質問している。壁際は本棚、真ん中に背中合わせの棚三本が基本の形。が、両端の通路は入口側が塞がれ、奥の帳場側からしか入れない行き止まり通路となっている。入口部分は少しだけ横広な空間になっており、右にコミック揃いとハーレクイン、左に児童文学・絵本・女性関連本が集まっている。

まずは中央通路右側。右側は300～500円均一単行本棚（結構良い本あり。『諫早菖蒲日記』単行本がっ！）二本から始まり、哲学・思想・宗教・文学評論・日本文学・古本&本関連。左側はちょっとカオスな文化・建築から始まり、江戸・東京・ルポ・新聞・大判ビジュアル本・労働運動・歴史・民俗学・映画・演劇・音楽・役者・演芸・美術と並ぶ。棚脇に３００円鉄道雑誌と辞書棚あり。

続いて左側中央通路。右側はコミック・歴史&時代小説・海外文学・ミステリ&エンタメ・日本文学・漫画評論・新書。左側は日本文学文庫・海外文学文庫・時代小説文庫・岩波&中公文庫・教養系文庫となっている。

暗い左端通路を覗くと、そこにはアイドル系写真集とアダルトが潜んでいた。帳場前をズイズイと右に進んで行くと、右端通路は未整理本が積み重なり、電気も消えておりちょっと倉庫的なビジュアル。が、入れないことは無さそうだ。と遠目に壁棚を眺めていると、帳場のご婦人が立ち上がり、「すみません、片付いてなくて。ちゃんと見たいんでしたらインターネットで見ていただければ…。あっ、今電気点けますね」と、ちょっと慌てふためきながら元気にサービス。

丸椅子をどかして通路の中へ。大量の鉄道雑誌・絶版文庫・絶版新書・エッセイ・文化・新聞関連・俳句・詩集・映画・串田孫一・インド・ネパールなどが集まるいい空間。

通路が狭く、棚の一部に見えない部分や、カオスで把握し難いところもあるが、古い本も良書も目立ち、のけぞって棚を眺めるのも苦にならない。値段は安め〜ちょい高で結構しっかり値。創元文庫『末期の眼／川端康成』、文藝春秋『諫早菖蒲日記／野呂邦暢』、ハヤカワ文庫『黄色い部屋の秘密／ガストン・ルルー』を購入。

古書 翰林書房

地下も一階も古本で出来ている

営業時間 11時～19時(日11時～17時) 定休日 月金 電話 045・290・3383

狭く小さな高架駅から地上に出ると、スクエアに区切られた街路が広がり、住宅・店舗・事務所が混在する不思議な地帯。しかしこの辺り特有の雰囲気は、しっかりと感じ取れる。普請中の高架沿いを南へ。すると車の行き交う紅梅通りにぶつかるので、高架下を潜りつつ西へ。道のうねりを抜けると、御所山交差点手前の左手にあるお店にたどり着く。ここは何度か訪れたのだが、タイミングを外しまくったお店なのである。「今日こそは！」の思いをフツフツと沸き立て、店頭に立つ！ お、営業中の札がっ！

店頭台は無く、狭い歩道の向こうは一面のガラスウインドウで、そこには山と積まれた全集類と共に、左下にお店の手彫り看板が置かれている。右側に自動ドアがあり、コルクボードに店内の案内と〝書（物）は知的文化遺産 悠久のひと時に… 旅のおともに…〟とのキャッチコピーが…最後はおつまみの広告のようだな…。

自動ドアから中に入ると、さほど広くなく、不規則な台形が奥ですぼまっている店舗で、その奥には地下への階段が見えている。しかしこの店内は…ほとんどが本のタワー…というか本の壁！ 本棚は右壁と階段入口に小さい棚が置かれているのみである。本の壁の間には巧みに細い通路が造られており、姿は見えないが奥から「シュッシュッシュッ」と本をクリーニングする音が聞こえてくる。

右壁棚は「悠コーナー一冊～三冊1000円」「旅コーナー一冊～三冊500円」からスタート。文学・文化・歴史・随筆などの単行本や文庫が並ぶ。続いて歴史・随筆・岩波文庫・日本文学・文学評論・言葉に関する本・神奈川関連。階段入口脇には小川国夫・井伏鱒二など。本の壁は様々なジャンルで構成されており、積み方もタテヨコ様々。しかしその姿は精緻で美しく、すべての背が見えるよう工夫されているのがスゴイ。日本文学・文学評論・文化・風俗・全集・推理小説・箱入り本…古い本も多く、また所々に手書きポップ付きのおススメ本あり。

ここで壁の向こうに「すみません、地下も見せてもらっていいですか?」と声を掛けると、伸び上がり顔をグッとそらせてこちらの様子を窺う丸眼鏡の店主…岡本喜八映画の常連・砂塚秀夫かと思いました…。「あっ、どうぞどうぞ、汚いですけど」と壁の向こうから抜け出てくる一連の行動も、何だか砂塚的。「今片付けますから」と二人で急な螺旋気味の狭い階段を下りる。階段部分の壁もすべて本の壁で覆われている。その階下は乱雑な雰囲気ゼロ。上階と同様整然としております。店主は本を数冊手にすると、そそくさと上階に戻って行った。

壁は左右が本棚で、店奥壁は部屋を広く見せるための鏡と、その下に小さな棚がいくつか置かれている。真ん中には平台付きの背の低い背中合わせの棚が一本。右壁は美術&歴史の大判本・文学復刻本・戦国・歴史・学術本と収まっている。店奥の棚には海外文学・ハヤカワポケミス・未整理本・岡部伊都子本コーナーなどがある。真ん中の棚には江戸&風俗関連が文庫・新書を交えて並ぶ。裏には俳句と中国古典文学。左壁も中国古典文学棚となっている。

好ましいお店である。硬いと思ったら意外に軟らかい部分もあり、古い本もしっかり並び見応えあり。日本文学と歴史が突出している。そして何はともあれ、店内各所に展開する本の壁が特徴的。古本を新たな建材として、お店を普請しているとしか思えません。もしやしっかりとした構造力学に基づいてるのかも…。そんな本の壁は「サグラダ・ファミリア」のように、常に建築中なのであった。値段は安め〜普通。地下から帰還し、壁の向こうの店主に声を掛けると「あらっ!」と驚く店主。あくまでも砂塚的だな…。しかし心優しい50円引きには感謝! 現代思潮社『うまいもの/多田鐵之助』、愛育新書『江戸の迷信と川柳/丸十府』、創元社『わが心の地図/岡部伊都子』を購入。

博文堂書店

モールの殿を務める大衆店

電話　045・253・0380

高架ホームから線路下の駅舎に下り、南側へ。すぐの西側の通りを南へ歩き、反り返った栄橋で緑色の大岡川を渡る。少しごちゃついた裏町を進み、三本目の脇道右手・セブンイレブン横にお店を発見する。

小さなビル一階の店舗で、軒には青く大きな日除け看板、その下にはピカピカ良く光るガラスサッシ。店頭には左右に二台の木製ワゴンが置かれている。車道際にはボロボロの立看板がひしゃげてひとつ。ワゴンには、上部に単行本と文庫本がぞんざいに山積みされ、二冊100円。下にはエロ本やレディースコミックが積み重なっている。

中は昔から連綿と現代に続く街の古本屋さんで、壁際には木製本棚、真ん中に平台付きの背中合わせの棚が一本。すべての棚の足元や平台では、エロ雑誌とエロ漫画が美しく艶やかな姿を晒している。奥の帳場には、ある意味ボーイッシュと言えるおばちゃんがひとり。左の壁際はコミックから始まり、奥に歴史小説・時代小説・ノベルス・ミステリ&エンタメ・歴史・横浜本少々。向かいは時代小説文庫・ミステリ&バイオレンス&エンタメ文庫・官能文庫、それに山岳・麻雀・将棋・囲碁。オッチャンたちと譲り合って、右側通路へ。帳場右横に辞書と古い本が少々。そのまま右壁に学術書・みすず出版本・動植物・昆虫・自然・実用・戦争・雑学文庫と続いて行く。向かいは少しカオス気味で、文化全般・思想・映画・文学評論・科学・サブカル・海外文学が交錯しつつ並んでいる。

難しい本が占める一角もあるが、街の古本屋さんの色合いが激しく濃厚なお店である。それはオッチャンたちの激しい出入りにも証明されている！　値段は安め。接客も丁寧。ちくま文庫『奇術のたのしみ／松田道弘』を購入。

沙羅書店

坂の上の薄長いお店

電話　046・824・3732

駅西口を出ると目の前にはいきなり「平坂」という、かなりな急坂が展開。その坂をひたすら上がり上町銀座商店街をさらに突き進む。坂を上りきっても、まだまだ進み、上町一丁目交番交差点を過ぎた所で、左の歩道アーケードの下に本の山を発見！

　上からは商店街統一規格の看板が下がり、歩道自体を緑の巨大な日除けが覆っている。軒には金色に輝く店名。その下に見えるのは本の山と、店頭に並ぶ六台のワゴンと多数の箱やテーブル。左側は１００均の単行本・文庫本、真ん中には単行本・ビジュアル本・写真集のワゴン、右側にはコミック雑誌と未整理本の束。

　店舗は横に長くあまり奥行きはない。そして店内の左１／３は本の山で塞がれてしまっている。右手前には通りに向いた本棚が一本、真ん中に四面が棚となっている「棚島」、左の本の山の前に棚が一本、奥の壁は本棚、右奥には椅子に座ったむき出しなオヤジさん。

　右手前には漫画と少量の絶版漫画、その後ろの帳場横にも絶版漫画棚。真ん中の帳場正面には、再び絶版漫画・漫画＆特撮カルタ・辞典・文学・戦争関連が乱雑に突っ込まれている。道路側には教養系の文庫＆新書・映画ビデオ・ビジュアルムック。左側には俳句・文学・随筆。奥の通路側には、映画ビデオ・古めの文学文庫や新書・横須賀関連、そして下にアダルト。左の本の山前の棚には、ハヤカワポケミスが収まる。奥の壁際、本の山の奥には日本文学がチラッ。以降、句集・文学・郷土史・戦争・横須賀＆三浦関連・アダルト・新しめの文庫、そして帳場横に資料本・プレミア本・さらに郷土本が並んでいる。

　棚並びはちょっと乱雑だが、古い本も多く見応えあり。横須賀本の充実が嬉しく、値段はちょい安～普通。横須賀市教育委員会『文学に現れた横須賀』を購入。

勿忘草（わすれなぐさ）

安値の古書棚が一角で輝く

営業時間 11時～17時 **定休日** 水 **電話** 080・6751・1204

京浜急行で補助いすに硬く腰掛け、南へ一時間。以前、逗子駅近くの亀ヶ岡八幡宮の骨董市で、古本を扱っていたアンティークショップを目指す。

京急逗子線の最果てである新逗子駅の南口から表に出てすぐ、東に足を向け、田越川を仲町橋で越えて川沿いに南へ。東から迫る山と、川に挟まれたこの一帯は、うねる道沿いに古い家も並び、車さえ頻繁に通らなければ、静かにささやかな旅情を味わえるだろう。通りを南に進んで行くと、山裾から大きな寺の敷地が山肌に広がるのが目に入り、その向かいの二階建てアパート先端を改造し、青い日除けの下の白い出窓を草花で飾り立てたお店を発見する。

無料の貝殻類を眺めて、左横のなだらかなアパート敷地内へのスロープを上がり、ガラス器が多数置かれたドア前から通路に入ると、細かな陶器・ガラス器・小さな人形類・植物の実・小アンティーク類が、どっさり載った棚が壁際に続く。土足のまま奥に進むと、縦に二部屋が振り分けで並んでおり、そこに大小様々な棚や台や机やラックやガラスケースを設え、陶器人形やボタンや西洋アンティーク小物を中心にギュギュギュッと飾り、住居感と店舗感がせめぎ合う、濃密だが整頓された空間が組み上がっていた。

電気が点いておらず、左の部屋の奥のテーブル前に、二人の男女が後ろ向きに腰掛けている…「すみません、見せてもらってもいいですか?」と声をかけると、「あぁっ！ いらっしゃいませ」と二人は慌てて立ち上がり、「今、電気点けますね」「どうぞ、ゆっくり見て行って下さい」とにこやかに迎え入れてくれた。優しくフレンドリーな壮年のご夫婦である。

まず右の部屋に入ると、ちょっと大きめの家具類と共に、人形や飾り物がひしめいている。左奥に絵葉書箱を見つけたので、肩ならしに「軍事郵便」「建築」「少年倶楽部」などに分けられた紙片を繰っていると、奥様がひょこっと顔を出され「どんなものを探されてます？　紙物お好きなんですか？」と柔らかく探りを入れて来る。「紙物はそれほどではなくて、どちらかというと古本が…」と言うと、「古本はこっちの部屋にありますよ」と、心が大いにときめく殺し文句が出る。

大喜びで左の部屋に赴き、たくさんの小さな陶器人形が、こちらを見詰める通路を擦り抜け、奥のテーブル前へ。おぉ！　確かに片隅に、古本棚が一本存在している！　しかも古い本ばかりだ！　まずはテーブルで、激安の紙物箱をソワソワと浮き足立って吟味。目的の古本にとにかくむしゃぶりつきたくて、ソワソワは続く。面白そうなマッチ箱やイラスト紙片を取り分け、いよいよ本棚の前へ。本は薄手のものが多く、そのほとんどがセロファン袋に入っている。明治本・教科書・婦人洋裁本・児童雑誌・学習雑誌・絵本・附録が四段に茶色く収まっている。

一番多いのは教科書だが、辛抱して漁って行くと、時に面白いものが飛び出して来る。それにしても、安いな。四桁いっているのは１２００円の「赤い鳥」くらいのものだ。

というわけで棚の前に跪き手に入れた収穫は、杉山書店『人形佐七捕物帳百話 日蝕御殿・他七編』、文人社『物語小説 人間魔／野村胡堂』（表紙画は志村立美！）、富士屋書店『幽霊船の怪宝／たかのてつじ』（落丁あり）、婦人之友社「子供之友 昭和八年九月号」、それに空マッチ箱六つ、象とライオンのイラスト紙片、少年倶楽部附録はがき二枚（あぶら蝉とインディアン酋長）、１９２４年蒲田映画『黄金地獄』カラー広告（雑誌の裏表紙）を購入。あぁ、興奮した。

まだまだあります、古本屋

京急本線

◉新馬場駅　旧東海道には店頭棚がちゃんとある「古書わらべ」。店内にも入れるが、ほとんど作業場である。

◉青物横丁駅　即売展で活躍している「古本うさぎ書林」は鮫洲商店街にある。店内はとても魅力的だが、忙し過ぎるためか開いていることは少ないようだ。

◉梅屋敷駅　「ブックアニマル梅屋敷店」はトレカ販売が主力のリサイクル店。だが新し目の本の品揃えは意外にしっかりしている。

◉京急蒲田駅　西口の京急かまたあすと内には中古DVD屋の「ディーン蒲田店」があるが、ジャンク的に古本を多く並べている。

◉日ノ出町駅　高架下のガラス箱のような「黄金町アートブックバザール」は、東京のお店が多数出品し、美術系の本を多く並べている。

◉黄金町駅　駅南側の巨大公団住宅二階に「たけうま書房」はある。黄金町に新しく咲いた文化の花として、音楽や映画や大衆文化などを幅広く広い店内に集めている。この辺りまで延びるイセザキモールには「バイアップ」があり、無造作な店頭100均ワゴンに魅力がある。国道16号に出るとアダルトを主力にした「紅葉堂長倉屋書店」「誠和堂書店」「BOOKS Garage」が肩を寄せあっている。しかしどのお店にも前部に一般の古本があり、特に紅葉堂は通常の古本屋としてもしっかりしている。

◉南太田駅　ドンドン商店街の裏町にあるのは「久保田書店」。小さなお店で人々の小さな娯楽を安値で販売している。

◉井土ヶ谷駅　大きな平戸桜木道路沿いには「駄菓子屋ばぁば」がある。子供たちでにぎわう駄菓子屋店だが、店頭に一冊50円の古本文庫棚も置いている。

◉弘明寺駅　駅から西の平戸桜木道路沿いにある「パンドラブックス」は営業中でもシャッターを下ろしている。硬3軟1の意外に硬派なお店である。

◉上大岡駅　駅南側の裏の通りには「ホンキッズ上大

岡」。文庫を大量に揃えたリサイクル店である。駅北側の鎌倉街道に面した「読書館 上大岡店」もリサイクル系のお店だが、絶版文庫が少々集まっている。

◉杉田駅　駅と直結するショッピングプラザの二階に「ふるほん村 杉田店」。地元民に人気のリサイクル店で、棚造りがとても丁寧に為されている。

◉金沢文庫駅　国道16号沿いの古いショッピングモールの二階には、広い「INFINITYぶっくす」。ちょっとだけ古い雑本が集められ安値で販売されている。

◉横須賀中央駅　とても急な平坂の途中には新しいリサイクル店の「Books2106」がある。特徴ある若松飲食街の「市川書店」は、独房のような狭さがすごい安値大衆店である。

◉県立大学駅　国道16号沿いの「港文堂書店」は、一度見たら虜になる古めかしいお店。半島の古本文化を一手に引き受けているような本の多さも魅力的である。

京急空港線

◉大鳥居駅　「マンガハウス」はほとんど駄菓子屋なのだが、古めのコミックスセットを壁のように積上げて、辛抱強く販売している。

◉穴守稲荷駅　駅前にある「BOOK & BAR羽月」は元新刊書店のブックカフェ。四本の棚に地味な古本が並んでいる。

相鉄線

◉西横浜駅　ここも横浜であるのだが、もはやヨコハマの埒外をいった趣き。そんな住宅街の中に「三田商店」はある。移動古本屋「BOOK TRUCK」の旗艦店で、優雅でお洒落な棚造りを展開している。

◉鶴ヶ峰駅　新刊書店「文教堂書店」には古本のコーナーが設けられているが、その量は新刊を凌駕するほどなので、大いに面食らうだろう。

◉二俣川駅　北口ドン・キホーテ近くにある「友書房」は安めの大衆店。だが左壁棚に教養の輝きがある。

JR南武線

◉浜川崎駅　「若木屋」は市電通り沿いの角地に建ち、

ちょっと異様な外観が目を惹き付ける。リサイクルショップと古本屋の融合店だが、古い本も散見され掘り出し甲斐あり。

◉尻手駅　尻手銀座にある小さなお店はコンピューター書専門店の「福書房」。プログラム技術書も充実している。

◉鹿島田駅　駅前通りを東に進むとあるのが「南天堂書店 鹿島田店」。蒲田南天堂の系列店で、新しめの本が中心である。

◉矢野口駅　「ブックランド稲城店」は川崎街道沿いにある巨大リサイクル店。古本の品揃えは文庫が中心である。

◉府中本町駅　駅から西に下った鎌倉街道沿いには「落兵衛図書園」がある。古書の多い店内は大変素晴らしいが、農家と兼業らしく、営業は農閑期の間のみとなっている。

JR横浜線・相模線

◉大口駅　「遊人」はリサイクルショップと古本屋の融合店。狭い店内に雑貨と古本が半々にひしめくが、棚は雑本的に常に動いている様子。

◉淵野辺駅　「晶美堂 りら書店」は小田急相模原から移って来た外観は大きなお店。しかし店内は販売ゾーン（雑本的）とネット倉庫ゾーン（良書的）に分けられている。

◉相模原駅　「博蝶堂書店 相模原2号店」はアナーキーなマイナーチェーンの一店。アダルトグッズやアダルト本は新鮮だが、古本はほとんど放置状態で埃を被り続けている。

◉橋本駅　もはや津久井湖の近くにある、西部劇的外観の「白山書店」は、80年代辺りで棚の時を停めた、安値の雑本店である。

◉上溝駅　「博蝶堂書店 相模原3号店」は、やはりアダルトメインの雑本店であるが、古本にちゃんと力を注いでいるのに好感が持てる。

3 埼玉エリア

西武新宿線
西武国分寺線
西武拝島線
西武池袋線
東武東上線
都電荒川線
JR埼京線
JR京浜東北線
埼玉高速鉄道線
日暮里・舎人ライナー
東武伊勢崎線
JR武蔵野線
東武野田線
東武大師線

文林堂書店

駅前に咲く大衆娯楽の花

電話　03・3386・1836

新井薬師前駅前にあるパワー溢れるお店。間口は狭いが、そのほとばしる古本パワーがカラフルな色と共に、人の足を止めさせたり遠ざけたりしている。店頭にはコミックや文庫を中心に、工夫がこらされたディスプレイ。そして標語のような貼紙がそこかしこに。〝本好きのお客さまと、共に歩んで92年〟〝本の無いところ暴力が生まれる〟など個性溢れる手書きの文字が、本の背文字以上にエネルギーを伝えている。

右から入るとまずはコミックで、新刊・絶版と色々並ぶ。入口上には、ここにも手書きのカード。揃いコミックの題名・巻数・価格・値引き価格などの情報がビッシリ。丁寧な仕事だが、見てるだけでクラクラしてくる。室温のせいだろうか…。入口付近は新刊本・コミック・アダルトと町の古本屋風だが、奥のレジに近付くとその様相は一変！　こだわりの棚に色が変わっていく。日本文学が、純文学・大衆文学・幻想文学と70年代を中心にキレイに並ぶ。…しかしその間にも、何故かコミックやアダルトが少しずつ挿入され、何とも不思議で魅力的。一言で言えば「知的な猥雑さ」があるのだ。うーん情報を処理仕切れない…。

このお店には二階もあり、レジ横の細い階段から昇れるようになっているが、今は恒常的に立ち入れないようだ。その階段にも本が積み上げられているが、購入は可能。ここもコミックと文学が融合済み。レジ前を通ると、壁際は一転して硬い本！　哲学・思想・歴史・ノンフィクションなどが、同じ店とは思えない済まし顔で並んでいる。向かいは文庫で最近のものが中心。店内棚下の平台は、ほとんどがアダルトとグラビア誌。どこかの人妻が傘をさして俺を見上げている…あぁ、不思議なこだわりの本屋。すっかり毒気に当てられてしまいながら、ちくま文庫『香山滋集』を購入。

西武新宿線　新井薬師前駅

BOOK GARAGE

すべては自動車のために

営業時間 12時～20時（日11時～19時）　**定休日** 木、第2水　**電話** 03・3387・5168

駅南口から南西にグングン進み、新井一丁目交差点をパスして薬師あいロードに入って行くと、ほどなくして小さなお店が右手に現れる。路上には店名と矢印の立看板。店頭の側壁には外国のナンバープレートと、ナンバープレート風の洒落た店名看板…ここは「自動車趣味のお店」である。窓ガラスには車のカタログや自動車雑誌が張り出されている。古い印刷に親しみを覚えながら「何とかなるかな」と思い店内へ。

　スッキリしたキレイなお店で、いわゆる古本屋さんにはあまり見えない。右壁はラックと縦五段のボックス棚が据えられ、左壁はラック・ボックス棚・木製マップケース。フロアには大きな平台がデンと置かれ、奥にガラスケースと帳場が並列している。そこには仲良く並んで座る男女の姿があり、息の合った動きでカタログをせっせとクリーニング中。

　入口右横にはミニチュアカーが並び、右壁に自動車カタログ年間類・自動車ムック・自動車雑誌・外国車カタログ・スーパーカー・単車などが納まっている。棚からは国名や車種が書かれたプレートがビンビン飛び出し、私は手も出せず唾をゴクリと飲み込むのみ…。平台には自動車の説明書・パンフレット・世界の自動車・ミニカーカタログ・自動車の児童書・路線バス・自転車など。左壁手前にはカタログ表紙イラストのポストカードがラックに並び、次に国産車カタログ・そして奥のマップケースにもカタログ類が。ガラスケースには貴重なミニカーやカタログが飾られている。

　古本だけではなく新刊も並び、単行本は少量で、ほとんどがカタログ・ムック・雑誌なのである。自動車だらけなのである！　値段はちょっと門外漢なので判断不能。グランプリ出版『てんとう虫が走った日　スバル360開発物語／桂木洋二』を購入。

ブックマート 都立家政店

チェーン店の皮を被った狼

営業時間 11時〜23時（日11時〜22時） **定休日** 無休 **電話** 03・5356・9393

駅南口から、火星人がシンボルマークの都立家政商店街を南へ50メートル。右手に現れたのは「ブックマート」である。しかしこのお店は最近良くあるパターンの、れっきとした「ブックマート」チェーンからの独立店なのである！ だからその名を維持しているのは、全く持ってナゾ！

チェーン店そのままの青・黄・白の看板下は、中々のカオスな店頭。雑誌ラックやコミック棚や箱が第一波となり、第二波は出入口両翼に造られたコの字棚。右は単行本を中心に新書が多く集まっている。左翼は文庫を中心に、新書・ＤＶＤ・コミック・雑誌が集まっている。脇にはゴルゴ13が「この棚は１００円からだ」とつぶやくイラストと、ジュンスカ＆聖飢魔Ⅱの新聞切り抜き…。入口両脇の乱雑な文庫棚を、自動ドアを繰り返し開けてしまいながら眺め、いたたまれなくなって店内へ。

細長く鬱蒼としたお店である。壁は本棚で埋まり、天井まで本が積み上がっている。フロアには長い背中合わせの棚が二本あり、その終わりに穴蔵のような帳場が見えている。そこではパーマのかかった長髪を結わえた店主が、子供に囲まれながらカードの査定をしている。彼は子供に「テンチョー」と呼ばれ、その関係はあくまで対等のタメ口なのである。帳場の左側には奥へ延びる通路が一本あり、その先は帳場裏のアダルト部屋へとつながっている。

右端通路はコミックと、奥に映画＆音楽のコーナーあり。真ん中通路はコミック・ＣＤ・ＤＶＤ・児童文学。そして左端が本格的な古本通路で、入口左横に女性実用ムックや食・ノベルスが並び、壁棚に音楽＆アイドル雑誌・日本文学文庫（棚上部に単行本が集まり、何故かトイレ関連の本多し。山田稔の『糞尿譚』もあるぞ）・雑学文庫がズラズラと続く。

右の通路棚は、女性実用・ガイド・哲学・文化・サブカル・ミステリ&エンタメ・ビジネス・経営・資格・コンピュータ・新書が並ぶ。帳場横にも小さなミステリ&エンタメ棚。…ここまでは普通の、値段が定価の半額前後のリサイクル古書店であった…ここまでは。

左奥の通路に進入し、左壁の時代小説文庫・官能文庫を流して行くと、岩波文庫や少量の品切文庫が出現。少し風が変わったな、と思いつつ、行き止まりの海外文学文庫棚。そしてアダルト小部屋入口手前の三本の本棚を見ると、ほほぅ！　何だかそこは古本屋さん！　宗教・歴史・思想・戦争・文化・文学・古本関連・絶版漫画文庫・全集・奇術・古めのカバー無し岩波文庫…古い本も結構混ざってるな。ここで何か見つけたいが…と目玉をグリグリ動かしていると、棚の隙間に横に入れられた黄色い本が目に留まる…子供用の電気学の本…興味ゼロ…だが何故目に留まった…何故？…佐野昌一…この名前…あっ！　これ海野十三じゃないかっ！　そうだ！　彼のもうひとつの、子供用の数学や科学の本を書く時の名だ！　サッと取り出して値段を見ると、おぉ800円！　表紙の表裏に蔵印はあるが、こりゃ絶対に安いはず！　ということで明治書院『おはなし電気學／佐野昌一』を購入。

まさか独立店とはいえ、ブックマートでこんな本を買えるとは。ありがとう、テンチョー！

うつぎ書房

街の隅に息づく大衆店

電話 03・3330・0733

鷺ノ宮駅の南口、中杉通りを渡った西寄り川沿いにある。この店の日除けには〝風は頁をめくるが 読むことはできない〟と大書してある。遠回しな人間賛歌だろうか。

店頭には安売りの漫画雑誌ラックと文庫箱。薄暗い店内に進み、一息ついて棚を見る。そこは背中合わせの棚を中心とした、逆U字型。通路には雑誌を乗せた平台が置かれたままだ。右側、壁の棚は文庫からスタート。あれ？ 何だか新しくてびっくり。最近の文庫が細かく並んでいたりする。棚からは頻繁に動いてる雰囲気が伝わってくる。向かいのコミック棚も同様である。

しかし、アダルト文庫棚を過ぎると、そこは突然「古書の嵐」!! 戦前・戦後の日本文学が、棚を茶色く染め上げている！ 先ほどとはうって変わってこちらは不動の雰囲気。もはや店主の書斎の如し。その店主はといえば、暖簾の後ろに控え、小銭を数えたり煙草を吸ったり茶を飲んだりしている。恐らくは突然店に飛び込んだ客のせいで、ペースが乱れてしまっているのだろう。すぐ出ますんで、もう少しのご辛抱を…。

レジ横も古書。壁・高所の作り付けの棚と下のガラスケースにたっぷりと収められている。何だか古道具屋に見えなくもない。そして左側通路の壁際には、世界・歴史・宗教・実用書が並び、向かいは学術・自然科学・評論・心理学・新書などが。新書以外はみんな古い本である。

バランスの良い街の古本屋が長い年月を経て、動くのがコミック・文庫・アダルトになったという雰囲気。新しい本は安めだが、古書にはわりとちゃんとした値段が付けられている。長谷川書店『女性服装史／今和次郎』を購入。

なごやか文庫

とても立派な福祉系激安古本屋

電話　042・393・9449

駅西口に出ると、キレイで割と大きなロータリー。その北側の脇道から西宿通りに抜けて、線路沿いを息を白く吐きながら北へ。車は通るが、進めば進むほど人の姿は消え、踏切脇に至ると、ついに人影が途絶えてしまった…今、この街にたったひとり…。

さらに北に進んで、普請中の小学校と木製鳥居が格好良い諏訪神社前を通ると、右手に白い二階建ての東村山市立社会福祉センターが現れる。何とここでは福祉活動の一環として、常設のリサイクル古本屋「なごやか文庫」というお店が営業しているのだ！　そして今日から、「新春たなおろしセール」と銘打ち、店内の本を単行本＝30円、文庫本＝10円で期間限定販売。これは、万難を排して駆け付けねばならぬ！と、早朝からの歯車から外れた行動となった訳である。

それにしても東村山に、こんなに嬉しいお店が存在していたとは…。車寄せの下を進み、自動ドアから建物内へ。入ってすぐ右側に、公立の施設らしからぬ無人販売ビデオ棚があり、正面右手に受付、そして左手がすでに古本屋さん！…これは、中々本格的なお店ではないか！　入口横の柱には、額縁に入った〝本〟の文字がある作品らしきものが掛かっている。その横の長テーブル島に、全集・メモ帳・文庫・グインサーガシリーズ・シングルＣＤなどのプラケースが置かれている。

右手壁面には大きな壁棚が続き、正面奥右手にガラスケースのカウンター帳場。夕方の無人販売時間に備えてか、右端には両替機が設置され、帳場背後に店名の扁額がある。左側には立派な壁棚が続き、左手窓際と柱裏には本棚が連続。フロアには、右側に背の高い背中合わせの本棚、左側に背の低い背中合わせの小平台付きの長い棚がある。むぅ〜、すでに店内には、蒼白い炎を背中から吹き上げている古本修羅の姿が多数！　それを目の当たりにして、早速勝手に焦りながら右壁棚の前へ。

　作家五十音順日本文学・ミステリ&エンタメ・海外文学・ノンフィクション・エッセイ・社会・自然・生活などが並び、最下段は女性実用ムック&雑誌が大量に並ぶ。フロア棚右側には、ソフトカバーの実用・ガイド・エッセイ・自己啓発・宗教・オカルト・教育・選書、それに日本文学箱入り本と全集本。左の長い棚には、時代小説文庫・出版社別日本文学文庫・平台に海外文学文庫がズラッと並ぶ。柱裏と左窓際棚に、児童文学&絵本、そしてノベルス・新書・ブルーバックスが続く。奥壁は少年&青年コミック・廉価コミック・コミック文庫・少女コミックで埋まっている。

　本は遡っても70年代前後までで、リサイクル的ではある。しかしお店に投げやりな所は無く、棚造りも非常にしっかりしており、品切れ&絶版本の姿も散見出来る。そして本に挟まっている値札を見ると、普段も100〜300円ほどの非常に低い値段設定であることが判る。あぁ、毎日パトロールしていれば、掘り出し物に出会えそう…。

　福音館日曜文庫『なぞなぞの本／福音館書店編集部編』、農文協『ドブロクをつくろう／前田俊彦編』、メディアファクトリー『銀座八丁目探偵社／北尾トロ』、新潮社『世界の終りとハードボイルド・ワンダーランド／村上春樹』、WAVE出版『東京ゴーストスポット／内藤孝宏』、新潮社『だれかさんの悪夢／星新一』、講談社文庫『黒鳥譚・青髯公の城／中井英夫』、新潮文庫『すばらしい雲／サガン』を購入する。全部で200円也！

　本を抱えて駅のホームに立つと、東口ロータリーでは、消防団の出初式が行われていた、鋭く厳しい号令が響き届く中、私は厳しさの欠片も無く、ただ古本の重みを楽しんでいる…。

午後の時間割

古本屋率の高い古本カフェ

営業時間 12時〜18時　**定休日** 日　**電話** 04・2930・8864

ちょっと不思議なPARCOもある大きな西口に出ると、緑が鮮やかに繁茂したけやきが目を惹き、その緑に頭上を覆われながら西へ。新所沢駅西入口交差点で北に向かい、今は亡き「祥文堂書店西口店」跡地を通り過ぎて、緑町四丁目交差点。そのまま北に突き進んで、デニーズを越えたすぐの脇道を西に曲がり込む。もはや住宅街の裏道であるが、後は道なりにズンズン進み、爽やかな低層団地群沿いにおよそ300メートル。右手に三店のお店が連なる商店長屋が現れ、その左端が古本カフェであった。

　緑の日除けの下には、大きなガラス窓と化粧レンガ。立看板はあるが、100均台などは出ていない。開け放たれた扉から中に飛び込むと、おぉ！　なんと立派な壁棚だ！　お客さんはいないが、エプロンを着けたナイスミドルなご夫婦（想像）がおり、奥さんの方が「いらっしゃいませ」とニッコリ出迎えてくれた。まずはお茶を飲まねばならぬのだろうかと思いつつ「ここは古本屋さんなんですか？」と、さも通りかかって飛び込んで来たかのように、しらばっくれて聞いてみると「ええそうです。古本屋でカフェです。どうぞゆっくりご覧になってください」「ありがとうございます」…どうやら本を見るだけでも大丈夫なようだ。そして本はどれも販売されているとのことである。

　入った所は縦長の空間で、左に九段×十列の壁棚があり、右に胸から上の六列の壁棚とテーブル席があり、奥はカウンター兼帳場となっている。ほほぅ、奥に短い階段があって、中二階にも本棚が並んでいるのか。素敵な構造だ。粋なジャズのBGMに耳を傾け、入店の緊張を解いて行く。

　一階に並ぶのは新しくキレイな本が多く、右壁に海外文学文庫・日本文学文庫・講談社文芸文庫・ちくま文庫。左壁は六本分に圧巻の海外文学と大量の翻訳ノンフィクション・歴史・科学・文明・心理学・犯罪が並び、残りの四本にミステリ&エンタメ・日本純文学・自然・心理学などが並ぶ。翻訳本の充実っぷりは、巨大新刊書店に肉迫していると言っても過言ではない。しかしこの時点では、まだ一冊も手にしておらず、そのまま中二階への数段を上がる。

建材の新しい匂いが強くなる。八畳ほどの空間をぐるっと壁棚が取り囲み、フロアには小さな棚が二つ置かれている。上がり口右横から、戦争文庫・松本清張文庫・日本文学文庫・ノンフィクション文庫・日本文学・時代小説文庫・エッセイ・ノンフィクション・海外文学・音楽・詩・海外文学文庫と左横まで続くが、ジャンル分けは明確ではなく、繰り返し同ジャンルが現れる構成になっている。フロア棚には海外文学文庫・文学復刻本・日本文学・海外文学・両文庫などが収まり、その周りには実用&美術ムックや絵本を詰めた箱も置かれている。こちらには所々に古い本が現れるので、ちょっとやっきになって棚に食らいついてしまう…何かあるはずだ、何か…。

とてもしっかりした、古本屋寄りな古本カフェである。フィクション・ノンフィクション共に海外翻訳本が多いのも凄い光景だが、こういう裏切りはとても嬉しい。値段は、新しい本や単行本は定価の半額だが、古めの本は100~300円とお買い得。狙い目もそこにある!と、浅ましくそんな本ばかりをセレクト。ちくま文庫『三文役者の待ち時間/殿山泰司』『もっと、狐の書評/山村修』、角川文庫『日本女地図/殿山泰司』(150円でひゃっほう!)、春陽堂少年少女文庫『ほら男爵の冒険/ピュルガー』、講談社文庫『陰画応報/フレーザー』、網走新聞社『網走監獄』(1980年発行の八十ページの小冊子だが、脱獄ルポの第一人者・山谷一郎の記事や対談が盛りだくさん!)を購入。

北村書店

右側通路に要注目

営業時間 14時～21時 **定休日** 火 **電話** 04・2959・5051

駅東口からロータリーを南へ。ひとつ目の信号を左折し、緩やかに曲がる富士見通りを進んで行くと、狭山中央通りにぶつかる。その手前にお店を発見。カーブに沿って建つ、二階建て長屋式店舗兼住宅である。緑の日除けの下にはビニールの掛かったワゴンが一台あり、安売りCDとコミックが並んでいる。

左のサッシを開けて中へ入ると、両壁に棚・真ん中に低めの背中合わせの棚のシンプルな店内。ただし右側通路の入口側はラックで塞がれており、通路は行き止まりとなっている。入口付近は右も左もコミックが集まる。ちょっと奥に入ると、右に女流作家文庫・日本文学文庫と並び、岩波・河出・中公・ちくま・旺文社などが端に揃う。左の壁際には少量のジャンル別文庫・新書・文学・エッセイ・ノンフィクション・古代史・歴史などが並ぶ。奥に帳場があり、店主がパソコンと格闘中。

彼らの横をすり抜け右側通路へ。通路棚にはミステリーを中心とした日本文学文庫。ここは新しいのがメイン。奥には日本純文学文庫。雑誌ラックの横には復刻児童文学が並ぶ。壁際はレジ横から、宗教・思想・埼玉本・幻想文学・資料本・学術本・建築・文学全集・写真集・アダルト、そして奥に戦争関連や鉄道。

かなりしっかりとした古本屋である。本の量はそれほど多くないが、棚造りに充実の箇所あり。右側通路に古めの本多し。値段はしっかりめな感じ。

後で店前を通りかかると、まだ五時過ぎなのに既にシャッターが半分閉まっている。もう閉店?と近寄ると一枚の貼紙を発見。〝隣りで食事中! 声を掛けて下さい。店主〟。そして表のワゴンは見事に放置中。双葉文庫『前代未聞の推理小説集/野呂邦暢ほか』を購入。

古本ゆめや

微睡む時間と古本棚

電話　042・345・8811

ホームに電車が滑り込むと学生がひしめく光景。改札から西にのびるたかの台本通りも同様な光景。その学生の激流に逆らいながらひたすら西へ。300メートルほど進み、青果店前の脇道を南へ進むと〝古本〟と書かれた看板が！　お店に近付くとオジサンの後姿がドア前に。店頭台が無いのでそのまま入口に近付くと、先ほどのオジサンが屋外入口横の椅子に腰掛け「いらっしゃいませ」…店主だったのか。

店内はちょっと広めな正方形。店主は外にいるまま、時たま視線をこちらに寄越す。壁際はすべて本棚、左側の手前と奥に凹んだ小部屋的スペース。手前にはそこに椅子が置かれている。真ん中には横向きに低めの背中合わせの棚が三本置かれている。右壁に沿ってこちらは高めの背中合わせの棚が一本、そして右側手前に本の山に囲まれた帳場がある。

左壁の手前スペースは学術書・文化や風俗の本が固まり、浅草関連が目に入る。そのまま、実用・社会・文化・文学・動植物などがちょっとカオス的に並ぶ棚が続く。奥のスペースに、日本作家美術図録・建築・都市・美術・美術手帖が収まる。店奥の壁には、美術の続きと美術図録がズラリ。奥への入口を挟み、歴史・日本文学・宗教・世界へと続く。右側奥の通路は未整理本倉庫と化しているので、暖簾で厳重に封鎖されている。真ん中の棚には入口手前から、ビジュアル・大判本・料理・山岳、整理中なのかほぼがら空きの棚。その裏には日本文学文庫と時代小説文庫、一番奥に新書が並ぶ。右側の棚には、近代史・日本文学文庫の続きが収まる。文庫は定価の半額となっている。

単行本に面白い本&古い本あり。70～90年代が中心で少々ホコリっぽい。値段は普通だが本によって上下あり。有隣新書『横浜の作家たち／尾崎秀樹』を購入。

まだまだあります、古本屋

西武新宿線

◉**中井駅**　山手通りを越えた住宅街にある「onakasu-ita」は料理書専門古本屋。民家を改装したお店が古本屋という職業の多様さを感じさせてくれる。

◉**沼袋駅**　北口商店街の坂の途中には、まずはリサイクル系の「BOOK LIFE沼袋店」があり、さらのその先には「天野書店」。硬めの本がオンパレードの真面目店となっている。

◉**都立家政駅**　新青梅街道にある「大村書店」は、倉庫の入口付近をちょっとだけ開放した、不定期営業の極小店である。

◉**上井草駅**　上井草商店街にあるコーヒースタンド「SLOPE」には、「ポラン書房」が選書している古本棚がある。お店にマッチした上品な品揃えである。

◉**武蔵関駅**　北口のビル二階には「えほんのがっこう」があり、その名の通り内外の絵本を集めたお店となっている。南口側にはリサイクル系の大きなお店「古本工房セイレーン」がある。

◉**西武柳沢駅**　新青梅街道にある「エーワンブック保谷店」は、その数を次第に減らしているマイナーチェーンのリサイクル店だが、あまりに雑本的で、妙な本が安値で並ぶこともある。

◉**花小金井駅**　駅北側の武蔵野の面影を留める街中には「ねこじたゴリラ堂」がある。中古絵本の専門店だが、とにかくその名がキテレツであることは言うまでもない。

◉**久米川駅**　北口の空堀川の向こうには洋書専門「下井草書房」。一見事務所店のようだが、ちゃんと店舗として営業中である。南側の住宅街には半分が倉庫の「ブックステーション久米川店」があるが、営業は不定期のようだ。

◉**東村山駅**　駅北側、東の街中には駄菓子屋の「きりん館」があり、奥の壁棚に70〜80年代の色褪せたコミックと児童書を並べている。

◉**所沢駅**　「ブックブック所沢店」は西口南側にある埼玉圏マイナーチェーンの一店。当然リサイクル系だが、ここは広くちょっとだけ面白い。

◉航空公園駅　こぶし団地内の団地住宅で、住宅そのものといったスタイルで「古書つくし」は営業している。狭く、半分は上がり込むスタイルの店内には、微細な骨太ジャンルがはびこっている。

◉新所沢駅　「祥文堂書店」は東口商店街の終りにあるシブいお店。狭いお店に丁寧に人文と文学を集めている。

◉狭山市駅　「BOOKS ACT-1」はアダルトとコミックを盛大に並べているが、実は古本も盛大に並べており、非常に掘り出し甲斐のあるお店。新しめの本が中心だが、安い値段に目が眩み、何冊も本を手にしてしまうだろう。

◉新狭山駅　「狭山書店」は、この名から想像するとちゃんとした古本屋さんのようだが、外装をTENGA風に塗装した、クレージーなほぼアダルト店である。それでも少しの古本があり、特価本も並んでいる。

◉本川越駅　中央通りの先に広がる蔵の町の一歩手前に「古本カフェAgosto」がある。お洒落なカフェ風景の中に、女性&女子寄りの古本がしっかりとした世界観で並んでいる。

西武国分寺線

◉鷹の台駅　駅前書店街の奥にある「KIKI RECORD」はカフェとレコードがメインのお店だが、何故か良くセレクトされたアングラや風俗関連本を販売している。玉川上水の畔には、瀟洒な雰囲気の「みどり文庫」があり、豊かで上品な古本層を作り上げている。

西武拝島線

◉玉川上水駅　モノレール高架沿いにある「清水書店」は、ガラス張りだがまるで倉庫のようで入り難い。店内は文庫棚も揃えているが、古い紙物が多く、その歴史の奥深さに圧倒される。

古書 ますく堂

アナーキーだが棚造りは崇高

営業時間 12時～20時　**定休日** ほぼ無休　**電話** 090・3747・2989

北口から表に出ると、右手に大きく山手通りの陸橋が圧し架かって来ている。その薄暗い下に入り込み、広場と自転車置場を突っ切ると、黒いビルと茶色いビルの間から、一本の道が東に延び続けて行く。ただの裏道ではなく、疎らに商店などが並んで人の行き交いも多い、地元民の目抜き通りでありけもの道なのである。

ドカドカ歩き続けて、暗渠から少しだけ水音の聞こえる谷端川緑道を越え、スペインの大地のような中学校の白いグラウンド脇を通り過ぎると、池三商店街の領域に入る。この辺りまでは大体駅から４００メートルほど。

ビル一階に入った八百屋の店先に、白猫と黒白猫が寝転ぶ光景に心を蕩かしながら、その前を北へ。するとそのビルの端っこに、以前はスナック居抜き店舗に居座っていたのが突如引越し、続いて驚きの元小料理屋に居座ることとなった、稀な古本屋さんの姿が目に入る。もちろん古本屋さんに見えないのは相変わらずだが、旧店から愛用している店名幟や、大きな模造紙に書かれ掲出された店名、さらに足下に散らばる安売り箱が、精一杯にここが古本屋さんであることをアピールしている。

和風モダンなガラス戸を潜ると、右に鍵の手のカウンターがあり、左に畳の小上がりと様々な本棚の姿。奥に隣りのギャラリーへの扉と共に、広島カープのポスターの貼られた曇りガラスの戸が見える。店主の増田嬢は、甚兵衛姿で小上がりに座り、アイスを食べている…。

開店当初は、ダンボール箱が積み上がった倉庫のような状態であったが、今はそれも落ち着き、左壁に新刊類・野球・児童文学・絵本・ビジュアル本などが雑本的横積み本タワーを合間に挟んで並び、最後に出版・古本&本・編集・図書館・読書・詩集が大きく頑丈な棚に収まっている。

頭上には、いつの間にか増殖した裸電球が煌煌と輝き、渋過ぎる和の空間と古本を照らしている。右側の年代物エアコンの下には、コミックや雑本古書の並ぶ小さな棚が一本。カウンター下には、本が地層のように積み上がり、それがもはや正式なディスプレイとして採用されてしまっている模様。カウンター上にはコミック乱雑部分と、自店が掲載された新刊本コーナー、そして割と美しい文庫列が誕生していた。

また店内一本限りの通路にも、古本箱が多数増殖。時に未整理本が奥から進出を始め、歩き難くなることもしばしばである。

左側はしっかり統制されており、右側は奔放。野球・本関連・詩集に強いが、奔放な雑本に古書も混ざり魅力あり。

値段は安め〜ちょい安である。何はともあれ、急な引越しを乗り越えて、古本屋としての形がいよいよ固まったのは目出度いことである。カウンター内側をまだまだ発展させたいようだが、それはまだ先のことになりそうである…。市川種兎研究所『養兎全集』を購入する。

すると突然、何処から現れたのか数人の若い男女が店頭に群がり、均一本に狂喜し始めた。どうやら隣接する美術学校の生徒らしく、箱ごと買って隣りの校舎に運び込んでいる…。おぉ、「ますく堂小料理屋 ver.」の前途は、洋々と明るいのではないだろうか！

島書店

ジャンク的楽しみに浸る

駅北口を出ると、そこは空に視界が開けることの無い桜台北口商店会。真っ直ぐそのまま北へ進み、四本目の横道・パチンコ屋の角を西に曲がると、右の白い低層集合住宅の一階にお店を発見。むうぅ〜、こんな所に古本屋さんがあったとは…今まで本当に気付かなかった…。

店頭には棚や括られた本やダンボールがひしめき合い、現時点でもまだまだ増殖中。二人の原色シャツを着たスポーティーなオジサンが、店内と店頭を忙しく行き来している。運び出している物は本だけではなく、カバン・人形・雑貨・プレステ・ファミコン…瞬く間に店頭が増殖！　左側に１００円文庫棚、80円〜の雑誌ラック、地べたにタワーを作るコミックや単行本、右に漫画雑誌のラック。店の左側はウインドウになっており、フィギュアや兵器関連・文学本が飾られている。作業中のオジサンに「入ってもいいですか？」と声を掛けると「どうぞ」と即答。年季の入った木枠のガラス扉を開けて中へ。

表同様雑然とした店内。まだまだ運び出す本や棚や台車が通路に置かれている。壁はぐるりと本棚、真ん中には手前と奥にスチール棚が三本ずつの計六本置かれている。奥が帳場らしいのだが、大量の本と雑貨類がうず高く積み上げられ、遠くからでは全貌は判然としない。天井下の壁には、古いグラビア雑誌・紙芝居・アニメのＬＰなどがぐるっと貼り出されている。右側はまだ通れないので、左側から見て行くことに。

左の入口横には、児童書・児童文学・雑誌・探偵小説文庫本・園芸・学術書・大判本がタテヨコに天井近くまで伸びている。左の壁棚には、サブカル・東洋文庫・文学雑誌…おっ！　通路の本が運び出されると、下に新書棚を発見！…発掘現場的喜び。その後に、建築・宗教と続き、後は美少女コミックとアダルト。手前の通路棚には、歴史・教養系文庫が収まっている。単行本に古い本が多い。

　奥の棚は対面と同様アダルトになっている。二番目の通路手前には、出版社別文庫本と下に美術本。奥の棚はまたもやアダルト。三番目の通路、入口右横に200円時代小説文庫と100円文庫棚。手前の通路棚は右がコミック、左が日本文学・エッセイ・ノンフィクション・海外文学となっている。奥はほとんどがアダルトだが、一部に時代小説文庫と海外ミステリ文庫・ハヤカワポケミスを確認。右端の通路はコミック・コミック文庫・廉価コミック・アダルト・グラビア雑誌が集まっている。

　古い本や面白い本も目に付き、一見リサイクル雑貨店風だが、古本屋としてしっかりとしている。奥のアダルト棚に群がる常連客が非常にたくましい。値段は安い～普通。いい本にはしっかりした値段のものも。帳場方面には相変わらず本&雑貨の山…誰かいるだろうかと近付くと、山の上にチラリと動くもの…オジサンの帽子を被った頭であった。ホッとして近付き「すいません」と本を差し出す。帳場前に立つと、スペースインベーダーのトーチカに隠れている雰囲気…。

　そして精算中に気になっていたお店の名前を聞いてみると「シマ」「シマ?」「日本列島の〝島〟」「島…何て言うんですか?」「島書店。看板はちっちゃいから分かんないよね」とニヤリ。本を受け取りお礼を言って店を出る。しかし改めて店頭を眺めてみても、看板はやはり何処にも見当たらないのだった。新潮社『ポスターを盗んでください／原研哉』、文春文庫『敗戦日記／高見順』を購入。

一信堂書店

パノプティコン方式モドキ

営業時間 11時半～20時　**定休日** 月、第2・4火　**電話** 03・3991・2829

夏になると気象の特異点になる練馬の老舗のお店。練馬駅南口方面、一信堂ビル一階にある。通りに面して一面の棚、そのほとんどを安い文庫が占める。しっかりと新しい本も入っているので、棚の空気が頻繁に入れ替えられているのがわかる。

中に入ると普通の古本屋とは何か違う感じ…。いや、構成物（古本＆棚）はまったく同じなのだが、棚の並べ方が変わっている。レジを中心にして三本の通路＋小広間が、扇形（気味）に広がっているのだ。通路自体は逆〝く〟の字で、すべて行き止まりの袋小路。レジから通路を見渡せるように、という工夫なのだろうか。まるでミシェル・フーコーのパノプティコン（全展望監視システム）を実現しているかのようだ。しかしその実用性はいかほどか。入口左側にも小さくショートな通路がある。色々なジャンルが新旧まぜこぜに置かれているので、ちょっと混乱してしまう。

左端通路は左が文学・美術中心。古い本が多い。完璧な分類になっていないのが、逆に面白さを感じさせる不思議な棚が続く。次の通路は文庫・新書・海外文学。特に文庫は細かく分けられ、右に文学、左はジャンル別になっている。店主が書いた、メモの切れ端・鉛筆書きのジャンル表示「生き方」「歴史」…などが棚枠にセロテープでとめられている。右の通路は宗教・歴史・古代史・世界情勢・郷土史・ビジネスなど硬めな本が中心。そして一番右は小さい広間になっており、雑誌・古い性風俗・映画・ＴＶ・演劇・音楽・茶道・刀剣などがひしめいている。

通路や広間の所々に本が積み上げられている。店内に音楽を提供している、レジ後ろの古いラジオ（ＳＯＮＹ製）がイカしてます。ＪＴＢ『日本異界発見／内藤正敏』を購入。

古ツア定点観測店

なごやか文庫

東村山駅
西武新宿線

福祉系の古本事業は、とにかく値段が安いのが魅力である。だが、チャリティ古本市やバザーへの出店、それに棚などを公共施設に置いているのは良く見かけるが、常設のお店となるとなかなか珍しい。中でもここは、本当の古本屋さんに引けを取らぬほど、立派な店舗を持っている。それに本の値段は20円〜３００円が中心なので、たとえ悲しいことがあったとしても、バカスカバカスカ買えてしまうのである。ただし並んでいる本は寄付によるものなので脈絡がなく、店内では大まかなジャンル分けがなされているが、限り無く雑本的である。そのため、時期により当たり外れがあることは否めない。しかしそれ故、定点観測という手法が効力を発揮するのである。だからいつでも夢を見て、駅からテクテク線路際を歩き、社会福祉センターの扉を潜り続けている。

ポラン書房

品揃えも値段も抜群

営業時間 10時〜21時（日祝10時〜20時） **定休日** 水 **電話** 03・5387・3555

駅北の大泉通り沿い、大泉学園北交差点近くにある。

まず目に付くのは壁から旗のように下げられ、祝祭日のようにはためく〝本買います〟の幟。その裏には超立体的な木彫りの…というより彫刻を貼り付けた看板が掲げられている。太陽と月の存在感がスゴイ。

店の前面は色ガラスと木の壁で構成されており、独特な雰囲気…下北の「気流舎」とちょっと似ているかな。店前には、売れた本を書き出したホワイトボード、ムックや雑誌のラックが一台、二冊105円一冊55円の単行本棚が一本、円柱の陰に単行本と同一値の文庫ワゴンが二台。

リーフの掛かった木戸を引いて中へ。即座に奥からエプロンを着けたご婦人の「いらっしゃいませ」が出迎える。中は広く木製のインテリアで統一され、落ち着いた雰囲気である。森の中の本屋というか…そう、まるで童話に出てくるお店のようである。そういえば店名の「ポラン」は宮澤賢治か…。

左右の壁は高めの棚、左側に大きなテーブルとその奥にレジ、右側に背中合わせの棚が二本。左側の奥にはガラスケースが置かれ、右側の棚は少し湾曲した爪のようなカタチ。入口側左右の窓際には様々な雑貨類が並べられ、奥の壁は頭くらいまでの本棚となっている。

入口横には古本・出版関係の小さな棚、さらに横には洋書の入った小さめの棚がある。右の壁際は、ここ一〜二年の本と105〜315円の雑本的な棚から始まる。その後は硬めのジャンルが続き、地方史・民族学・近現代史・哲学と並ぶ。向かいには、新書（思想・社会系が中心）・宗教・文学評論・エッセイ・日本文学…結構古い本が並んでるなぁ。奥の壁際には、海外文学・俳句・詩、そして宮澤賢治棚がある。評論から童話までが多めな棚揃え。

二番目の通路の湾曲棚裏には文庫がズラリ。教養系の講談社学術&文芸・ちくま・中公・岩波、そして日本文学・ミステリ・時代小説と続いている。向かいには、建築・科学・自然・動植物などが。棚の上にはCDが並んでいるが、これらは店内BGM用とのこと。棚脇のガラスケースには、古い真空管を組み込んだ機械が数台置かれている…ラジオ？…中には売約済みのものも。ケースの中には紙物や詩集が飾られている。通路棚裏には、大量の絵本と児童文学が収まっている。テーブルの上には特集なのだろうか、植物関連の本が並べられている。

左の壁際には、地元ゆかり本・演劇・落語・映画・美術・写真・陶芸などなど。内装&棚揃えが非常にしっかりしたお店。宮澤賢治に迷うことなく突進している。そして値段も安め。

二冊を抜き取りレジで精算していると、店のポイントカードを勧められる。言われるままに作ってみると「たくさん買ってくださいね。まじめに通ってるとすぐに貯まりますよ」とアドバイス。思わず「ダッハッハッ」と笑うとご婦人もつられて笑い出した。ポイントが貯まるようマジメにがんばります！　沙羅書房『倫敦の宿／水上瀧太郎』、ちくま文庫『東京百話 天の巻／種村季弘編』を購入。

近藤書店

絶妙バランスの古本タワー

電話 0424・22・3871

北口を出て線路に沿うことを心がけ、東に進む。小さな自転車駐輪場が向かい合う所で南に曲がり、線路際に出てしまうと大きな二階建ての「ひばりヶ丘駅北口第2自転車駐車場」がある。これ以上線路沿いの道には進まず、自転車駐車場前の道を選ぶ。その先には公園が現れ、公園を囲む住宅街の一角で、古本屋が営業中。焦げ茶の住宅兼店舗に近付くと、コミックの山と三台の100均文庫ワゴンが表に出ている。

店内は白く新しく、わりと広くピカピカで、造り付けの壁棚に囲まれた通路は縦に四本。そして奥の帳場に、モジャモジャな店主が元気で座っておられる。

入口右横にはBLノベルスの山があり、壁棚にハーレクインとBLノベルス。右端の第一通路は、壁棚に文化・美術図録&作品集・科学を並べ、右奥にアダルト雑誌を大量に集中させている。向かいには美術・文明・文学評論・海外文学・みすず書房・晶文社が揃う。しかしジャンルは何となく固まる程度で、全体的に掴み難いカオスな棚造りが展開して行く。第二通路は、右にテレビ・芸能・映画・演劇・アダルトDVD、左に海外文学文庫・文化・社会・新書…膝元の平台には控え目に単行本タワーが。第三通路は、右に日本文学文庫・ノベルス・時代小説文庫。膝元平台には文庫タワーが連続し、高層ビル街のように屹立している。左にはコミックがズラリ。入口左横の教養&雑学文庫・戦争文庫棚を舐めるように見てから、左端通路。壁棚には戦争・歴史・政治社会・晶文社・西洋史・音楽・辞書事典。向かいにミステリ&エンタメ・日本文学・時代小説・辞書が並ぶ。

街の古本屋さん的ではあるが、実は意外に硬質。値段は相場より安めである。ミセス編集部『ななめがね／岡本喜八』を購入する。

臨河堂

社会正義と古本があふれ出す

電話 042・495・7739

雨の北口に出ると、噴水と銀色のモニュメントが、豊かな植樹に覆われたロータリー。地上に下りて東側に回り込み、ひまわり通りに入って東北方向へ進んで行く。道は新しい街の中に斜めに横たわり、新興住宅・畑・無人野菜販売所・空地の景色を繰り返す。そして駅から一キロも来た所で、こつ然と黄色い住宅兼店舗の古本屋さんが出現した。

お店の前面には〝古書〟の文字が多く見られるが、実際古本屋さんらしさはあまり感じない。中に入ると、乱雑半歩手前の古本が溢れ気味な状態である。左に本棚と本に隠れ気味の帳場がある。店内は良く見ると、小さな二つの部屋に分かれている。帳場のある部屋は、三方に本棚と棚板の深い壁棚があり、真ん中にフレームラックと背中合わせの本棚が一本。棚と本の上には、所々に横積み本タワーが存在している。

右には雑貨と児童文学・生物・自然・社会と並び、後は奥壁と左壁に本の背を上にした列が上下左右に展開。並ぶのは、共産党関連・マルクス主義・社会運動・労働運動・市民運動・宗教問題・環境汚染・食の安全・北朝鮮・中国・軍事・原子力・差別・貧困・汚職・国鉄・政治・経済・ジャーナリズムなど。真ん中には文庫・ミステリ&エンタメと硬骨な前述ジャンル本。奥の部屋は本棚が細かく立て込み、二本の通路と壁際に〝コ〟の字に組まれた棚のゾーンで出来ている。そこに並ぶ本は、やはり社会派硬骨ジャンルなのだが、社会派小出版社本が五十音順にキレイに整列している。

社会問題&運動・ノンフィクションを中心に、生物・歴史を織り交ぜた構成だが、基本は社会運動…いや、社会正義に溢れている！　値段はちょい安～ちょい高。そんな社会正義とは関係の無い亜紀書房『ドキュメントどこへ消えたか北京原人／松崎寿和』を購入。

茶々文庫

即売展でも活躍の買えるお店

営業時間 11時〜18時 **定休日** 水 **電話** 04・2965・1998

駅西口を出ると、雨に煙り白く新しくポカンとした光景。突然頭上から響く轟音…見上げると軍用機が巨大な腹を見せて旋回していた。…そうか、基地が近いのか。線路沿いを北上すると国道463号線に行き当たる。そのまま国道を飯能方面にひたすら進んで行く。むぅ〜、ここまで来るともはや地方と変わらない雰囲気…。藤沢十字路を越え、不老川を渡り、緩やかな坂を上がって行くと左手に白いマンション。その一階端には〃古本買います〃の看板がっ！ おぉ、しかも開いている！ 強くシャワーのように降り始めた雨を忘れ、お店の手前まで駆け寄ってみる。

駐車場が前にあるマンション一階の店舗。ガラスサッシの前に、左に一本右に三本のスチール棚。左は安売りの単行本、右は一冊100円三冊200円の文庫・単行本・新書…古い本も混ざっておりしかも状態の良い本が多い…これは期待出来そうだ。入口ガラスには〃マンガは取り扱っておりません〃の貼紙。

サッシを開けて中へ入ると、こぢんまりとしているが凝縮の空間。レジのご婦人がジッとこちらを見つめている…お、落ち着け！ 俺は何もしていない、大丈夫だ。視線に気付かぬふりをして店内を精査する。壁はぐるりとスチール棚、真ん中横向きに三本の背中合わせの棚、左奥オレンジの壁の前がレジ兼作業場、正面奥の壁には関係者以外立入禁止の暖簾。通路には所々本が積み上げられており、中には未整理本も。

左側壁際には実用系のビジュアル本・大判本、入口左横にエッセイ&雑学系の文庫棚がある。一番手前の通路・窓裏には、最近刊の文芸本・ハーレクイン・海外文学文庫、向かいには日本ミステリ&エンタメ文庫が作家五十音順に並ぶ。右の壁際にはノベルス・大量の新書・学術&技術書、最奥は文学・児童文学・社会・哲学などが混り合ったカオス的な棚となっている。二番目の通路は作家五十音順文庫の続き・中公・ちくま・雑学・教養・時代小説・岩波文庫が並んでいる。こちらは絶版文庫も多く、小林多喜二などのプロレタリア系文庫がまとまっていたりする。三番目の通路は、美術・音楽・古典・文学・辞書・語学・思想が収まる。四番目の通路には、全集類・九州本・戦争関連などなど。レジ横にも棚が二本あり、歴史・タレント本・少量のマンガが収まっている…入口の貼紙は子供避けなのか…?

いいお店である。ここまで来た甲斐があると思わせてくれた棚が連続。本が安い！　そして面白い本たちも安い！　もうこれだけでノック・アウト！

というわけで三冊の本を手にレジへ。パソコンの前に座っていたご婦人が「いらっしゃいませ」と高い声で立ち上がり、こちらへ来て「お待たせしました」と超丁寧！　全然待ってないっス！

本を受け取りレジに値段を打ち込もうとしたところで、突然のフリーズ！…どうしたんだろう？　固まってるぞ?…すると両手を顔の前で振り「ごめんなさい！　全然準備出来てなかった」と照れ笑いを浮かべ店の奥へ。レジの鍵を手に戻り、ようやく精算。青木文庫『キャラメル工場から／佐多稲子』、中公新書『空とぶカメラマン／山田照夫』、中公文庫『ぼくだけの東京ドライブ／田中康夫』を購入。

文祥堂書店

古本海の海の底

営業時間 11時〜20時　**定休日** 火　**電話** 0429・72・4023

ＰｅＰｅの足元を抜けて駅北口を出ると、目の前はこぢんまりとしたロータリー。その左隅上から〝HANNO〟と書かれた銀のアーチを潜り抜け、人影の多い飯能銀座商店街を北へ進む。そして二つ目の交差点、東町から東へ向かう。この飯能中央通り商店街を１５０メートルほど進むと、ちょっと通りから引っ込んだ左手マンションの一階にある、お店の前に立つことになる。

路上には〝古本〟の立看板。しかしお店の前にはハイエースがドデッと横付けされ、完全にその姿を通りから隠してしまっている…何故？　目隠し？　店を守るため？　右側から車と店の隙間に入り込むと、ベランダ下の黄色い短い日除けの下には、十個ほどの１００均箱が並ぶ光景。単行本がメインである。ヒビが入ったガラス窓（ハッ！　このヒビはハイエースの配置ともしや関連が？）には、古書買取の紙が貼られ、その背後では普段見せることのない本棚の背面が、無防備な姿を晒している。

店内に入り込むとそこは古本の海…海というより海底か…。降り積もった古本が、通路をかなり占領してしまっている。壁際は本棚、右に背中合わせの棚が一本、左に背中合わせのラック＆本棚が一本。入口左横に帳場があり、積み上がった本にグルリと囲まれている。その美しい姿は鉄平石の塀の如くである。ＢＧＭはラジオ番組、そして先客がひとり。

右の壁棚は、学術書・郷土・風俗・都市・考古学・古代史・中国・古典・国文学・哲学・思想・心理・文学評論・詩歌・日本文学と並ぶ。古い本も多く見応えあり。棚の下半分は積み上がった本により、見ることは叶わない。向かいには、海外文学文庫・岩波文庫・絶版文庫・新書が収まり、棚上には大型本やビジュアル本が並べられている。真ん中の通路に入ると、右は日本文学文庫カオス並びと奥にノベルス。この棚は二重になっているので、根気と時間のある方はぜひとも発掘作業を。絶版や見かけない本もチラホラあるので、掘り出す楽しみが味わえる。これは通路に溢れた本も同様である。途中入って来たベレーの老人は、棚には目もくれずに、横積みされた本をひたすらつまみ上げている。左側にはアダルトラック・実用・ハーレクイン。店奥の壁棚には雑本的な日本文学や図録。左端の通路は帳場側からしか入ることは出来ない…何故なら本で塞がれているので。さらに新たに現れたお客さんは、店主と親しげに会話を交わし通路を塞いでいる。「すみません」と声を掛け、そこを通してもらう。しかし通ったその先は、ほぼ倉庫状態の古本海溝！　確認出来るのは、ラックのアダルトと動物関連くらいであろうか。それにしてもお客さんが次々と訪ねて来るなぁ。

古い本が多く、並びもジャンルもカオス的な部分はあるが、何かあるに違いないっ！と感じさせる魔力を持つお店である。値段は安め〜普通。何冊か目星を付けた本があったのだが、結局一冊に絞り込んで帳場に差し出す。立ち上がった壮年の店主に本を渡し、お金を準備…しかしここで私は間違いをしでかしてしまった。何冊か見た本の値が頭の中でシャッフルされ、勝手に「８００円」と思ってしまったのだ。店主が値を告げなかったのも災いし、千円札を差し出す私に怪訝な顔の店主。そしてニコッと笑い「ゴメン、値段いくらだったっけ？」と袋から本を取り出す。開かれたそこにあったのは…「１５００円」！　しまったぁ！「す、すみません。私が間違ってました。ちょっと待って下さい」と改めて二枚のお札を差し出す。店主は笑いながら「これあんまりないからね…じゃあ１００円引きで」えぇぇぇっ！　何と素晴らしい提案！　これこそ〝棚から牡丹餅〟〝瓢箪から駒〟…店主の度量の深さに感服。

うぅっ、それにしても恥ずかしい。本当に失礼しました！　講談社『世界の博物館／棚橋源太郎』を購入。

まだまだあります、古本屋

西武池袋線

◉椎名町駅　駅北口商店街には「春近書店」がある。オーソドックスなお店ながら、バラエティに富んでいるのが楽しい。南口側山手通り沿いには、表に大型家電を並べるリサイクルショップ「新宿広場」。しかし物品を掻き分け二階に上がると、結構な量の古本スチール棚が迎えてくれる。

◉江古田駅　日大芸術学部前には「根元書房 日芸前店」がある。古い本も多くカオスな店内は、通路に本が激しく積み上がり混迷の度を深めている。また本店が駅西側の踏切際にあるが、最近は開いていないようだ。

◉中村橋駅　まだ狭い中杉通り沿いには「ドラゴンブック」があり、狭い店内に最近の本を並べている。

◉富士見台駅　北口、下り坂の商店街の終りには「新井書店」がある。シャッターはいつでも半開きだが、声をかければ中を見せてもらえる。棚時間は停まり気味だが、児童文学が面白い。

◉石神井公園駅　南口パークロードの脇道には「きさらぎ文庫」がある。お店を開けてはいるが、ほぼ事務所倉庫店で、店内に入ると用件を聞かれる。パークロード先の「草思堂書店」は中型リサイクル店だが、マニアック棚や古い本も揃えているので見応えがある。富士街道には「エコキーパーズ」。非常に原初的なお店で、雑本を一律安値で販売している。西の踏切側にある「久保書店」は本がアンコのように、店内にギュウギュウ詰まっている。

◉大泉学園駅　南口から遥か歩いた住宅街の中の石泉ショッピング街には「古本喫茶マルゼン46」がある。シックな店内は喫茶店で、屋根のある店頭に古本がたくさん集まっている。最近のコミックと絵本が中心。

◉保谷駅　駅南口の都道には「アカシヤ書店」がある。細長い店内には一般書の他に、車関連を充実させている。

◉秋津駅　「古本らんだむ」はリサイクル系のお店だが、その外観が素敵な出桁（だしげた）造りで意表を突かれる。

◉武蔵藤沢駅　丘の上の住宅街には、自宅の一部を改造した「古本ほんこ屋」がある。美術工芸に古本関連が目立っている。

◉入間市駅　駅から北西の長閑な住宅地の中に「古書高倉堂」はある。奥は倉庫で店舗部分は通路一本分のみだが、棚造りは文庫を中心に良い景色を見せている。

◉飯能駅　閑散とした飯能ぎんざにある「古書ブックブック飯能店」はリサイクル店だが、ほぼ文庫の品揃えの中に、ちょっとだけ古い本も並んでいる。

ぶっくめいと

名前に騙されてはいけません

電話 03・5995・9331

三日月のように湾曲した駅から南口に出ると、目の前はハッピーロード大山。アーケードから飛び出し、そのままハッピーロードを南へ進む。ヤクルト販売所が手前の三本目の脇道を東へ。するとひとつ目の十字路の一角にお店がある。ちなみにこの大山、何だかとっても道に迷いやすい。地磁気に異変でも生じているのだろうか…。それを証明するかのように、駅横の歩道橋下には、十枚もの街の地図が掛けられている。

さて、お店である。マンション一階の角地、緑色のプラ日除け、下には黄色いカステラのような立看板、パイロン、建物の角を利用した壁棚、右側に文庫棚一本と背中合わせの棚が二本、壁棚が一本。下は緑に塗装されたコンクリ台。入口のガラスには緑で店名が書かれている。左の壁棚は路上から余裕を持って見られるが、右側は外側以外は狭い棚の間に頭か身体を捻じ込まないとどうにもならない。中身は、全集・文学単行本・文庫・新書・実用・社会・エッセイなどが収まっている。扉には店名以外に〝店内が狭いためリュックは肩にかけるか手にお持ち下さい〟〝ベビーカーを押しての入店、ご遠慮ください〟などの貼紙。確かに中は狭そうだ…しかし書かれているからには、ここにベビーカーを押して突入した人がいるのだろう…猛者過ぎる。

中に入ると不思議な妙なる音楽が流れている。薄暗く、狭く、細長く、縦に仕切られた店内…あぁ、ここは古本桃源郷への入口なのか？ 壁際はすべて棚、真ん中に背中合わせの棚が二本、左奥には少し凹んだ棚に囲まれた空間、正面奥にレジがあり。棚は特注手作りな感じで、ところどころしっかりと補強がしてある。

入口両脇には、コミック・ノベルス・ハーレクインの細い棚。このお店の基本的な棚構成は、上段に単行本、下段に同ジャンルの文庫本というカタチになっているようだ。左端の通路壁棚上段は、文化・出版・日本文学・文学評論・詩歌・幻想文学。下段には日本文学文庫・エッセイ・旅・健康・食・スポーツ・趣味・山・アウトドア・詩歌・幻想文学など、細分化された文庫棚が続く…これはスゴイ！　奥の空間には、引き続き幻想文学と探偵・伝奇小説、カルト系コミックが収まる。右の通路棚は日本文学文庫・時代小説文庫・民俗学・江戸・東京・郷土本・性愛・官能と並んでいる。レジ前には横溝正史&江戸川乱歩棚もある。

真ん中の通路は、左側に哲学・思想・科学・海外ミステリ&文学。右側には自然科学・歴史・古典・日本近現代文学・芥川&直木賞受賞作…こちら側はすべて文庫である。入口右横には美術図録やビジュアル本、そのまま奥に美術・技巧書などが続く。

一番右端の通路は、壁際に美術・写真・建築・工芸・音楽・芸能・映画・演劇と、文庫を交えて並んでいる。左の棚は上段にズラリと音楽単行本。下はラックになっており、映画関連のビジュアル本が飾られている。この通路の奥は、暖簾で区切られたアダルトコーナーとなっている。店内天井近くには、コミックス表紙の縮小コピーが多数貼り付けられ、在庫が分かる仕組みに。

ズバリここはいいお店です！　品揃えはバッチリで、ジャンルの細かさとセレクトの厳密さには、ただただひたすら瞠目！　文庫の並びに非の打ち所なし！　古い本も並ぶが、本にはすべてパラフィンかビニールが掛けられ、丁寧に扱われている。そして値段もお手頃なのが嬉しいところ。あぁ～見るのに時間が掛かった。買う本を選ぶのにも時間が掛かった。レジのご婦人に本を渡し、精算と共にスタンプカードを作ってもらう。…あ、緑色。この色はどうやらお店のシンボルカラーのようである。角川文庫『九州文学散歩／野田宇太郎』、紀伊國屋書店『アウトサイダー／C・ウィルソン』、ブルースインターアクションズ『雲のごとくリアルに／北山耕平』を購入。

林家書店

商店街に溶け込む地元型

営業時間 11時〜22時 **定休日** 火 **電話** 03・3931・1613

南口を出ると、小さな広場の向こうに上板南口銀座のゲートが見える。そこを潜って商店街に入り込み、中ほどで折れ曲がる部分を過ぎると、右手マンション一階にお店が見える。ちなみにこの商店街には他にも二軒の新刊書店があり、中々本に対して篤い街となっている。

店正面左側に巨大な緑色テント地の店名看板。軒には同素材の日除けがあり、下には雑誌ラック三台・廉価コミック回転棚・廉価コミック棚が三本置かれ、非常に賑やかな店頭となっている。それに加え右側面にも五本の壁棚が展開。一冊１００円三冊２００円文庫&単行本が収まっている…日本交通公社『新婚旅行の手引き』という新書が笑える！ こちらにも日除けと小さな出入口あり。外に開かれ、お客さんの出入りも多く、活気のあるお店である。

正面から中に入ると、素っ気無く棚が並ぶ白い店内。右壁は出入口を挟んで本棚に覆われ、真ん中に背中合わせの棚が三本、左奥はラック付きの棚が置かれ、その奥にアダルトゾーンが造られている。出入口の両脇にラック、店の奥には乱雑だが絶妙なバランスで積み上がる巨大な本の島があり、その左端に帳場が埋もれている。

出入口右横ラックにはムックとビジュアルムックが乱雑に並ぶ。右端の通路はコミックと少量のゲーム攻略本、二番目の通路もコミックで埋まっている。そこから見える店奥の本の島の向こうに、辞書や自然が並ぶ棚がチラリと見えている。

右から三番目の通路には、右側が作家五十音順ミステリ&エンタメ文庫・ラノベ・海外文学文庫、左側が教養系文庫・雑学文庫・時代小説文庫・新書・ノベルスが並ぶ。出入口左横には実用ムックと児童文学。

左端通路の左側には、児童文学・ビジュアルムック・写真集・映画・大判本。右の通路棚には、最近刊文学・サブカル・タレント・日本文学・探偵小説・随筆・風俗・落語・歴史と並ぶ。並びは雑だが、ここには古い本も集まっている。

基本は完全な街の古本屋さんだが、落語・歴史はその枠を超えている。値段も街のお店に相応しく、庶民の味方な安い設定に拍手！

本を手に帳場へ向かうと、そこにはマスクをアゴに引っ掛け、おばあちゃんがチンマリと座っている。「いらっしゃいませ、ありがとうございます」とマイペースなおばあちゃん時間での応対。本の値段を確認しながら、声に出して暗算で計算して行く…と突然、そのウチの一冊に疑問を放ち始めた。「あら、これは400円。高いわね〜。何でこんなに高いのかしら？ねぇ何でかしらね？」と掟破りな質問！「あ、ちょっと古いからじゃないですか？」「だってほら、元は280円よ。それより高くなっちゃうなんて…これはいい本なの？」「いや、どうでしょう…」とあまりに素朴なおばあちゃんに、長嶋茂雄的返答しか出来ない私…。

おぉぅ、こんな古本屋さんもあるんですね。心がザブンと洗われました。旺文社文庫『雪まろげ／安藤鶴夫』、創元推理文庫『殉教カテリナ車輪／飛鳥部勝則』、朝日文庫『江戸東京《奇想》徘徊記／種村季弘』を購入。

司書房

古本＋紙物＋古道具の三つ巴

営業時間 14時〜23時　定休日 大雨の日　電話 03・5921・6356

　駅から南の川越街道。緩やかにカーブする道を東へと進んで行く。庚申塚と巨木を右に見つつ、緩やかな坂をさらに進む。豊島園通りを越えた所にお店がある。マンション一階店舗スペースの一軒だが、隣りの二軒はシャッターが閉まっている。そのため、お店の店頭台類がアリの行列のように、建物沿いに横に伸びて来ている。そこに並ぶのは、雑誌・レコード・古道具・ビデオ・紙物・額装画・和本・アダルト雑誌…そしてコケシ…本は見当たらない。看板には簡略化された街の絵と店名…太陽グルグルでちょっと不思議な感じ。

　しかし中はしっかりとした古本屋さん。両壁は本棚、目の前の雑誌ラック裏に背中合わせの棚が一本、さらにその奥に背中合わせの棚が二本置かれ、最奥にレジがある。右壁には様々なジャンル&時代の単行本が収まる。文学・ノンフィクション・文化・宗教・科学・エッセイ。合間に古い本が頻繁に登場する。その横には児童書・絵本、古そうな巨大なコピー機があり、上には鷹の置物とアイドル系写真集。その前にはラックも置かれ文学全集などが並んでいる。向かいには実用本が揃い、端には音楽本&雑誌も。裏側には、図録・ビジュアルムック・実用ムックなど。左の壁際は、入口近くに兵器&武器雑誌、文庫・新書・漫画&絶版漫画と続く。

　奥のゾーン、右端の通路はアダルトと官能&時代小説文庫、真ん中の通路は両側とも日本文学文庫、左端には岩波を中心とする教養系文庫、壁際には辞書・映画・歴史が並ぶ。足元にはアニメムック・映画パンフ・紙物・民具なども。

　各棚に唐突に古い本が出現するのが驚きである。教養系に絶版文庫アリ。値段は普通前後。非凡閣『新選大衆小説全集3 牧逸馬篇』を購入。

トトロ

福祉系には良店多し

電話 049・266・2917

駅東口を出て駅前名店街の名を持つ、ちょっと古びた商店街を南東に進む。そこを抜けると五叉路の交差点。横断歩道を渡り、寂れた商店街風の中央通りを東へテクテク。300メートルほど進み、ひとつ目の信号から、南西にカクッと鋭角に曲がり込む。細道を先に進むと、掘っ立て小屋のようなポツンとある飲み屋の向こう、白いビルの一階が目指すお店である。

左側に入口らしき扉があり、右側を向けば手書きのチラシがペタペタ貼られたガラス窓。〝値段改定のお知らせ〟〝出張トトロ〟〝本を読みませんか〟〝蟹工船ついに映画化〟などなど。角には黄色い幟がはためき、〝古本〟の文字と共に団栗の絵と本と空き缶が握手をした、リサイクルを連想させる絵が描かれている。建物の右側に回り込むと、どうやらこちらがお店の正面のようで、上階のベランダ下から木の看板が下がり、店名が勘亭流で刻まれている。扉枠や窓枠も木製で、店頭には古着とビジュアル本の詰まった箱が置かれている。

カラリと引き戸から中に入ると、何だか不思議な雰囲気の店内。手作りの小さな箱が連結した棚が壁を覆い、分類が大きな文字でしっかり細かくされている。店内は二つの部屋に分かれており、こちらは壁棚フロア棚含め、コミック・参考書・辞書が並んでいる。

左奥に進むと、マシンガントーク的な息継ぎの無い話し声…チラと横に目をやると、喋っていた女性が気付き、一瞬驚くようにしながらも「いらっしゃいませ」…再び何事もなかったかのように話し始める。奥の帳場にはもう一人女性がおり、何やら読みながら受け答え。どうやら忙しなく話している女性は障害者の方らしい。話を聞いてるのが一般の所員の方なのだろう。なるほど！　ここは障害を持つ人が働く施設なのか。妙な店名や大きな文字、児童館のような店作りに納得がいく。パン屋とかケーキ屋ではなく、古本販売を店舗を持って営業しているのは、中々珍しいのではないだろうか！

　ちょっと感心しながら棚を見続ける。部屋の境目には児童書・絵本の棚。上部には、右部屋に実用ノベルスと中公新書、左部屋には絶版文庫棚が設置されている…うぅ、首が軋む。そのまま左の部屋に滑り込んで行く。何やら作業中なのか、こちらの棚には空きが多い。

　壁はまたもや箱のような細かい棚、フロア真ん中にも立方体のような棚が二つ置かれ、左奥に作業場兼帳場がある。真ん中の手前島はコミック、奥は宗教・社会・海外文学文庫など。右壁には作家別日本文学文庫（旺文社文庫スペースあり）。奥壁は時代小説文庫・日本純文学文庫・ティーンズ文庫が並ぶ。左壁は出入口横に教養系文庫が並び、真ん中におススメ本、奥に音楽や文化・美術と続いて行く。上部には岩波新書や中公文庫がビッシリ。

　どうやら棚の入れ替え中らしいので全貌はハッキリと摑めなかったが、コミックと文庫が豊富である。通路は狭く、棚の上部と下部を見るのに一苦労。文庫は絶版も多いのでワクワク出来る。しかも安い！

　お店の二人は相変わらず色々話しながらも、ガッチリタッグを組んで棚に本を並べて行く。私は上部の棚から、背伸びをしてプルプルと本を抜き出し、作業中の二人に声を掛ける。すると所員さんではなく、マシンガントークの彼女がレジにスルリと立った。レジはバーコードをピッと操作、値段を告げ、チラシを本に挟み、お金を受け取り、本を手渡しながら「ありがとうございます」。普通のことである。当然のことである。しかし、古本修羅の心がサラッと洗われた瞬間でもあった。角川文庫『乗りもの紳士録／阿川弘之』を購入。

旅猫雑貨店

和物雑貨と古本の幸せな空間

営業時間 12時～19時（土日祝11時～18時）　**定休日** 月、第3火　**電話** 03・6907・7715

駅から線路沿いに北へ。左手に大鳥神社が現れたら、踏切から延びる南東への道に曲がり込む。その弦巻通りで、所々に情緒ある古さの残る住宅街を、ウネウネ進み続ける。次第に商店街の気配が濃厚になって来ると、右手に町に馴染んで、小さいが存在感のあるお店が出現する。

パッと見は雑貨屋である。看板には〝和雑貨と古本〟と明記してあり、チェシャ猫のように笑う黒猫のイラスト。まずは店頭に飾られた和玩具類と共に、安売りの古本箱。

中に入ると足元に古本、一歩進むとまた足元に古本、そして右の壁に違い棚風に収められた古本の列が続く。量は雑貨より遥かに少ないが、「暮しの手帖」関連・猫・陶芸・民芸・京都・食・竹久夢二など厳選された本が、雑貨とシンクロしつつ、お店の雰囲気を作り出している。本はみんなお安め。

和物雑貨は見たことも無い物、実用的な物、ちょっと意味なく欲しくなる物などを大量に売っている。本を買う時値段が見当たらなかったのだが、丁寧に店番の人が私に断りを入れ、店主に電話で確認。懇切丁寧な対応である。またここは時々、小さいながらも変わった目線の古本関連イベントを開催しているので、その時は普段とはちょっと変わった棚の様子が楽しめる。

このお店はこの町にすっかり馴染んでいるが、ここを必要としているのは、町の外から来る人なのだろう。何か不思議である。ハヤカワ文庫『おかしなネコの物語／乾信一郎』、暮しの手帖社『一銭五厘の旗／花森安治』を購入。

かすみ書店

後世に残すべき古本屋文化遺産

営業時間 13時〜21時 **定休日** 不定 **電話** 03・3917・7377

地蔵通商店街を進み続け、都電・庚申塚駅を越え、庚申塚通りをさらに進むと左に見える。ここまで来ると人通りも少なく、普通の商店街並に。しかし各お店の昭和度がかなりスゴイ。もちろんこのお店も昭和度抜群である。

店頭には二つのワゴンが置かれ、左は文庫、右は廉価コミックが平積みタワー状態。〝入口〟と小さく書かれた木製の戸を開けて中へ。カラッと滑りがスムーズでとても気持ちがいい。店内に流れる小さなテレビの音…奥のガラス障子の向こうに誰かいるようだ。しかし誰も顔を出さない。高い天井、綺麗に掃かれたコンクリの床、家屋と一体化して同じ時を過ごしてきた本棚、風が吹くとガタガタ震える板ガラス…。

右側の壁際にはコミック、レジ横にはハーレクインと全集の端本が並んでいる。向かいは小説文庫、下にアダルト。レジ周りは多くの本が積み上げられ、住居との通路部分が何とか確保されている。右側の通路棚は小説と時代小説の単行本、下にアダルト。向かいの壁棚は、ノベルス・海外文学・小説・レジ近くに古めかしい学術書や洋書の揃い事典などが並ぶ。奥に入るほど通路に積み上げられた本が多くなり、棚の下半分を覆い隠してしまっている。古い本は学術書と、棚の最上段に並ぶ文学本と全集の端本くらいである。

店内は雑然としているのに、清掃が隅々まで行き届いている。そしてこの大量の本と、ガラス障子一枚隔てた向こう側では、二人の女性がテーブルに両肘を突き会話を交わしている…こちらとのギャップも相まって不思議な光景…。しかし彼女らにとっては、これは全くの日常。出口扉はさっきより軽快に「ラッ」と開いた。ちくま文庫『科学はどこまで行くのか／池田清彦』を購入。

山遊堂

二階に上がれば目から鱗

電話　03・3914・9400

駅前から北東に向かう明治通りを進み、通りが右に折れる場所に建つ。看板を見ると赤羽・鳩ヶ谷・西川口（赤羽と西川口は閉店）に支店があるようだ。

店前の壁にはハードカバーと文庫の均一棚。所々隙間が開き本がナナメになっている。その前の路上には雑誌や廉価コミックを載せたラックが二つ。

店内に足を踏み入れると右横がレジ。そして出迎えてくれるのはゲームやCDを満載した低めのラック。どうやら古本は奥にあるようだ。雑誌や音楽の棚を左に眺めながら奥へ。四本の背中合わせの棚があり、わりと新し目の本が、料理・生活・自然・紀行・都市風俗・エッセイ・社会・実用書・スポーツ・映画・演劇・芸術などのジャンルに分かれ収まっている。しっかりしているが普通のリサイクル書店とそう変わらない。特徴的なのは、奥の壁際を大きく占める鉄道&ホビー雑誌だろうか…などと思いつつレジに向かおうとすると、左に上階への階段を発見！　何と二・三階が存在するのだ！　手にしていた本を取りあえず棚に戻し上階へ。

新書の棚と化している階段踊り場を通過、二階に到着すると右側に全集の棚。函入り本たちが、ちょっと邪魔者のように端に並べられている。正面には休憩スペースがあり、椅子・テーブル・自販機が設置され、古本迷宮で吸い取られた体力を回復出来るようだ。しかしそこにもラックが置かれ、社会学など硬めの本が並ぶ…油断大敵…。

左がフロアになっており、壁は棚、店内には三本の背中合わせの棚、それらと垂直に一本の棚が置かれている。右のレジ奥にはアダルトスペースが見える。レジ横には新刊コーナーがあり、ここ最近の小説が多くディスプレイされている。

左の壁から見ると、海外文学・哲学・思想がパラフィン紙を掛けられ並ぶ。下の平台にもビッシリとおススメ本。向かいは江戸&東京関連・岩波文庫・宇宙・自然科学など、こちらも硬めな棚。うーん、この階はリサイクル書店とはちょっと違うなぁ…それは奥に進むほど確信に変わっていく。

奥の壁際は歴史から始まり、戦記・文学評論・評伝が制圧。平台にはこれも充実のおススメ本が豊かに並び続ける。

本自体は下の階と同様、さほど古くは無い。しかし棚に豊かさがあり、意志が感じられる。この狭い空間での焦燥感と充実感……どこかで味わった覚えが…と考えていたら、たどり着いたのは在りし日の「本のデパート・渋谷 大盛堂書店」！　あの古いビルの上階に溢れていた雰囲気に似ているのだ。いつでも、見たことの無い本、それでいて読みたくなる読めそうな本に出会えるのは、嬉しいことである。

右の壁は日本文学・ミステリー・時代小説、奥にアイドルの写真集がギュッと収まっている。フロアの棚には文庫が並び、二階に上がって来るほとんどの人はこの棚が目当てのようだ。三階も一回りしてみたが、すべてコミックだった。値段は2／3〜半額が多く、汚れやキズのあるものは安い値が付けられている。決して一階を見ただけでは帰ってはならない、リサイクル書店の皮を被った狼である。新水社『サム・シェパード／ドン・シーウェイ』を購入。

ろここ書店

乱雑通路を突破して進め

電話　03・3914・5608

梶原駅近く、明治通り沿いにある。通りに並ぶ小工場や店舗に紛れ込んだ古本屋。店頭には金魚すくいの水槽のような丈の低いワゴン。廉価コミックやCDがスペースを大きく残し並んでいる。入口左にはガチャガチャと、ノベルス・コミックの詰まったラック。

店内に入ると右側に雑然としたレジスペース。本の垣根に囲まれた店主が、パソコンとにらめっこをしている。通路にはあらゆる所に、ダンボールや本・雑誌などが、不規則に置かれている。取りあえずは歩ける所を進んで行こう。

壁は本棚、中には三本の背中合わせの棚。一番目の通路はダンボールで遮られているので、二番目のコミック通路を進む。奥で左へ回り込むと、足元にミニカーの詰まった袋が転がる。仕方なく飛び越えて入口方面へ。壁際の棚は最近の文庫が五十音順に並んでいる。奥に少量の絶版文庫、向かいに趣味実用・スポーツ・ミステリーなどのハードカバーが収まる。奥の壁には少量の新書。奥から三番目の通路では、さらにダンボールが邪魔をする。覗き込むと、通路は惨憺たる有り様。だが向こう側からは入れそうだ。二番目の通路をレジ前まで戻り、三番目の通路に入ろうとすると、足元には開けられたままの本の入ったダンボール。どうも跨ぐには抵抗があるが、一つだけだしあきらめる訳にもいかないので、これも飛び越える。すると右には充実の幻想文学・探偵小説。中でも中井英夫の本が多く揃っている。奥には芸能と古代史。向かいは手前がラックになっており、古い漫画雑誌・グラビア誌・アダルト誌と、何だか男の成長を描くような並び。その横には幻想・探偵・推理の絶版文庫、奥には海外文学が並ぶ。四本目の通路はアダルト専門。角川文庫『新東京文学散歩／野田宇太郎』を購入。

まだ遠い光
歌うクジラ
アメリカ風俗マップ
民話の再発見
春の夢
風の王国
さくら動物病院

まだまだあります、古本屋

東武東上線

◉大山駅　遊座大山の「銀装堂書店」は小さいが、多ジャンルにマニアックなこだわりを見せ、高確率で楽しめるお店である。絶版文庫も多い。

◉ときわ台駅　北口から西に行くと「高田書房 常盤台店」。レコード＋古本＋雑貨のお店だが、妙に古い本がみつかることもしばしば。

◉上板橋駅　南口側の北一商店街には、マイナーチェーンの「ブックセンターサカイ 北町店」がある。店内は純度の高い大衆リサイクル店である。駅南口にほど近い「BOOK STYLE」は、カルチャー・ファッション・芸能・アダルト雑誌を主としたお店である。文庫や単行本も少々あり。

◉東武練馬駅　北口の不動通りには「和光書店 本店」がある。二つのお店が並ぶ不思議な構造で、手作り感あふれる什器が不思議さに拍車を掛ける。左はコミック、右は倉庫＋文庫となっている。

◉成増駅　板橋区赤塚支所の近くには「コミックジャングル」が、小さな商店たちと共に肩を寄せあっている。コミック中心の中に、一本分の雑本古本棚が嬉しい。

◉志木駅　駅南口サティ通り沿いのマンション奥には「ブックス友」。緩いリサイクル的棚造りは見るのに時間が掛かるが、その分何かに出会えるかもしれないという希望が、常に胸に渦巻いてしまう。

◉上福岡駅　川越街道沿いには「ブックブック大井店」。黄と赤が企業カラーの、店名表記に統一がないリサイクル系マイナーチェーンである。どこもきれいな近刊の創元推理文庫に出会う確率が高い。駅からはかなり離れているが、大きな倉庫のようなアンティークショップ「SUNDAY GARAGE」は古本棚をしっかりと備えている。図鑑や児童書が目立ち、安値が付けられている。

都電荒川線

◉都電雑司が谷駅　弦巻通りの奥の奥にある半地下のお店は「ジャングルブックス」。占いもする変種のハイブリッド店だが、棚造りは豊かで堅実。当然占い関連の棚も充実している。

◉滝野川一丁目駅　下町商店街のふれあい通りで、見事なまでの昭和の古本屋的外観を保つのは「龍文堂書店」である。プレステ2が相棒の店主と共に、完全大衆店として営業中。

◉王子駅前駅　「リバティ鑑定倶楽部」は、北本通り沿いにあるビルに入った大きなリサイクルショップ。古着やアクセサリー類が幅を利かせているが、二階への階段壁や、二階にはちゃんとした古本スペースが存在している。駅北側の古い集合住宅一階には、「古書カフェ くしゃまんべ」がある。小さな元ラーメン屋（と言っても和風造）の店内に、アート・演劇・大道芸の古書を並べている。

◉梶原駅　「梶原書店」は駅ホームに直結した古本屋として有名で、煙草や新聞も販売し、駅売店の役割も兼ねている。荒れ気味の店内は雑本だけではなく硬めの本もチラホラ。

◉東尾久三丁目駅　「サンマリンブック」は入口に大きな店名ゲートを持つリサイクル店。コミックがほとんどだが、四本の古本棚は１００均文庫と３００均文庫で占められている。

◉町屋駅前駅　尾竹橋通りには「古本応援団」がある。景気の良い名前だが、新しい本や自由価格本がほとんどのリサイクル店である。

◉三ノ輪橋駅　下町商店街ジョイフル三ノ輪の入口には「古書ミヤハシ三ノ輪店」がある。北東京に根を張るマイナーチェーンの大衆店だが、おそらく一番立派な店舗で、時々古い本が紛れ込んでいることもある。

板橋書店

本がひしめく大衆的大型店

電話 03・3961・1310

駅西口のロータリーから、北のいたばし縁むすび通りへ。そのまま西へ進み新板橋メトロ通りを北へ。そして通りの途中で西にのびる新板中通りに入ると、お店はもうすぐそこ。

マンション一階の店舗で、「裏通りにこんな大きなお店が…」とちょっと驚き。上を見上げると、巨大な壁看板とテント看板。その下には長めの、ピンと張った黄色い日除け。そこには店名と共に〝古書の殿堂〟と大書されている。

店頭には50円文庫と単行本・雑誌にムックなどが並ぶ棚や平台がひしめいている。しかし値段が二桁というのは安過ぎるために、モノか不要物かの境界線に立っている切なさを感じてしまう。

二ヶ所ある出入口の左から中へ。棚が多く広めで、適度に年月が経過した雰囲気。右側に横長の帳場があるが、店の前面と共に通りに沿っているため、店内から見ると斜めになっている。そこでは半袖半ズボンの職人のような風貌の店主が、ノートパソコンを眺めている。

壁はぐるっと本棚で、帳場後ろにもつながっている。真ん中には縦に三本の背中合わせの棚が置かれ、その足元は積み上げられた本や小さな棚で固められている。また、左側奥は少し深くなっており、それに合わせて左端の棚も長くなっている。

左側の入口付近はごちゃっと棚が入り組み、風俗・江戸・趣味・民俗学・歴史・古代史が収まり、左奥に向かうと海外文学・日本文学・時代劇&歴史小説が並んでいる。向かいの通路棚には、古代史・実用・海外文学が収まる。

奥壁棚には、日本近代文学・文学評論・美術・図録・映画・音楽が集まっている。二番目の通路、左側には文学評論・アダルト・文化・写真集・中国関連・

戦争が収まる。入口近くには「板橋書店」の歴史をたどるパネルや、お店についての新聞記事・本のコピーなどが飾られている。右側には文学文庫が絶版も含めてズラリ。

　三番目の通路は、左に教養系文庫…そして中ほど下に地図があるらしいのだが、本の生き埋めになっており確認は不可。ちなみに５００円以上の文庫は一割引とのこと。右側には、ノベルス・経済関連が並ぶ。奥の壁棚には、自然・山岳など。

　右端の通路は、通路棚にズラッと新書、壁棚に法律・経営・パソコン・哲学・思想・写真集・ビジュアルムック。そして帳場横に少量のコミックと辞書類。

　本の量も質も棚も、非の打ち所のない良い感じ。店内の所々にジャンルや本を示す短冊が下がっているが、中には多量の本のため、前述のように生き埋めになっているジャンルも。お値段は普通でお手頃の感。本を持ってレジに向かうと、店主はポツポツと落ち始めた雨粒の様子を見ながら、店頭を調整中。声を掛けると帳場に戻りながら「嫌な雨が降ってきたな」と独りごち、ニンマリと笑顔。

　外に出ると確かに降ったりやんだりの嫌な雨。そうか、ここは新板橋も近いのか、と思いつつ重くなったカバンを肩に、帰路に着く。甲鳥書林『第三 冬の華／中谷宇吉郎』、角川新書『名人／西山松之助』、ちくま文庫『星の歳時記／石田五郎』を購入。

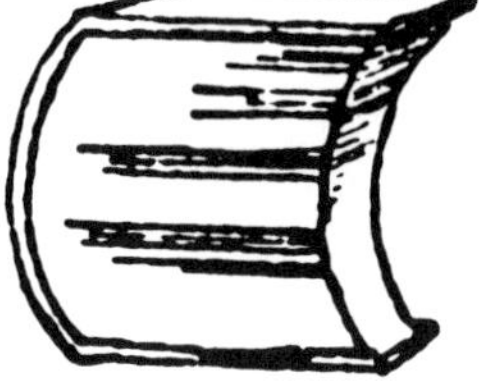

平岩書店

店頭は一般書、店内はアダルト

電話 03・3900・5525

駅西口、ロータリーの奥にあるイトーヨーカドー裏手、弁天通の先にお店はある。歩道を店に近付いて行くと出迎えるのは、敷地から路上に飛び出さんばかりの大量の本！　入口両脇の大きい壁棚と三台のラック、三本の棚…何よりも凄いのは、台車にドッサリと横積みされた単行本！　見ているだけでギシギシ音が聞こえてきそう…緩々と動き出したりしないだろうか…。その横にも横積み雑誌満載のラックが…細いフレームにこの量は暴力的ですらある。雑誌・単行本・コミックが大体100円の安値で。壁棚には100均の単行本と文庫本が詰まっている。店内よりこちらの方が古い本となっているようだ。下段には多様な文芸雑誌も。棚や積まれた本はキレイに整頓され、乱雑さはまったくない。この壁棚前は、左右とも外側に300均写真集の箱が置かれている。

店内は薄暗い逆L字型。壁はすべて本棚で、左側に横向きの背中合わせの棚が一本。右奥にも背中合わせの棚が一本置かれている。面白いのは部屋の角が面取りされ、そこにも棚が設置されていること。これだけで「本の世界」の濃度がかなりアップした感じが。左スペースはほとんどがコミックで、奥の通路に最近刊文芸本・戦争関連・ノベルス、そして五十音順ミステリ&エンタメ文庫がそのまま正面の壁に続いていく。その奥には時代小説&歴史文庫と実用・囲碁・将棋など。後はすべてアダルトで埋まっている。

値段は安め。途中、さっきまでレジに座っていたご婦人が、右壁のアダルト棚を両手で掴み、そのままトトトと後ずさる。おぉっ、壁棚が動いている！　少しずつ光溢れるナゾの小部屋が姿を現す！　それはまるで天才科学者の書斎にある、秘密の地下室への入口！　新潮文庫『深川安楽亭／山本周五郎』を購入。

古本くらの

木床の息の長い古本屋

営業時間 12時〜20時半 **定休日** 日 **電話** 048・441・8880

雨降りの街に浮かび上がった駅の高架ホームから、二階を経て東口の小さな駅前広場へ。目の前の小さな通りを東へ進む。左に赤い丸ポストが立ち、右側には小さな畑…この先に古本屋さんがあるのか不安になる、目立つランドマークなど見当たらない、いきなりの住宅街である。

ひとつ目の十字路をそのまま進むと、右手に何やら不思議な建物が見えて来た。横から見ると、平屋に平屋を継ぎ足したような建物…しかし中には麗しき本棚の姿！

軒はただ白く看板も無く、その下に三つの電球が輝き、『ドラゴンボール』のイラストを貼り付けた、頼りないサッシを照らし出している。出入口は左右に二つあり、左端に喫茶店のような〝古本・CD〟の看板。カラッとサッシを開けて一段高くなった店内に入ると、まるで昔の町の集会所のような、木材に囲まれた空間…ゴトゴトと靴音を響かせるが決して軋まぬ頑丈さを持つ木の床、年季の入った木の本棚、通路の所々に屹立するか細い木の柱。懐かしい風合いで構成されたお店は意外にも広々としており、左奥にも広がっている。

壁はぐるっと本棚、真ん中に背中合わせの棚が二本、左奥のスペースにも背中合わせの棚が二本。奥のスペースとの境に帳場があり、ゲームソフトと射撃の人型標的に守られた、昔の少女漫画家のようなご婦人が店番中。店内BGMのちょっと暗めな70年代歌謡曲に乗って、棚を眺めて行く。

入口右横には児童文学とアニメムック。右壁はコミックが並び、向かいの通路棚と真ん中通路もすべてコミックとなっている。奥壁には渋い色合いの絶版漫画棚もアリ。左端通路に古本が姿を見せ、右の通路棚には時代小説文庫・日本文学文庫・海外文学文庫・ハーレクインが並び、下には古めのＶＨＳビデオが置かれている。

左壁棚は、雑誌・サブカル・ＴＶ＆アニメ＆特撮単行本・ノンフィクション・科学・実用・新書・実用ムックと収まっている。帳場前を通り、ゴトゴトと左スペースへ。ここはほとんどが音楽ＣＤとゲームソフトの棚となっているが、良く見ると古本もチラホラ。まずは帳場横にコンピューターと音楽雑誌。

そして左奥手前側隅に写真集とホビー雑誌・フィギュア関連など。さらに一番奥の通路棚は、すべてゲームソフト攻略本が詰まっており、ファミコン＆スーファミ時代の本も大変充実。また棚下には箱入りのスーファミソフトが、レンガのように積み上がり圧巻。

素敵な街の古本屋さんで、コミックとＣＤがメイン。古本はサブカルムックと攻略本が突出し、とても不思議な存在感を放っている。駄菓子屋のような地元密着型が基本にはあるのだが、昔ながらの古本屋という感じではない。それなのに、一定の味が、このちょっと子どもっぽい空間から、流れ出しているのだ。

しかしこのお店、以前に戸田公園に来た時は、存在すら感知出来なかった。後にここは、昔からこの場所で営業し続けている、息の長い古本屋であることを知る。戸田公園の人たちは、なんて幸せなんだ。値段は安め〜普通。風塵社『仮面ライダー名人列伝／平山亨』を購入。

橋本書店

古本屋の床を彩る小石

電話 048・664・2343

大宮駅西口五叉路を北上した、国道17号沿いのお店に息を切らして駆けつけると、その外観がまるで、本を積み重ねたように見えなくも無いのがちょっと面白い。今は点いていないが、ネオン管が店名を形作っている。夜はさぞかし派手に輝くのだろう。

店頭には左右に棚が一本ずつ。右は雑誌・ムック・全集・コミック・単行本、左にはノベルスと文庫が並ぶ。中は縦に細長く、両の壁は本棚。真ん中には背中合わせの棚が一本。足の裏から伝わる床の感触が何だか不思議…と思い視線を足元に落とすと、モザイク状に小さく丸い滑らかな小石が埋め込まれ、美しい文様を描いている。

左の入口横はムックの棚、壁際は日本文学文庫から始まり、奥へ向かうにつれ岩波・中公・各社の絶版文庫・新書へと変わって行く。奥の1／3は向かいの棚も含めアダルトコーナーとなっている。入口近くの通路棚は、児童文学・民俗学・古代史・美術など。右側の通路・入口横はスパイ・ファシズムなどの戦争関係。壁際は、哲学・思想・映画・オカルト・自然科学・伝統芸能・江戸&歴史・戦争・埼玉本・郷土史・辞書・詩歌・文学評論が収まる。向かいの棚は、ハーレクイン・ふるさと&民話の本・食・海外文学が並び、奥はコミック棚となっている。

通路には所々に本が積み上げられているが、棚には寄せておらず、そのおかげで棚の下までしっかり見ることが出来る。奥のレジには、宮崎学と立花隆を足して二で割ったような風貌の店主。本を差し出すと「いらっしゃいませ！」とテンション高く、腰の低い丁寧な応対。本は安くて嬉しいです。新潮文庫『魂の森を行け／一志治夫』、文春文庫『史実を追う旅／吉村昭』、講談社『酔人・田辺茂一伝／立川談志』を購入。

古ツア定点観測店

プラハ書房

蒲生駅
東武伊勢崎線

自動車教習所横の住宅街で、沈む夕日を眺め、重い古本を抱え、いつも感じることがある。何故ここに、こんな楽しいお店があるのだろう。放置されたような店頭ワゴンで何かが見つかることはほとんどないが、店舗に一歩踏み込めば、すぐさま落ち着きを無くして血眼状態に陥る。安売文庫ワゴンとノベルス棚に目を走らせてから、右から二番目の通路に勇んで飛び込めば、そこには日本近代文学&大衆文学の仙花紙本が、時間と空間を歪めてドッサリと並んでいる。見難い書名を、一冊一冊確認して行く作業は、じれったいがドキドキするものである。棚の裏にはさらに女流作家や時代小説がドッサリ。いつでも「なぜこんなに?」と古書の収集力に感心しながら、抱える本が増えて行く。下の棚平台や、左奥の児童文学棚も魅力的。

あざぶ本舗

店も古本も一期一会

営業時間 8～11時、15～20時（月は15～20時のみ、土日12～18時） **定休日** 水、第2火 **電話** 03・6908・4992

駅東口の階段を下りて、目の前の万国旗が翻る東十条商店街を東進。信号のある交差点をひとつふたつとよぎると、人影が段々疎らになってくる。すると右手に白壁の質素なお店が現れた。店頭左は安売り壁棚ではあるが、様々な値段の単行本が収まり、堂々たるお店の顔となっている。右には100均文庫ワゴン。

入った所は傾斜になっており、三本の通路が奥に延びて行く。コミックと絶版漫画・漫画評論・最新入荷本棚・時代小説文庫棚・出版社別文庫棚・歴史・戦争・古書の多い単行本棚は、ジャンル的にはっきりしているが、中に進むと、各通路に括られた本の束が積み重なっていたりする。

店主とお話しするうちに、この東京の辺境、東十条の商店街で、古本屋を営む工夫とアドバンテージに、激しく興味を覚えてしまう。この地に住んでみないと見えて来ない、人々の層と活動時間帯、それに物価の安い土地柄と値付の相関関係…。平日の営業時間が八時～十一時＆十五時～二十時と変則的なのも、そこに秘密があるようだ（本当は午前六時からお店を開けたいらしい）。

そして重要なこととして、このお店は、「お客自身がお店に足を運び、体験したことが「あざぶ本舗」である」というポリシーを持つ。お店は常に変化している。つまりはお客とお店と古本の、〝一期一会〟をとても大事にしているのだ。だからお店を訪ねる時は、この記事にも惑わされず、どうかまっさらな心持ちで、古本とお店を楽しんでいただければ幸いである。ブレーンブックス『マンガ・エロチシズム考／草森紳一』を購入する。

防止 活動中
CHAGE&ASKA

創文堂書店

電話 048・251・0592

街の古本屋+マニアックさ

西口ロータリーを突き抜け西川口駅前通りを南西へ。そして県道・川口蕨線を南へ。200メートルほど進むと郵便局の手前にお店がある。…この雰囲気、北関東のお店によく見られるぽっかりとした雰囲気。店頭には脚がダックスフントのように短い木製の平台があり、漫画雑誌が積み上げられている。右の入口から中へ。

壁はすべて本棚、真ん中に小さめの背中合わせの棚が二本あるが、入口側の通路は雑誌の山で塞がれてしまっている。奥にレジがあり、その後ろにも本棚。右側通路は本が乱雑に積み上がり、棚下半分とレジ横を埋め尽くしている。右壁前半と通路棚はコミック。右壁後半に歴史・古代史・文化・随筆など。壁には額装された古いバイクのカタログ。レジでは厳格そうな店主が、郵便物を受け取り「ごくろうさん」と労いの言葉を発している。袋小路の真ん中通路には、海外文学文庫・雑学文庫・日本文学文庫・官能文庫・時代小説文庫・車&バイクのカタログ&雑誌・アダルト雑誌が並んでいる。レジ横の自転車とストーブが巨大な存在感を放射中。左端通路の壁棚には・アダルト・映画・音楽・日本文学・プロレス・戦争・動植物・雑誌・オカルト・民俗学が並ぶ。向かいの通路棚は、オカルト・実用・ノベルスと新書サイズ本がズラリ。

街の古本屋さん…と言ってもいいのかもしれないが、車&バイク・日本文学・プロレス・オカルトに、量は少ないがマニアックさを感じる。値段は安め〜高め。マニアックなものにプレミア値が付いたものも。レジでは店主が厳格にむっつりしている。本を渡すと何故か鍵を取り出し、レジをスイッチオン…エコと言えなくも無い…。トクマブックス『UFO事典/南宏』を購入。

旭書房

絶版漫画に雑誌に紙物

電話　048・432・3700

駅西口ロータリーを突っ切り、駅前通りを西へ。ひとつ目の交差点を渡って南に進むと、右手に目指すお店が姿を見せる。浮世絵・グラビア誌・ポスター・チラシなどが貼られたサッシの前には、安売り文庫の詰まった低めの台が二つと、女性漫画誌が滝のように積み重なる棚が一本。

カラッとサッシを開けて中に入ると、テレビの音が流れる暖かな店内。右壁手前以外の壁際は当然のごとく本棚、真ん中に背中合わせの棚が二本並んでいる。右端通路に進むと、まず目に入るのは壁に飾られた様々な紙物。時代を表すピンナップ・グラビア誌・付録・チラシ・凧などなど。下には付録の歌本や大判ビジュアル本が並んでいる。上の段には３００円均一の古い少年漫画誌がズラリ。奥に映画・性愛・古雑誌・復刻本・古い文学&随筆&実用・和本。帳場横には風俗・辞書が並んでいる。向かいの通路棚には大量の絶版少年漫画と少量の美少女コミック。真ん中の通路は、右に絶版青年漫画・漫画資料本・アダルトが収まり、左には時代小説文庫・官能文庫・エンタメ文庫・雑学文庫・大判ビジュアル本が並んでいる。入口左横には文庫揃いが固まり、左壁にはエッセイ・趣味・囲碁・将棋・戦争・日本文学・最近刊ミステリ&エンタメ・海外文学、帳場横に文学・歴史・文化のカオス棚と続き、下にはレディコミが連なっている。向かいはノベルス・推理&ミステリ文庫・ハヤカワポケミス・中公文庫・岩波文庫が収まる。

絶版漫画や雑誌系紙物が目立つお店で、古い本もポイントとなっている。平日の昼なのに、お客さんも結構多い。値段は普通。絶版漫画の中に、探し求めていた劇画を発見！　ブロンズ社『もうひとつの劇画世界１宮谷一彦集　とうきょう屠民エレジー』を購入。

んぐう堂

良さげなお店は夜に開く

電話　048・885・2988

夜の浦和駅東口。夜七時以降の営業ということで、晩ご飯を済ませての出撃となった。交番前を通過して、すぐに線路と平行して北に延びる、飲み屋商店街に入って行く。ズンズン先へと進んで行けば、やがて道が二股に分かれ、片方は化粧ブロックが敷き詰められた北東に延びて行く東仲町商店会。今度はこちらをズンズン歩んで行くと、途中の横道に先日訪れたばかりの「askatasuna」の明かりが見えた。こちらも随分遅くまで営業しているんだな。

　商店会を抜け出ると、蛸の如き形状の六叉路浦和駅東口（北）交差点に到着。ここからは、西の高架下から続く大通りを、北東に道なりに行く。通りは少し坂になるが、200メートルも進まぬうちに、右手におお！　古本屋さんが！　歩道はいやに暗いので、〃古書〃とある立看板と、店内から漏れ出す明かりが、ことの外輝きを放っている。…それにしても何かを飲み込んだような、けったいな店名だ…。

　大きな窓の前には安売りワゴンがしっかり出されているが、手元を照らしてくれる明かりが無いので、本は極めて見難い状態。店内は変型五角形で、入口左横の角が面取りされている。入口左横から、左壁・奥壁（中間に小部屋的空間あり）・右壁はしっかりした壁棚が設置され、窓際には大きなラックがひとつ置かれている。木床のフロアには背中合わせの本棚が横向きに二本。入口左横には、ムックラックと共に、50〜100円の安売り本山が拵えてある。

　帳場は左奥の本の山に囲まれたスペースで、ニット帽に丸眼鏡の、古本屋が天職と言わんばかりのルックスを持つオヤジさんが店番中。通路には本が多数積み上げるが、全体的に余裕があり店内での自由度はかなり高い。

入口左横の安売り本の山の向こうには、50円&100円単行本とビデオ&スポーツ。その奥の棚は帳場に取り込まれており、文学&美術の本が多く並んで行く。手前第一通路は、窓際に雑誌類・音楽CD・地図。通路棚に日本文学・サブカル・80年代本・絶版漫画（70～90年代）。右壁は窓際から自然・タレント・音楽・旅・エッセイ・都市・文化・スポーツ・文庫・新書・文学評論・全集・古代・オカルト・古典文学・大判ビジュアル本各種。

真ん中通路は、手前側にコミック・コミック文庫・分厚い文庫、奥側にミステリ&エンタメ・日本文学・ビデオ・青年コミック。棚脇に博物学と小型ビジュアルムック棚あり。最奥通路は、通路棚にアダルト（上半分）・海外文学・句集・詩集。壁棚には民俗学・映画・役者・美術・経済・映画パンフ・映画ちらしファイルが並び、真ん中の凹んだ小空間には、壁一面にアダルトDVDが収まり、中心部には古本の山がこんもりと。

単行本中心主義で、何処の棚を見ても発見がある、楽しいお店である。各ジャンル70～90年代が輝いているのだが、特に80年代は後ろめたい光芒を放ちまくっている！　う～ん、面白い！　値段も安め！

本を抱え込んで山の向こうの帳場に声を掛ける。オヤジさんは軽快に計算し、少しサービスもしてくれた。文藝春秋『ウッツ男爵／ブルース・チャトウィン』、早川書房『ミス・リグビーの幸福／片岡義男』、マガジンハウス『オシャレ泥棒／中森明夫』、双葉社『帰ってきた怪獣魂』『南回帰線1／中上健次・たなか亜希夫』を購入し、暗い街の片隅で楽しいひと時を過ごした、夜の浦和に別れを告げる。

まだまだあります、古本屋

ＪＲ埼京線

◉板橋駅　旧中山道にあるのは、店主の特殊な客選別により入店が困難を極める「坂本書店」。たとえ入れたとしても、人文・文庫・コミックの長い通路に留まるのも困難。素速く入り、素速く本を買い、素速く出るしか助かる道はない。国道17号には「木本書店」があり、日本映画関連を充実させている。駅東口の「ブックス橋屋」は、お店の機能を半分自転車屋へと移行し、古本を売りながら、中古自転車販売と修理を行っている。

◉十条駅　十条通り北の町外れにある「鴨書店」は、占い関連書専門店で、可動式書架にどっさりとその手の本を満載している。

◉北赤羽駅　超巨大共同住宅・東京メガシティ前には、クリーニング屋の端に通路のような店舗を持つ「桐北書店」がある。狭く細い店内には、時間が停まった棚に傷んだ本を並べ続けている。

◉南与野駅　「アワーズ」は埼大通り沿いにある、見かけは完全なるアダルト店。だが後ろめたく店内に踏み込めば、セレクト文学やアートや幻想文学がアダルト店の一角を占める不可思議な光景に、喜ぶこととなるだろう。

ＪＲ京浜東北線

◉西川口駅　東口前には「葵書店 駅前店」があり、大きな壁棚を歩道に晒している。店内はコミックとアダルトに力を入れているが、古本通路の奥には古書もしっかりと集められている。青木公園近くの「葵書店上青木本店」は屋根裏のような通路を二階に備え、主にコミックとアダルトを力強く並べている。駅から遠く離れるとリサイクル系の「Ｂステーション」がある。西口の線路際には「一力堂宇佐美書店」があり、一時期閉めていたのを営業再開し、昔そのままの時間の停まった本を販売している。ただし通路に積み上がる本を退かせば、何かが見つかる予感が走る。

◉蕨駅　東口から線路沿いに南に下ったところに、電車からも見える「古書なごみ堂」。文学・風俗・芸能系の古い良書が揃う名店である。駅から北に足を向ければアダルト&リサイクル系の「武蔵野書房　わらび店」。さらに道の先の住宅街には「春日書店」があるが、最近開いていることは少ないようだ。

◉浦和駅　東口商店街の脇道にある倉庫のようなお店は「askatasuna records & co.」。CDとレコードのお店だが、嬉しくなるほどアートやサブカルに音楽、海外文学などの古本を並べている。西口の商店街には「武蔵野書店　ヨーカ堂前店」があり、街の古本屋をちょっと越える棚造りに惹き付けられる。「ブックサイクル」は普通のリサイクル店。旧中山道の北には「金木書店」がある。硬めの学術からアダルトまでを取り揃えた万能店。そして南には「浦和古書センター　利根川書店」があるが、現在はほとんど倉庫状態。店頭に100均本が出ているので、運が良ければ入れるだろう。

◉北浦和駅　東口駅前には「野出書店」があり、一・二階に見応えのある棚を展開している。北の商店街にある「平和堂書店」は新古書リサイクル店。浦高通りで駅から遠く離れると「ブック&トイ・號」にたどり着く。店内にはおもちゃやプラモデルやコミックと共に、雑本古本が集まっている。西口銀座商店街には「古本　喫茶　酒場　狸穴」が夜から営業している。古本に囲まれてお茶やお酒を飲めるのだが、もちろんマニアックな古本を買うことも出来る。店内を徘徊する猫がとてもプリティー。

しん理書房

駅から遠いが行く甲斐あり

営業時間 10時～21時 **電話** 048・268・2848

二番出口から地上に出て、目の前の岩槻街道をまずは北へ。大きな交差点を通り過ぎると新芝川に架かる鳩ヶ谷大橋。これを渡ると右手にすぐに「ブックセンター山遊堂」が現れるが、今日はそのまま川沿い南側土手の芝川サイクリングロードを、西に向かってテクテクと歩き続ける。護岸されてはいるが、草が生い茂り、淀んだ水の匂いが風に乗って鼻に運ばれて来る。二本の橋を通り過ぎ、無骨な青木水門を見上げテクテク…およそ一キロほど進むと竪川樋門公園にたどり着き、川とようやくお別れ。小さな公園を抜けると、南北に延びるオートレース通り…何と素晴らしいネーミング！ そこを北に向かい、またもやテクテク。およそ300メートル先の天神橋交差点近くに、目的のお店である白タイル張りの三階建てのビルが建っている。

うぉっ、開いてる！ 疲れが一気に吹き飛ぶ瞬間である！ 屋上の柵には南側にも北側にも〝古本買入〟の看板…あっ！ 以前来た時（その時お店は閉まっていた）に見た、壁の「創文堂書店」の看板が取り外されている！ 当時はどちらが店名か判らず混乱していたのだが、これにてこのお店は「しん理書房」に決定した。店頭には〝本〟の立看板のみが置かれ、〝本買います〟と〝古書の日〟の幟でさえ、ウインドウの中に置かれている。店前がすぐ道路で、交通量の多さからすると致し方ない処置であろう。さらにそのウインドウには、古本屋さんに似つかわしくない「ZEN LA ROCK」というミュージシャンのポスターが二枚…唐突過ぎるので、何かお店に所縁ある人なのであろうか…？

戸を引き開けて中に入ると、程好い広さでちょっぴり雑然としている。左壁は上部が本棚、下部がラックで始まり、奥の帳場に向かって本棚が二つの角を造り出すように組まれて行く。右壁は普通のスチール棚が続き、フロアには左にラック、右に背中合わせの棚が一本置かれている。帳場の壮年店主は横向きに座り、パソコン操作に従事中。

入口左横には児童本用の回転ラックが置かれ、その役割通り児童本や絵本が収まっている。左壁は上部に美術系&鉄道系写真集、下部のラックにはアイドル系写真集が並んでいる。第一の角付近には新書・児童文学新書棚で、奥の角にはアングラ・社会・風俗・思想・東京・文学・山岳・SMと、ぐにゃっと軟らかで知的な並び。フロアラックにはアダルト雑誌・グラビア系雑誌・古雑誌・特撮ムック・鉄道雑誌などが集まる。スチール棚左面は、日本文学・随筆・文化・ノベルス・時代小説文庫・日本文学文庫となっている。右面はコミック・少女漫画・絶版漫画。入口右横にはコミック・絵本・児童文学がちょっと乱雑に並び、続いて右壁にコミック・児童文学・小林信彦・日本文学・カメラ&写真関連・美術と流れて行く。各通路には未整理本や箱に詰められた本が置かれている。

児童文学・写真関連・雑誌が充実し、趣味性の高い軟らかさが、私にとって好ましいお店である。値段が安めなのも輪をかけて嬉しい。三冊を帳場に出し精算を待つ間、ふと足元に視線を落とすと、そこには石川賢の『ウルトラマンタロウ』…私のトラウマ漫画の一つである。これはいいぞ!と手に取り、どうやら未整理本のようだが、店主に値段を聞いてみる。「あっはは! これまだ値段付けてないんだよね〜。石川さんの本か。これ珍しいんだよ。…汚れてるし、一応初版だけど…ん〜200円でどう?」「いただきます」と即答し、一緒に精算していただく。寝不足&昨夜の疲れがたっぷり残っているが、すべてを吹き飛ばしてくれたお店と店主に感謝! 二度の「ありがとうございました」に送られて、再びオートレース通りの路上。あっ、ZEN LA ROCKについて聞けばよかったかな…。白山書房『秘境の山旅/大内尚樹編』、岩波新書『遺跡保存を考える/椎名慎太郎』、ちくま新書『長崎聞役日記/山本博文』、大都社『ウルトラマンタロウ/石川賢とダイナミックプロ』を購入。

古本のりぼん

小工場的リサイクル店

電話　03・3897・5513

西日暮里から、高架をタイヤで走る舎人ライナーに乗り換え。自動運転の短い車両に揺られ、下町の屋根並みを見下ろし、都電の線路上を通過し、隅田川と荒川を渡りつつ北へ。駅間は短く、あっという間に六つの駅をこなして目的地に到着。

飛行船の腹に張り付く艦橋のような駅舎から東口に出ると、そこは尾久橋通り。北に進むと、すぐに谷在家一丁目交差点にたどり着くので、さらにすぐさま東へ。右手の高い鉄板塀・礫敷きのトタンに囲まれた駐車場と、下町の工場街的風景の向こうに、〝買取 本・CD〟の看板…ほほぅ、それを掲げている建物の姿は、小工場もしくは倉庫にしか見えないではないか。

正面に立つと、建物の横腹から出た屋根が作る影の中に、ガラス張りの入口を確認。軒にはミュージシャン・映画スター・アイドルのポスターが飾られ、ドアには〝古い楽しい面白い古本屋〟の文字と共に、様々なファンシー&キャライラストが描かれている。左側には雑誌ラックが二台あり、ファッション・プロレス・アニメ・カルチャー・パズルなどが並んでいる。

中に入ると80年代懐メロがビンビン流れる店内。物凄く明るく一生懸命に飾り立てているが、倉庫状の建物から漂うオルタナティブ感は、決して拭うことは出来ない！…グフフフ、いいなぁ〜。天井は高く壁はぐるっと白い本棚、フロアには前後に三本ずつの背中合わせの棚が置かれている。右壁中央にレジが置かれ、その奥に一本の通路棚で造られた、小部屋通路状スペースがある。これは…コミックばかりなのか？　しかし棚をしっかり見て行くと、分散された古本ゾーンを発見。

入口右横には美術・実用・オカルト・音楽が、雑誌やムックを中心に並んでいる。〝やっぱり、気になるアーティストが載ってる雑誌はチェックいれたくなっちゃうよね！〟と、アバウトに背中を押すキャッチあり。入口左横には雑誌ラックが二台並び、壁棚手前に写真集・スポーツ・兵器・鉄道の姿。左隅の棚に、手塚治虫・アニメ&コミックのムック&雑誌が固まっている。店奥壁にはゲーム攻略本と、一列に並ぶメガドライブソフトの勇姿！　右から二番目通路の一部を、ファッション雑誌・児童文学が占めたりしている。

　そして本命の古本は、右奥の小部屋通路にひっそりと存在。奥壁に、映画ＶＨＳビデオ・映画雑誌&ムック・タレント・テレビ…おぉ、国書刊行会の『映画黄金期 小屋と名作の風景』が１８００円！　右壁にコンピュータ・政治・社会・ミステリ&エンタメ・新書・ハーレクイン・時代小説文庫・海外文学文庫。向かいに作家五十音順日本文学文庫、その足元に辞書類。ここには特定作家のプロフィールや、〝ミステリー次々と起こる殺人事件！　そして浮かび上がる犯人像！　動機は？　凶器は？　探りついたその結末は如何に?!〟と書かれた、なかなかアバウトなＰＯＰが貼られていたりする。

　基本リサイクル古書店と言えるのだが、建物の雰囲気＋おかしなＰＯＰ＋ちょっとだけ混ざるおかしな本が合わさり、捨て切れない一筋の煙のような魅力を発揮している。値段は安め。レジには菩薩のような応対をするご婦人がひとり。

　しかし外に出ると、お店の姿はやはり工場なのであった……素敵だ…。角川書店『美少年映画セミナー／長沢節』、ちくま新書『公安警察の手口／鈴木邦男』を購入。

業平駅前書店

駅名は変わっても店名は変わらず

営業時間 13時〜22時 **定休日** 不定休 **電話** 03・3624・2220

高架ホームを浅草方向に先端辺りまで進むと、近くの家並みに〝古本〟の文字が見える。改札前の言問通りを北上。するとすぐにお店である。入口横のエアコン室外機の上に、50円均一のダンボールが置かれ、単行本・文庫・コミック・新書が詰められている。

一段上がる感じで店内に入ると細長な構造。左右の壁は棚が奥まで続き、真ん中にも長い背中合わせの棚が一本、その棚の足回りを小さな平台が取り巻いている。入口左横には100円均一のワゴンが二台あり、ちょっと汚れた本が背を上に積み重なっている。最奥にレジがあり、ご主人がパソコンと格闘中。

右の壁際はほとんどがコミックだが、レジ近くに大判ビジュアル本・社会・考古学・海軍よもやま話・文学復刻本などがある。向かいには推理文庫と銘打った棚が奥まで続き、ミステリ&エンタメの他に文学・官能を取り込み、新しめの本を中心に五十音順に文庫が並んでいる。棚上には劇画集やビジュアル本、足元には趣味の雑誌・ムック・写真集が並ぶ。左側通路、壁棚にはノベルス・戦争関連・実用・演劇・宗教・科学・歴史・江戸・アダルト・文学・演芸・芸能…奥の方はアダルトと古い本が混ざり合い不可思議な光景に。向かいには、民話・地方史・民俗学・戦争、そして時代小説文庫・官能文庫と続く。棚上には様々な本、足元はほとんどがアダルト雑誌となっている。

ジャンル分けはあまり明確ではなく、前後して多様な本が混ざり合っている状態。だが左側通路にはおいそれと侮れない並びが見て取れる。値段は新しいものは定価の半額が中心。古い本には安いものも。淡交新社『続カメラ京ある記』を購入。

秀画堂

裏通りに探す&見る楽しみあり

営業時間 10時〜18時 定休日 日月 電話 03・3840・8540

改札を出て五反野駅通り商店街を南西に進み、五反野駅前交差点を西北へ。しばらくツラツラと進み、次の神社脇の信号を再び南西へ。次のひとつ目の信号に着いたら、薬局とクリーニング屋の間の道を西へ入る。乱雑な車止めを擦り抜けて一本裏の通りへ。おぉ！古い看板建築店舗が「秀画堂」である。

お店の看板は路上の木製の立看板。店頭には八つのダンボールやプラケースが置かれ、文庫揃い・辞書・単行本・探偵小説などが入っている。店内にはスチール棚が立ち、左右にスチール棚が並び、奥にも段違いな棚。その間に横向きに帳場が設置されている。フロア真ん中には、下部をスチールキャビネットと本棚で覆われた背中合わせの棚が一本。

左壁には日本文学文庫がズラッと二重に並び続ける。奥の帳場横には雑学文庫と海外SF文庫。向かいには海外ミステリ&文学文庫が収まり、様々なビニール梱包本が積まれたキャビネの上には、時代小説文庫の入ったプラケースが連続する。これは右側も同様。

その右側通路に移ると、帳場横には江戸風俗・落語・雑誌附録・児童読物・仙花紙本が集まる古い本ゾーン。右壁棚は、古い児童雑誌・美術雑誌・「太陽」などのグラビア誌が大量に並んでいる。向かいには岩波文庫・カバー無し角川文庫・中公文庫。

どの棚も下半分が布で隠されてしまい、倉庫&未整理本スペースと化してしまっている。しかし右端通路手前の古い児童文学ゾーンは見ているだけで楽しい。

潔くシンプルな棚造りだが、絶版文庫・古い雑誌・古い本が多く、探す&見る楽しみあり。値段は基本安めだが、しっかりプレミア値の付いた本も混ざっている。角川文庫『ゴメスの名はゴメス／結城昌治』、朝日文庫『ぼくのピクニック／田村隆一』を購入。

書籠 高田書店

読みたい本を求める人で賑わう人気店

営業時間 12時～22時　**定休日** 火　**電話** 03・3884・4449

駅東口を出て、広場から線路沿いの遊歩道っぽい道を北へ進む。するとすぐに環七に行き当たる。天井の低い環七下を抜けると、西新井東口商店街が北へのびている。そのままその道を進むと左手にすぐお店が見える。何か…物凄く繁盛しているぞっ！　この、古本屋さんではおいそれとお目にかかれない光景にしばし興奮！まるで「ささま書店」のようだ。その間にも次から次へ人がお店に捕まって行く…これは…一体!?

大きな緑の日除けが印象的。裏には蛍光灯も取り付けられている。「書籠」って何だろう…本の山？　左の門柱にも店名看板があり、その背後であるお店の側面スペースにも、緑のテント日除けがタープのように取り付けられている。そこは荷物の一時置き場所＋安売り辞書売り場。一階の店舗前面は、道路に合わせてナナメに形作られている。店頭には地べたに直接箱が置かれ、１００均単行本やコミックが詰められている。そしてガラス戸に営業時間などと共に〝自転車のカギ盗まれます!!　カギをかけ、抜いてご来店下さい〟の貼紙…何故カギを？…難事件ですな。

中に入ると人の気配を激しく感じる。店内は広く明るく、真ん中のレジスペースを挟んで、手前と奥に分かれている。壁は左右共本棚だが、右側奥は作業スペースになっているので、棚も途中までである。手前部分には古い木製の背中合わせの棚が三本置かれている。どれも入口に向かい、少々ひしゃげ気味である。レジを挟み、左奥には小スペースがある。三方の壁は棚となっており、真ん中に小さめの背中合わせの棚が一本置かれている。レジは四方に細い柱が立っており、その周辺では三人の女性がキビキビキビッと働きまくっている。マクドナルドの店員のような素速さ…。そのうちの一人のご婦人は、本の買取査定中。値付けに食い下がるオッチャンに、色々細かく説明している。

右壁棚はエッセイや雑本から始まり、ハーレクイン・BLノベルス・ノベルス・ポケミス・新書・お茶・食・実用・女性・スポーツ・コンピュータ・辞書と続く。向かいにはコミック、右から二番目の通路もコミックである。三番目の通路は、右側に海外文学文庫・アダルト・見たこともない豪華な造本の官能小説群、左側に岩波文庫・教養系文庫・ライトノベル。

入口側の棚脇には、カバーの無い50円文庫の回転棚があり、おじいさんがしゃがんで齧りついている。左端の通路は壁棚に、児童文学・絵本・最近刊文学・経済・社会・海外文学・近代文学・文学評論・古典・詩歌と並ぶ。奥に行くほど古い本多し。向かいには、日本文学文庫と時代小説文庫がコンパクトに収まっている。古い本も入り込んでいるので注意が必要である。棚下平台には雑誌やムックが並び、ここにも古いモノあり。

レジ正面下にはコミック揃いが積み上げられ、奥への通路でもある側面には上部にプレミア映画パンフが飾られ、下部には100円映画パンフボックス（木製で秀逸！）が多数取り付けられている。そのまま奥のスペースに進むと、左壁には山岳・釣り・自然・歴史・風俗・世界・民俗学・伝統&大衆芸能。奥の壁棚には音楽・映画・美術・建築。右壁には哲学・思想・心理・宗教が並ぶ。背中合わせの棚には、囲碁・将棋・科学・学術書など。

すべてが万遍なく揃えられ、それは新しさ&古さについても同様で、見事なまでの「街の古本屋さん＋α」を創り上げている。何か探すには物足りないが、近くにあったら毎日寄ってみたいお店なのだ。

値段は安く、パカパカと売れて行く。回収業者であろうオッチャンたちが、次々と本を持ち込むのも特徴的である。むぅ〜この賑わいはやっぱり珍しいなぁ。そしてお店の方はキビキビ…。有信堂『わが龍之介像／佐藤春夫』、ハヤカワ文庫『寒い国から帰ってきたスパイ／ジョン・ル・カレ』を購入。

読書人

古本微電流の流れるお店

電話　048・736・7680

草加と八潮の狭間で、灼熱の太陽に炙られながら二軒の空振り。ペタペタと草加駅へ戻り、東武伊勢崎線で北上。

西口に出ると、すでに西日が激しく目を射る、閑散とした横長のロータリー。真ん中の緑豊かな島の向こう側には、ロータリーを守る城壁のような、古い商店街ビルが建っている。全長100メートルほどで、左半分は二階建て、右半分は三階建ての「上原ビル」。その丁度真ん中辺りの左から五軒目に、目指して来た古本屋さんはあった。

日除けは商店街ビル共通の形状で、カフェオレ色。店頭には〃本買います〃の幟が立ち、左半分にコミックワゴンとコミック本棚。アダルト雑誌ラックが置かれ、右半分に100円単行本・文庫・ハーレクイン・ノベルスが集まっている。

ちょっと素敵な微電流がピリピリ流れていたので、ここからまずは一冊。入口前に立ってサッシの上を見ると、そこでは手描きのマンガキャラ（サザエさん・ごくせん・あたしんち…）が、本の買取について説明している…。真ん中のショウウインドウには、韓流豪華本と共に、アンティーク革装丁本が並んでいる。

店内に入ると、有線が普通に流れるリサイクル古書店の様相。入口横のレジでは、白髪のオヤジさんがせっせと本のクリーニング中。壁際はぐるりと本棚で、右奥には少し凹んだ小部屋的スペース、そこを仕切るように背中合わせの棚が一本、フロアにも長めの背中合わせの棚が二本置かれている。

まずは右壁棚を眺めると、何だかちょっと様子が変…上段ではオカルト・幻想文学・澁澤龍彥・精神世界・宗教などが重い先制パンチを放っているが、下段はビジネス・ミステリ&エンタメ・時代小説・コンピュータと最近の本中心の軽いジャブ…！　あの外で感じた微電流は店内の棚にも、引き続き流れている！

奥の小部屋スペースに入り、日本文学・日本近代文学・文学評論・詩歌・海外文学・歴史・民俗学・郷土・鉄道・交通・映画・演劇・性愛・ポップカルチャー雑誌・ビジュアル本ラック・アダルトと眺めて行く。仕切り棚には、日本文学文庫・女流作家文庫・新書・海外文学文庫・岩波文庫・講談社学術文庫・ちくま文庫・探偵小説文庫・日本純文学文庫が収まっている。素敵な並びが一部に見られ、絶版&品切れもしっかりと。

フロア棚右側には、時代小説文庫・推理小説文庫・官能文庫。左側には、食・イタリア・パリ・ドイツ・ガイド・実用・囲碁・将棋・女性ムック&雑誌となり、帳場前のワゴンには安売り文庫もあり。左壁にはコミック・海外児童文学、そして奥壁に児童文学・絵本・図鑑・ベティブーブアンティーク人形数種・おもちゃ類・自然・園芸・江戸文化・美術・写真・建築・お茶・書・辞書が並ぶ。

リサイクル古書店と背筋しっかりの古書店が、絶妙に融合している！　それはまるで日除けの色のカフェオレの如し！　お互いががっつかずスマートなのが、クリーミーな印象の要因であろうか。値段はちょい安～ちょい高と幅広い。早川書房『キス・キス／ロアルド・ダール　開高健訳』、ソノラマ文庫『蠟面博士／横溝正史』、講談社『國枝史郎伝奇文庫（十）神秘昆虫館』を購入。

suiran

群馬から来た選ばれし古本たち

電話　048・299・4750

駅南口は、改札を抜けて階段を上がると、流れつつあるような丘の途中のロータリー。そこから南に向かってちょっと坂を上がり、最初の西への脇道に入って急坂を上り切ると、背後は駅周辺を一望出来る清々しい見晴らしで、前方には県道とクロスする小さな信号のある交差点…県道に向かって歩き続け、そこから再び南に進路を取る。二車線で、歩道が排水溝の蓋の上にしかないその道を、絶え間ない車の流れに脅され、排ガスで燻られながら歩き続ける。

ひとつ二つと交差点を過ぎ、三つ目を過ぎると道は谷に落ち込み、そこから上に出ると新町交差点。ここまでは駅からおよそ1・5キロの道のり。その交差点をも越し、さらに南に100メートルも進むと、右手に見えて来たのは大きな農家的ビジュアルの植木屋さん。

ガレージ納屋や住宅の他に、オシャレな小屋やリノベーションした一軒家が…ここは「senkiya」というカフェ＋ギャラリー＋雑貨店なのであるが、この一角に小さな古本屋さんがオープンしているらしいのだ。なので真相をこの目で確かめるために、駅からテクテクテクテクはるばる歩いて来たのである。

看板は旧来の植木屋のものしか出ていないが、これは入って本当に平気なのか？　ビクビクしながら、門から不法侵入気分で敷地内に入り込むと、右手に雑貨&陶器販売と作業場の小屋が現れ、正面にシンプルでオシャレで暖かに改装された一軒家…その中と外とで寛ぐ若者たちの姿…くっ、苦しい…しかし歩調は決して変えずに、そのまま一軒家の玄関に突入する。

中は土足で入れるようになっており、部屋ごとに機能を振り分けている気配。目指す古本屋さんは、正面右奥の階段下に、その入口をあっさりと発見した。ホッと救われたように、小さな木板の看板を眺めてから室内へ。

八畳ほどの木造のシンプル空間で、左壁上半分に壁棚、正面奥に窓際下棚一列、右にはカウンターがあり、その右側手前はベーグル売場となっている。真ん中には大きなテーブルが置かれ、リトルプレスや布雑貨を陳列している。左壁には一列の、山・猫・映画・アート・工芸・詩・旅・児童文学など。窓際にはセレクトされた文庫が並び、日本文学・児童文学・エッセイを中心に固められている。カウンターには「book pick orchestra」の「文庫葉書」と共に、ブックカバーや安売り文庫が並んでいる。

冊数は少ないが、この場と空間に合わせた、繊細で汚れの無い棚造りがされている。…もう一段掘り下げて、少し汚れも見てみたい気が…。値段はしっかりで、良い本には高値が付けられている。精算はカフェスペース入口まで移動し、幸せそうな若夫婦に精算していただく。その際、「suiran」さんは群馬を中心に活躍している方で、いずれは古本屋さんの開業を視野に入れていることを教えて貰う（一時期、高崎の新刊書店二階でお店を開店していたが、現在は活動拠点を前橋に移し、県内各所に古本棚をはびこらせ、野望に向かって邁進している）。

夢が花開く日を願って、角川文庫『ルージュの伝言／松任谷由実』と共に、「古本屋」というストレートで素晴らしい名の、オリジナル手ぬぐいも購入。あぁ、こんな手ぬぐいを手に出来る日が来るなんて…まるで夢のようではないか。これで〝忍法・古本屋の術〟が出来る気が猛烈に…（現在はちょっとだけ場所を移動して二階に本を並べている）。

ブックスター

大型郊外型独立系リサイクル店

電話 048・983・1944

北口に出て、ロータリーから北に延びるいちょう通りをまずは進む。右手に現れたスーパー・ライフ前を通過し、次の脇道を東へ。見通しの良い直線に近い道路を、ひたすら歩いて行く。

途中、用水路とさくら通りを横切ると、左は住宅地だが、右には広大な冬の干上がった水田が広がる北関東的光景。そして駅から一キロ弱来た所で、突然左手に大型の店舗が姿を見せる。

郊外のリサイクル古書店といった趣きで、正面角にどデカイ〝本〟の看板が聳え、店名看板は両翼にそれぞれ設置されている。

広い駐車場を横切り、角の出入口から店内へ。途端、広さと見通しの良さに「へぇ」と思い、襲い掛かる古本の匂いに陶然としてしまう。

広い店舗は縦に二分されており、奥がアダルトゾーン、手前が古本ゾーンとなっている。右には買取本とコミックの山に囲まれた帳場があり、壮年のご夫婦が働いている…どうやらお二人だけで、この広いお店を切り盛りしているようだ。お客の出入りはひっきりなしで、地元民によく利用されていることを窺わせる。

壁際はズラズラぐるっと本棚で、フロアには二本の背中合わせの長い棚と、一本のこれまた長いラックが置かれている。フロア棚はコミック専用だが、左端のラックにはタレント・アイドル・音楽・映画・フィギュア・鉄道・実用・アニメなどのムック＆雑誌が大量に並び続けている。そして古本たちは、およそ四十本ほどの壁際棚にビッシリと収まっている。

左壁からグラビア週刊誌類(うわっ懐かしい「EIGA NO TOMO」がある!)・ハーレクイン・官能文庫・時代小説文庫・戦争文庫・海外文学文庫・日本近代文学文庫・岩波文庫・ちくま文庫・中公文庫・朝日文

庫・福武文庫・日本文学文庫（ほぉ！　飴村行の『粘膜シリーズ』が三冊揃った棚は初めて見たぞ！）。

　続いて奥壁に日本文学文庫続き・角川ホラー文庫・雑学文庫・ラノベ・BLノベルス・ノベルス・新書。右壁は帳場近くに映画DVDと写真集が固まり、アダルトへの入口を挟んで、文化・性愛・映画・幻想文学・復刻本・ミステリ&エンタメ・日本文学・ノンフィクション・社会・タレント・思想・サブカル・実用・歴史・ビジュアル大判本・児童文学と、奥へ奥へ。膝元平台には上の棚より雑本的な扱いで、様々なジャンルの本が敷き詰められて行く。

　非常に探し甲斐&粘り甲斐のあるお店である。文庫の並びは丁寧で、絶版もチラホラ。左壁はここ二十年ほどの本が中心で、ちょっとカオス気味だが、それでもみすず書房や工作舎の本が浮かび上がるので目を離せない。値段は定価の半額よりちょい上で、少し高い印象。

　たっぷりと本の背の奔流で目を洗いまくり、心地良い疲労と古本と共に店を出る。最近はこのサイズのリサイクル系マイナー店が、やたらと閉店傾向にあるので、これからも頑張って古本を供給し続けてもらいたい、大きな一軒である。グリーンアロー出版社『宇宙人大図鑑／中村省三』を購入。

ブックジャム

基本は新古書店、だが古書もあり

電話 04・7158・1693

駅から地上に出るとそこは南口。閑散としたロータリーの向こうには、すでに〝本〟という字が見えている。幟がはためく店前に近付くと、店舗前の敷地に六台のワゴン。入口横には本棚が五本と雑誌ラックが一台。

ワゴンには、文学・実用・学術・全集端本・コミック・カバー無し文庫などが収まっている。棚には１００円単行本や五冊１００円漫画雑誌など。店内に入ると、まずは右のガラスケースに絶版漫画揃い・アニメムック・ＣＤ・ゲーム・資料本・古雑誌などが飾られている。壁は一面本棚、真ん中に背中合わせの棚が二本、右奥には棚を利用して造られたアダルトスペース。各通路の足元には、本や本入りのカゴが置かれている。左には本に囲まれたレジがある。

左側や真ん中の通路はコミック・ＤＶＤ・ＣＤが占領。目指す古本は右側通路と奥の壁に続いている。右壁は最近刊の日本文学・ミステリ・エンタメから始まり、経済・社会・パソコン・ビジュアルムック、そして日本文学文庫が店奥の棚とつながって行く。新しくキレイな本が中心である。左を見ると、まずは入口近くに実用本。しかし足元には東洋文庫や古い岩波の本が…雰囲気が一変…隣りの棚に目を移すと、今までとは打って変わって古い本が、棚三本分並んでいる！文学・建築・学術・山岳・郷土・東京・風俗・歴史・民俗学・古代史・社会・囲碁。値段もわりと手ごろなのが嬉しい。奥には雑学文庫が続き、棚脇には新書、奥の棚脇にも海外文学文庫が並んでいる。奥のアダルトスペース入口部分には、ノベルス・ライトノベル・旅行ガイドが集まる。レジ横に絶版漫画棚あり。

ほとんど新古書店の趣きだが、右端通路・左側の通路棚三本が異彩を放っている。図書新聞社『古書店地図帖 東京・関東・甲信越／紀田順一郎編』を購入。

コスモ書店

新刊＋古本＋岩波新書古本

電話 048・794・0771

北口を出るとロータリー。その左上から道なりに大通りを北西に進む。道は大きく緩やかに西へ向かってカーブして行く。西友を過ぎると、信号付きの交差点が出現。そこを北へ進むと、左手に営業中の古本屋さんの姿が見えて来る。

道路際には外灯に取り付けられた店名の看板、お店の側壁に〝本〟の文字、軒には店名と〝FAXサービス〟、その下には丸々とした黄色い日除けが張り出している。店頭には右に50均文庫棚（古い本ちょいちょい）、左に新刊雑誌と10円コミックのラックが展開。

店内に進むと第一印象は、街の小さな新刊書店そのもの。壁はぐるりと造り付けの本棚、フロアには右に雑誌ラックが一本、左に背中合わせの棚が一本置かれている。本の並びのキレイさが、さらに新刊書店を思わせる。入口左横に帳場があり、初老の店主がパソコンを覗き込むように作業中。右壁は新刊のガイドブックなどから始まり、後は古本のコミックが店奥壁までズラッと続く。雑誌ラックの手前には平台があり、200均の単行本がドッサリ。ここが一番古本屋さんらしい。ラック右には全集端本と200均「太陽」、左は新刊アダルトが占領している。背中合わせの棚右側は日本文学・随筆・ノンフィクション・日本文学文庫・ノベルス・海外文学文庫・雑学文庫、左に日本文学文庫・海外文学文庫・絶版岩波新書・岩波文庫・講談社学術文庫が並ぶ。左壁にはハヤカワ文庫・全集・ビジュアル大判本・辞書・旺文社文庫が収まっている。帳場横の、絵本と文学全集が同居する回転ラックが、ちょっとアンバランスで不気味である。

新刊雑誌も売られ、絶版岩波新書と海外文学文庫が充実。値段は安め〜普通。絶版岩波新書はプレミア値のものも。岩波新書『芝居入門／小山内薫』を購入。

よんだら堂書店

嬉しく裏切る個人大型店

電話　04・7100・4610

大宮から東武野田線に乗り換え真東へ。三十分ほどで電車は、県境でもある江戸川を越えて、千葉県に突入する。地下道を通って駅北口へ出ると、行き止まりの車だらけのロータリー。真ん中から北へと延びて行く道に進むと、軽自動車がバンバン行き交う田舎道。進めば進むほどに、走る車以外は長閑な田舎化が進行して行く。ひとつ目の信号で道なりに北東へ。緩やかに上下しながら二つの信号を通過し、坂を上がると緑が道に迫る小さなグリーンベルト。そこを突破すると、突然右手に大きな古本屋さんが出現した。

駅からは1・5キロほど。駐車場を備えた、会社のような二階建ての建物で、出入口は道路側に飛び出た一階の角にあり、軒には二面に店名看板。二階にも縦の店名看板が設置されている。大きな個人経営リサイクル古書店の印象だが、果たして…。自動ドアを抜けると、荘厳なクラシックが流れる広い店内。入口右側にまずは雑誌ラックがあり、右壁に沿ってそのまま作業場兼レジスペース・ガラスケース・本棚・トイレと奥に続く。入口前やレジ周辺には、本の山やダンボール箱が多数集まり、少し雑然とした様子。古本の詰まったダンボールはその口を開け、各通路にも進出している…これは中を見てよいのだろうか？　フロアには長～い背中合わせの棚が、横向きに五本置かれている。左奥に小さな背中合わせの棚一本あり。

一番手前の通路は、入口左側の児童文学・絵本を除いてすべてコミック。第二通路も同様である。棚脇の50均コミックを見ると、70～80年代のものがだいぶ混ざっている。第三通路脇には50均文庫台があり、その多くは品切れ本である。

期待に胸を膨らませつつ第三通路へ侵入すると、手前側はティーンズ文庫・ラノベに続き、丁寧な並びの日本文学文庫がギッシリ。1/4ほどが古い本で、定期的に茶色い絶版文庫も出現し、とても素敵な棚となっている。ジックリトックリ何も見逃さぬよう、文庫の背に目玉を泳がせて行く…。向かいには日本文学文庫続き・雑学&ノンフィクション&教養系文庫・海外文学文庫・海外ミステリ&SF文庫が並ぶ。ザワザワと胸をざわつかせながら第四通路へ。手前はズラッと日本文学。向かいには詩歌・古本&本関連・民俗学・旅・海外文学・ノベルス・BLノベルス・新書・実用ノベルス・アダルト・官能文庫。第五通路は、手前に女性・性・家族・心理学・教育・医療・ハーレクインが並び、向かいに宗教・コンピュータ・ビジネス・政治・法律・社会運動・犯罪・警察が収まる。最奥の第六通路はほとんど雑誌で埋められており、手前が小判型の文化文学教養雑誌（最奥に自然・科学・歴史あり）、奥壁が大判の雑誌棚となっており、古いグラビア誌も下に並んでいる。左壁棚は廉価コミック・映画・VHS・演劇・音楽・美術が並び、その前の小さな棚には両面共ゲーム攻略本の姿。帳場横のガラスケースにはプレミア本と学術書が飾られ、横の本棚にはガイド・趣味・スポーツ・ギャンブル・食などが続く。

広く本の量が多いが、決して大味ではなく、全体に細やかな棚造りがされている。非常に探し甲斐あり。そして所々に出現する古い本がとにかく嬉しい！　値段は全体に安めだが、古い本にはそれほど高くないプレミア値が付けられている。「ピノキオ」「クルクル」などと同属の匂い…。じっくり棚を眺めながら、長い通路を十回以上折り返したので、外はすっかり夕暮れに。帳場は最初は女性ひとりだったのだが、奥から犬の吠え声と共に男性が現れ、一緒に働き始めた。三冊の文庫を精算して、「ありがとうございました」に送られ外へ。上は陽で明るく、下はすでに薄闇の、キラキラした夕暮れが、辺りを黄金色に変化させている。そのまま、お店の裏の犬の鳴声に惹かれるように近付くと、一匹の白い犬がワンワワン。講談社文庫『湖沼学入門／山口瞳』、小学館文庫『ウルトラQ　4　野長瀬三摩地作品集（上）』、徳間文庫『ぼくの性的経験／田村隆一』を購入。

まだまだあります、古本屋

東武伊勢崎線・大師線・野田線

◉曳舟駅　水戸街道にある「TOTOとLULU」はバリバリのリサイクル系。

◉五反野駅　弘道商店街という商店街に見えぬ裏通りにある「四季書房」は古めの本が目につき、幻想文学や漫画評論、大衆文学や時代小説にうまみがある。

◉竹ノ塚駅　竹ノ塚西口駅前商店街では「永瀬書店」が、平日は午後三時から営業中。古本屋の要素は持ちつつ、リサイクル系に傾いている。

◉蒲生駅　駅東口側の自動車教習所の側には「プラハ書房」がある。特に昭和初期〜戦後の文学古書（主に仙花紙本）の棚は、驚愕すべき品揃え。

◉大師前駅　西新井から出る大師線は二つの駅だけの路線。「漫画人BOOKS」は平井が本店のリサイクル系チェーンだが、店中に並ぶ大量の陶器の量が14本の文庫棚を遥かに凌駕する、奇々怪々なお店である。

◉川間駅　よんだら堂より遥か先にある「生活応援隊野田店」は、野性的なリサイクルショップだが、奥にしっかりした雑本棚を備えている。

◉江戸川台駅　駅東側にある「ヤスイBOOK」は、絶版品切れ本も紛れ込むリサイクル古書店である。

◉初石駅　駅西側の「古本倶楽部TOKIO初石店」は古本の割合は少なめ。ほぼ文庫のリサイクルである。

JR武蔵野線

◉北府中駅　「BOOK-1府中店」は国分寺街道に面して建つ、小さなリサイクル店。店内より店頭やダンボールに面白い本が混ざっていることが多い。

◉東浦和駅　完全にキラキラネームのお店「古本 童里衣夢」は、予想通りのアダルト店である。それでも迷路のような店内には、80〜90年代のコミックと、70〜90年代の百均文庫が存在する。

◉東川口駅　南口から線路直面沿いに進むと現れるのは「武蔵野書房」。アダルトを奥に控える回遊式通路に、一般的な雑本を集めている。

4 千葉・茨城エリア

つくばエクスプレス
JR常磐線
京成線
新京成線
JR総武線
東武亀戸線

古書絵本 ブックススズキ

子供のための絵本専門店

営業時間 10時～18時半(夏は19時まで) **定休日** 年始 **電話** 04・7132・5870

秋葉原からつくばエクスプレスに乗り換えて千葉北部へ。長い駅名が連続する路線の中程で降車し、改札を抜けて国道16号線方面東口へ出る。ららぽーとと高層マンションがランドマークで、駅を離れると後は広大な空地と住宅街が広がっている。ロータリーから東へ向かい、突き当たりを南へ進むと、やがて交通量の多い県道47号。ここから北東へ進んで行けば、国道16号と交差する若柴交差点にたどり着く。そこをそのまま突っ切りちょっと坂を下ると、左手に柏市公設市場が現れるので、その前を東南に曲がり込んでけやき通りをトボトボ進む。通りには名前の通り欅が連続し、脇にはコンクリで固められた小さな川が流れている。道が緩やかに曲がり、ひとつ目の信号を過ぎると待望のお店に到着。駅からは1・5キロ強の距離。

白いお店の右側側壁には手作り銅板の小さな看板があり、サッシとガラスの店頭は少し奥に引っ込んでいる。その前には様々なお知らせの案内や、何故だかディスカウントチケットショップの立看板もある。明かり窓裏のダンボール紙には、〝すぐれた古書絵本専門店〟の手書き文字が輝き、ここまで来た甲斐をまずは軽く味わわせてくれた。

自動ドアから中に入ると、広くガランとした簡素な店内で、所々に子供のための木製遊具の置かれた、寛ぎ&遊びスペースが設けられている。壁一面は本棚、フロアには左端に短めの棚が一本あり、後は長い平台付きのラックが二列並んでいる。入口左横には横長の低いラック、右にチケットショップを兼ねた帳場があり、ご婦人が伸び上がるような声で「いらっしゃいませ」。このお店は、すべてが絵本を見せるために出来ている。壁棚の絵本は面出しして飾られ、ラックや平台もすべて表紙が見える状態。さらに本に挟んだり、棚に貼られたりした手書きのポップ…シンプル過ぎて、おしゃれ感や装飾性は無いのだが、とにかく静かに絵本への愛が込められているようだ…。

入口左横には福音館書店の月刊絵本「こどものとも」「かがくのとも」がズラリ。左壁にはまずは特集棚があり、今は秋に因んだ絵本、星座・夜・月・虫の鳴声などが並ぶ。さらに200円均一絵本&児童文学が続き、最後に絵本以外の日本文学単行本・問題集・100均岩波新書・趣味のビジュアル本が集まる。向かいはちょっと空白の多い育児・教育。左から二番目の通路は、左側に児童本・ミニゲーム・カルタなどが並び、右は読物絵本と児童文学が対象年齢順に飾られている。グッと目玉を惹き付けるケストナーコーナーもあり。

三番目の通路は、左が海外作家絵本、右が日本作家絵本となっている。堀内誠一ゾーンあり。奥壁は作家別ディスプレイとなっており、まずは驚きの小松崎茂額装イラスト&評伝本、そしていわさきちひろ・谷川俊太郎・宮澤賢治・かこさとし・長新太・五味太郎・エンデ・リンドグレーンなどが説明付きで並んでいる。未知の作家もあり、非常に興味深い棚となっている。右端通路は、左に自然・科学・知識の絵本…おぅ、安野光雅ゾーンあり。右壁は奥からアンデルセン童話&グリム童話の絵本対決から始まり、自然・科学・知識の棚が続き、帳場前に英語絵本が集まる構成となっている。

70年代を中心に良質な絵本と児童文学が集まる良いお店である。絵と話で子供の想像力を羽ばたかせたい！　そんな思いがヒシヒシと伝わる棚造りなのである。値段は定価の半額前後で、プレミア価格はほとんど付けられていない。帳場で少女の心を保つご婦人に精算していただく。千葉県北部に、こんなお店が潜んでいたとは…。冨山房『セロひきのゴーシュ／宮沢賢治・文 司修・画』、福音館書店「月刊かがくのとも ぶんぶんぶんしんぶんし／織田道代・文 古川タク・絵」を購入。

PEOPLE BOOKSTORE

学生のためではなく、若者のために

営業時間 15時〜22時(日11時〜18時)　**定休日** 月

　スピード狂的なつくばエクスプレスで北関東へ。

　A2出口を出たら中央通りを北東に向かい、700メートルほどでたどり着く東大通りを北西へひたすら歩き続ける。この街は、巨大な敷地を持つ大学・病院・学術公共施設を中心とし、その周縁に商店や宿舎が集まり、さらにその外側に住宅や農地が広がっている。なので街路が人間の間尺に合わず、何処へ行くにも長距離の移動となってしまう。車か自転車の移動手段を持たねば、この街で快適に暮らすのは不可能のようだ…。

　そんなことを思いながら、我慢して三キロ弱も歩き、筑波大学グラウンドゾーンが尽きる天久保四丁目交差点にゼエゼエと到着。交差点際には地味な商店長屋が建っているが、ここはついに未踏に終わった「筑波学園文庫」が入居していた所でもある。それがいつの間にか並びの四軒が、すべてお洒落なお店に変貌を遂げていた。本当にいつの間に！
　食堂・古道具屋・カフェ、そして古本屋さん！　ガラスサッシの前には「太陽」の入った雑誌箱と雑誌台、そして“Everyday Books!”と書き殴られた黒い店名看板。ガラスには突き上げた拳のイラストと共に、“OF THE PEOPLE／BY THE PEOPLE／FOR THE PEOPLE”とあるポスター。
　店内はシンプルで薄くBGMが流れ、右壁沿いのベンチ台に腰掛けていた、丸坊主に髯のお洒落な青年店主が読んでいた本から顔を上げ「おっ、いらっしゃいませ」と慌てながら奥の帳場へ移動する…完全に油断していたのですね…。
　左壁沿いには木箱を積み上げたようなボックス棚が置かれ、フロア真ん中には縦に背の低い背中合わせの棚が二本。右壁は入口近くにボックス棚と、後はベンチ平台と奥に飾り壁棚。通路やディスプレイには余裕があり、本が見易い贅沢な空間となっている。

　左壁にはカルチャー雑誌・リトルプレス・エッセイ・植草甚一・カウンター＆ポップカルチャー・世界・旅・パリ・ニューヨーク・本関連・音楽（ジャズ・ロック）・詩・海外文学・映画・東京・寺山修司・荒木経惟・片岡義男・沢木耕太郎・自然・都市・写真・漫画・暮らし。足下には３００円単行本箱がズラズラと並んで行く。向かいは文学評論＆随筆。それに落語や青春小説（新旧様々）。

　右壁には写真・イラストと共に「今日の学習コーナー」。後はベンチ上にグラビア誌や洋雑誌が並び、飾り棚にマイケル・ジョーダン＆ＮＢＡと海外文学新刊の姿が見える。向かいには手品・食・ファッション・文庫。

　冊数がそれほど多いわけではないが、ここにジャンルを列記したイメージより、実際の棚は雄大で中々深い棚造りが為されている。ポイントポイントに70〜80年代の良い本が挿し込まれているのがとにかく楽しい。単行本棚同様、文庫棚も練れていると尚嬉しいのだが…。値段は安め。

　間違いなくこの学園都市には今まで無かったタイプの、若者のためのお店なのである。今までこの地に点在していた古本屋さんは、どれも学生のためのお店だったのだ。だからつくばの学生たちよ、志と青春を求めて、このお店をブラリと目指してみるべし！　宝島社『昭和遺産探訪／藤木ＴＤＣ』、ちくま文庫『東京恋慕帖／正岡容』を購入。

大島書房

間違いなく下町の古本屋さん

営業時間 11時〜20時 電話 03・3807・7922

駅西口を出て吉野通りを南下。通りは一旦地下へと潜るが、こちらは徒歩で跨線橋を渡る。橋の上からは意外に近くに泪橋交差点が見える。この近辺には、早い時間から開店している酒場も多い。そして目指すお店もすでに見え始めた。橋から下りてバス停前を通り、右の歩道を進む。酒場とマンションを過ぎると、そこに緑の日除け。下には風雨にさらされた三台の木製ワゴン。100均の文庫・単行本・全集端本・50均雑誌。

出入口は左右に二つあり、左から中へ。壁は本棚、真ん中に背中合わせの棚、奥に帳場。店内は雑然としており、通路にも本が様々な形で置かれている。左の壁際は、ミステリ&エンタメ・戦争関連・ノベルス・ビジュアル本・多めの歴史&時代小説・アダルト・民俗学・美術という並び。足元にはアダルト雑誌。向かいは文庫が中心の棚で、海外文学・ミステリ&エンタメ・時代劇・囲碁&将棋など。帳場横にはテレビがあり、先客がそれを見ながら、ひたすらご婦人に話し掛けている。通路に立ちはだかる彼に退いていただき右通路へ。こちらの方がかなり雑然…と思っていると、中学生の女の子二人が来店。はしゃぎながら迷わずコミック棚へ。『今日から俺は!!』と『ソウルイーター』を買う相談…『ソウル〜』は分かるが、何故『今日から俺は!!』を!? 世代が完璧に違うと思うのだが…。通路棚には、そのコミックと新書・実用・自然・都市・サブカルが収まる。右の壁棚は、雑本・歴史・江戸・文学評論・学術本が並ぶ。

ご近所のせいか、浅草に関わる本がチラホラ目に付くのが面白い。しかしここは間違いなく街の古本屋。地元の中学生も楽しく利用するほどである。値段は普通〜ちょい高めな感じで、新しい本が多め。岩波書店『ずっと怪獣が好きだった/品田冬樹』を購入。

麗らかや
内田百閒
新稿 御馳走帖
内田百閒
幸徳秋水の甥
上林 暁
武州鉢形城
ペンの散歩

書肆久遠

鋭くマニアックな棚造りに魅せられる

電話 03・5660・1545

常磐線で葛飾方面へ。ホームに立つと、視点が二階くらいの低めな高架駅…さしずめ低架駅と言ったところか。改札を出て、地下道風通路を南口に向かうと、そこは巨大な横長ロータリー。

ロータリーを右側から回り込むと、商店の間にナナメに南東方向へ続く、「ベルシティーかなまち」と名付けられた商店街を発見することが出来る。そこにグイッと入り込み南東へ進んで行く。道の両側には、ベルの形を模した街灯が続く。そこを抜けると水戸街道の金町広小路交差点。横断歩道を渡り、そのまま脇道に入ると、交差点際ビルの一階にあるお店にたどり着く。

工務店のようにシンプルな店構えではあるが、ガラス窓の店名文字がとにかくデカイ！　やり過ぎなくらいデカイ！　このサイズは普通は、ビル上階の探偵事務所などが採用する大きさ！　路上には、本のマークが入った黒い店名看板が置かれている。

サッシを開けて中に入ると、天井は高くはないが、通路も広々として余裕のある店内。誰もいない…。左右の壁は本棚で、左側の裏側は倉庫になっているようだ。真ん中に背中合わせの棚が二本、他にも小さい棚や回転式書架も一本。奥には帳場兼作業場とガラスケースが配置されている。

入口右横にあるフィギュアや詩集・文学本が入った棚を見て、右壁からツアースタート！　詩歌・日本文学＋ミステリ・日本幻想文学・日本近代文学・芥川＆直木賞本・サイン本・全集類が、パラフィンをしっかりと掛けられてズラッと並んでいる姿は実に壮観！　海外向かいの通路棚は、日本SF・幻想文学系雑誌・海外SF・SFムック（おぉ、「血と薔薇」の四冊揃いが！）・ハヤカワポケットSF・SF文庫各種・サンリオSF文庫と並ぶ。と、ここで店主が奥から「あつい、あついな〜」と叫びながら登場（私は死角にいるのです）。帳場に腰を下ろす気配がすると「あれ？ ない？ ないぞ？ どこいった？ あれどこいった？ どこだ？ あぁ、あった」と激しく独り言を発している…彼は私の存在に気付いていないのだろうか？ そこでわざとらしく咳払いなどをしながら「ここにお客がおります！」とアピール。その後、独り言はプッツリと止んだ。

真ん中の通路右側には、SFの一部やエッセイ類に続き、海外幻想文学と海外文学がドサッと収まる。左側には、海外文学者エッセイ（辰野隆のサイン本がっ！）・博物学・オカルト・宗教・自然・思想・心理学・哲学が並ぶ。棚脇の小さな棚には、サブカルや全集端本がちんまりと収まっている。左端通路の右側は、今までの棚から吐き出されたかのような感の雑本（これは回転式書架も同様）・新書・エッセイ・ノンフィクション・出版・古本・本。左側はすべて文庫で、100均文庫・定価の半額文庫・絶版文庫と階層的な並びを見せている。

最後に帳場横のガラスケースを覗き込むと…のわっ！ 牧野信一の『西部劇通信』がっ！ 他にも龍胆寺雄や香山滋などが飾られている！

棚の質が高く、趣味に激しく流れているところも、その突っ走りっぷりが好感度大。文庫のサイン本が多いのも、何だか新鮮で面白い。値段はしっかりな普通〜高め。

本を手に取り、帳場で「すいません」と声を掛ける。そこにはカリガリ博士と平幹二郎を足して二で割り、柔和にしたようなオヤジさん。「いらっしゃいませ」とちょっと高めな声で答え、作業のため横にハケておいたレジスターを「よいしょっ」と机に戻す。その動きは素早く正確である。「今レシート出しますので」と応対も丁寧。求龍堂『わたしの東京／安藤鶴夫』、岩波書店『児童文学の旅／石井桃子』を購入。

阿部書店

今日も店の何処かで蝙蝠が眠る

営業時間 電話 047・363・2580

雨の強くなった駅東口に出て、下のロータリーへ。駐輪場と化した歩道を通り南へ。線路沿いのうらぶれた通りへ出てさらに南下して行く。四本目の横道、跨線橋脇を東へ。すると松戸市民会館隣りの二階建て長屋式店舗兼住宅の真ん中辺りにお店を発見。垂れ込めた雲が日差しを遮っているため、店内の明かりがことさら明るく見える。

青い日除けはのっぺらぼうで何も書かれていない。軒下左側に店名のある立看板、真ん中に雑誌ラック、右ガラス窓に色褪せた浜崎あゆみの巨大ポスター…。出入口は左右に二ヶ所。左から中に入ると、静かで雨の音しかしない店内。どうやら昔は新刊書店だったお店をそのまま使用しているようだ。壁棚上に残る〝女性雑誌〟〝文庫〟などの文字が仰々しい。というわけで壁際は本棚、手前に背中合わせの棚が二本、奥にラック棚が一本、さらに奥に広々とした帳場があり、店番のご婦人（中尾ミエ風）が背筋をビシッと伸ばし本を胸の高さに掲げ、昔日の女学生の姿勢で読書中。そのTシャツには「悪餓鬼」と書かれているが…。

入口裏の棚はコミック、真ん中の通路もコミックが並んでいる。左側通路壁棚は、ハーレクインと文庫から始まり、実用・実用雑誌&ムックからちょっと硬めの人文系へつながって行く。山岳・文化・民俗学・郷土本・自然・宗教・オカルト・幻想文学・辞書、そしてレジ横に絶版漫画と特撮&アニメムック。下には何故か祝儀袋とゲームソフトが並ぶ小さなラック…。手前の通路棚には、エッセイ・時代小説・日本文学の新しめの単行本が収まっている。奥のラック棚には、上に様々な賞の受賞作が目立つ小説単行本、下にはまたもや特撮&アニメのムック&雑誌。

とここで店内で何かが羽ばたく音…パタタ…見回す

が姿は見えない。再びパタタ、パタタタタッ！　何だ？小鳥か？　それともデカイ蛾？…その瞬間、私の肩先をかすめ入口に飛び去る小動物の姿！…コウモリだっ！　コウモリがいる古本屋って…カッコいい〜…それにしてもまさか飼ってるわけじゃないよな。

興奮を抑えつつ右側通路へ…棚に集中しなければ。通路棚には、ノベルス・教養&雑学文庫・選書・新書が並ぶ。奥のラックはアダルト専門ゾーン。右壁棚はすべて文庫本。入口手前から、翻訳文学・女流作家・時代小説・日本文学・ノンフィクション・探偵小説・絶版文庫・官能小説となっている。む？　レジ後ろの左右に額装された絵が飾られている。左は小松崎茂の軍艦のイラスト…高値である。右には〝ラッセン〟と素っ気無く書かれたイラスト…1500円である…ラッセンをお求めの方はこのお店でぜひ。

店内は古めかしいが、棚は美しくキレイに整頓されている。お値段は安め〜普通。文庫は定価の半額が基準。街の古本屋の部分としっかりセレクトされた部分が分かれたお店である。

レジに本を差し出すと「あらっ？　シブい本買うのね」「は、はぁ…」「でも面白そうね…あら？　仙厓の本なんてあったかしら？」「そこの棚から…」「二十年ここでやってるんだけど、棚に並べた本はちゃんと覚えてるのよ…でも忘れちゃったのかなぁ、それとも店長が並べたのかなぁ〜…」「人が並べたんならそりゃ覚えてないですよ」「そうよね〜アハハハハハ……あったかなぁ〜仙厓…」。あったんです！　それにしてもコウモリに出会えるお店…そうそう無いと思います。新潮文庫『死にとうない　仙厓和尚伝／堀和久』、講談社文庫『消えた鉄道を歩く／堀淳一』を購入。

万葉書房

日本文学と古典が凝集

営業時間 10時〜13時半、14時半〜19時（土10時〜13時半、14時半〜18時） **定休日** 日祝 **電話** 047・360・6263

常磐線上り電車の車窓から営業中なのを確認し、そそくさと電車を降りて東口へ。お店のイメージを頭にキープしつつ、交番横から線路沿いの道を北へ進む。

100メートルほどで、右手マンション一階にあるお店に到着。角地に建つ、見るからに狭そうなお店である。もちろん仙台の「萬葉堂グループ」とは無関係である。

軒には青い大きな店名看板。〝古本と出版〟とあるので、古本販売以外にも出版業を行っているようだ。店頭には風で回る赤い店名看板と、はためく〝古書販売〟の幟。出入口上部には取扱品目が短冊のように貼り付けられ、ドアには〝小房は古代万葉集を中心に日本文学を取り揃えております〟〝マンガ・アダルトは取り扱っておりません〟の貼紙。むぅ、目線の高い志にあふれたお店である。

ドアを開けると、通路が極狭なギュウギュウの店内…こりゃ閉所恐怖症の人は入るのに苦労しそう…。明るく整頓の行き届いた店内だが、とにかく狭いスペースに棚が多いのだ。しかも意外に奥行きがあり、棚で生まれる死角たちが、小さな迷路の濃度を高めて行く！ 本棚が迫る罠だったりしたら、脱け出せずに即お陀仏…。雰囲気としては西荻窪の「比良木屋」に似ている。

出入口の両脇に本棚、右壁と左のナナメ壁も本棚、入口前に半円型の本棚とその後ろにも棚、左側は壁に合わせて置かれた背中合わせの棚、左奥の広めのスペースの壁も棚、その前に背中合わせの棚、右奥にガラスケースと棚に囲まれた帳場がある。その向こうに見えるのは店主の頭頂部のみ…よし！ 迷路に負けるものかっ！ がんばってツアーするぞ！

出入口左の棚は105円単行本、右は「一般書」と名付けられた日本文学・随筆・ノンフィクションなどが並ぶ。棚の間を脱け出るように蠢いて右へ。右壁は、二重に並ぶ新書・選書・日本文学初版本。半円棚には扇のように美術図録が背を見せて並び、後ろの棚には文化や社会が収まっている。ガラスケースには高そうな直筆物などが飾られている。

ナナメのフロア棚には、自然・趣味・歴史・民俗学・日本語・国語・中国文学などが表裏に並ぶ。脇にはいつも外に出ているはずの、105円文庫ワゴンもあり。〃冷やかしは御免でござる〃と書かれた貼紙も…。左壁ナナメ部分は、社会・日本文学・文学評論&評伝・古典文学が並び、堰き止めるように飛び出た棚には文学研究本。

体を横にして身を薄くしながらさらに奥へ。壁棚にはメインの万葉集関連…「柿本人麻呂」なんて棚は初めて見ました。奥壁にも古典文学、それに北海道（充実）&沖縄本と辞典が収まっている。背中合わせの棚には、時代小説&歴史文庫・教養系文庫・日本文学文庫が、表裏に六列ほど並ぶ。レジ周りには辞書・仏教・少量のミステリ文庫・カラーブックスなど。

日本文学と古典が充実したお店である。研究本多し、値段は普通。通路狭く迷路度高し。何はともあれ、この複雑な構造と店名通りに古典文学に対する志の高さに、ひたすら感服する。

店主は意外に年若いようで、お笑い芸人のメッセンジャー黒田の面影を持つ（その後、下北沢の「古書赤いドリル」で偶然会う機会があったが、話好きの気さくな方であった）。万葉の迷路に迷い込みたければ、ぜひ北松戸へどうぞ。中公文庫『古墳探訪／鈴木亨』を購入。

書斎

書斎感ゼロのカオス店

電話 04・7146・1887

西口を出るとロータリー。その中心から真っ直ぐ北西にのびる通りを進むと、水戸街道とぶつかる南柏駅西口交差点。おぉ！ すでに左前方、横断歩道の向こうにお店が見えているではないか！ 西日できらめくアスファルトを渡り、二軒長屋的住宅兼店舗の左側に立つ。

店名は…どこにも無い。煙草と清涼飲料水の自販機に囲まれた店頭には、右に雑誌ラック、左に二冊100円文庫や新書の乗った長机と、100均単行本の棚がある。入口の上にはアイドル雑誌・映画雑誌・貴乃花ムック・小野田さん帰国グラビア誌などが飾られている。

サッシを開けて入店すると、棚が複雑に入り組む縦長な店内。暖かな石油の匂いが漂い、どこからかテレビの音と身じろぎが聞こえてくる。入口の両脇はコの字に棚が組まれ、真ん中の棚の間を抜けると、左に帳場とその奥がカーテンで隠されたアダルトゾーン。壁を棚が覆い、真ん中に奥の壁まで続く背中合わせの棚が一本あり、狭い二本の通路を造り上げている。ジャージ姿の中年店主は横向きにテレビを鑑賞中。

入口の右横は廉価コミックがビッシリ並ぶ、毒々しいコーナー。左横には、女性・実用・最近刊ミステリ・タレント・コミック・100均文庫が並ぶ。スルッと右側の通路に進むと、右壁に経済・語学・辞書・面出し最近刊・岩波文庫・ちくま文庫・雑学文庫と並び、後は日本文学・歴史・社会・探偵小説・科学・文化・自然・戦争などがせめぎ合うカオス的棚。古い本もチョイチョイ顔を見せている。

前半の棚は二重で、後ろにコミック揃いがチラリと見えており、棚脇に何が収納されているのかがしっかり明記されている。奥には建築や大判本。向かいの通路棚は、時代小説文庫・純文学文庫・コミック文庫が収まっている。左の通路にそっと移ると、左壁は新書&実用ノベルス棚・アダルト入口・コミック棚。右の通路棚は、文庫揃い・官能文庫・海外文学文庫・作家五十音順日本文学文庫が並ぶ。帳場の内側には絶版漫画棚も造られている。

街の古本屋さん的ではあるが、文庫に絶版が多く単行本もカオスで、不思議な深さあり。値段は安め。帳場にサササッと近付き、精算ついでに気になるお店の名前を尋ねてみると、俯きながら「書斎……」とポツリ。そしてここからベンガルがスッキリした風体を持つ店主の快進撃が始まった。

「店の名はね…こっちの裏に…色々いたずらされて…闘いがあってね…」と中々にハードな話がスタート。そこから「世間には相手の都合をまったく考えない人がいること」「客商売&万引との闘いも大変なこと」「最終的には身内が敵になること（何があったんですかっ?!）」「三橋美智也について」「新宿で働いていた時は、キャバレーでディック・ミネや小林幸子の営業を見たこと」「夫婦は五十を過ぎたら世間に相手にされなくなるので仲良くなること」などなど…。最初は全く目を合わさずに喋っていたのだが、最後には笑顔も見せていただきました。

お話が一体何処に着地するのかヒヤヒヤするが、何とか話の隙間を見つけて、「気をつけます！」と訳の判らないことを言って辞去。その帰り際にも、「それにしてもそんな本読むんだ。取りあえず並べてたけど、どんなのが売れるか判んないんだよねぇ〜。じゃあどうも〜」のセリフ。おぉ、この暖かな「書斎」というシンプルな名の古本屋さんに、幸多からんことを！ 裳華房『ミステリーと化学／今林嘉明・山崎昶』を購入。

太平書林

常磐線沿線屈指の名店

営業時間 11時半～22時、12時～21時 **定休日** 無休 **電話** 04・7145・1555

常磐線でナナメに北へ。中央口で改札を抜け、西口方面に進むと、見通しが悪く判り難い空中歩廊。「STATION MALL」と名付けられ、高島屋に入り込むよう画策されている。その高島屋脇の階段から地上に下り、西口商店会の通りをそのまま北へ進む。やがて右手に、やたらに立派なほぼ結婚式場のホテルが現れるので、そこを過ぎて東に曲がり込むと、左手にお店が見えて来た。

小さな集合住宅の、箱のような建物の一階中央にある。軒にはピンと張り詰めたカーキ色の日除けに藍色の文字、前面は大きなガラス窓で、店頭には〝営業中〟の幟と、１００均棚・50円ワゴン・安売り雑誌ラックが置かれている。１００均棚に良い本がチラホラ並んでいるので、中への期待感がぷうっと膨らんで行く。

左端の出入口から中に入ると、整頓はされているが、ギュッとした感じの店内。静かである。壁は本棚に覆われ、フロアには縦に背中合わせの棚が三本、奥にガラスケースと帳場がある。右奥には奥まったスペースが展開し、当然三方に本棚が置かれ、真ん中には雑誌の山を備えている。通路を先ほどから、口を真一文字に結んだご婦人が飛び交い、本の補充を続けている。オーソドックスに左端通路から観察をスタート。

左の壁棚に世界文学全集・古典文学・文学評論・俳句・詩歌・社会運動・近現代史・世界・民俗学・歴史と並び、帳場横に千葉関連本がドッサリ。右の通路棚は、科学・哲学・宗教・山岳・紀行が収まっている。棚脇棚に東洋文庫。第二通路左側は、仙花紙本・音楽・映画・演劇・落語・料理・性愛・探偵・推理・幻想・海外文学。右側はスチールロッカーのディスプレイ棚となっており、おススメ本（映画関連・澁澤龍彦など）や新刊本（コミック・ラノベもあり）が飾られている。奥の棚脇棚に古文庫と古新書、手前には最近刊本とサブカル廉価本が並ぶ。

第三通路は左側に自然・実用新書・実用・女性、右に日本文学文庫・教養系文庫・岩波文庫・ノベルスとなっている。奥側棚脇にラノベ棚あり。右端通路は、左に雑学文庫・日本文学文庫・日本純文学文庫・海外文学文庫・ハーレクイン、右壁に児童文学・絵本・コミックと続いて行く。

右奥スペースにそのまま進むと、アニメムックラックを通り過ぎ、そのまま右壁にアダルト・美少女コミック・漫画評論・出版・本・古本と続く。奥壁には美術・民藝・陶芸・写真・美術図録が収まり、左壁には新書がズラリ。帳場の足元にはCD棚もあったりする。

バランスの良い黄金比なお店である。硬くもあり軟らかくもあり、その精神がそれぞれのジャンルに行き渡っているので、棚を見て行くのがかなり楽しく、余計な本まで買いそうになってしまう。値段も安め〜普通なので、より手が出やすいのである。

途中、「暑い暑い」と言いながら常連らしき老男性が来店。ご婦人と挨拶を交わすや否や、声高にマシンガントークをスタートさせた！　ご婦人は慣れたもので、間断なく突き出される言葉たちに、時に真剣に時にさらっと受け答え。常連さんもあれだけ喋っているのに、棚を次々と物色し本を小脇に抱え込んでいく…もはやこの店内は二人だけの真剣勝負の場に…。

そこに何とか割り込んで精算を済ませる。耳にした最後の話題は「澁澤龍彥って子供いたのかしら？　いっさい本に出てこないのよね〜…」「さぁ〜…いねぇんじゃねえか？　いたら気味悪いよ。多分おんなじヤツだし」…常連さん、鋭過ぎる切れ味でした…。河出書房新社『石原豪人』、平凡社新書『奇想科学の冒険／長山靖生』を購入。

青木書店

下町古本屋界の巨人青木正美氏の本拠地

営業時間 12時〜19時　**定休日** 不定休　**電話** 03・3691・5003

堀切菖蒲園駅沿いの商店街にある。『古本屋四十年』の青木正美氏のお店。店頭のワゴンは古い本が多め。その古さは仙花紙本も混ざるほど。ショウウインドウには永井荷風の印刷写真（木村伊兵衛撮影）や小山清の本など、下町に相応しいモノが見える。右の入口から店内に入ろうとすると、扉の取っ手が本で作られているので驚く。正真正銘、本物の本である。本への無尽蔵な愛がビシバシと伝わってくる中、店内へ。

来店を告げる鈴が涼やかに鳴り続ける。左側に選書・新書・文庫、右には戦記・戦史・宗教・音楽が並ぶ。真っ直ぐ進み、レジ横の文学棚へ。作家ごとに作品&評論がまとめられ棚に収められている。レジには中年のオジサン。ここまで来ても、まだ店の全貌は摑めない。全く見通せない店内と複雑な棚構成がそうさせているようだ。レジ前下には、岩波文庫がビッシリと並べられている。第二の通路には、古代史・歴史そして対面に美術。美術は棚に入り切らないものが、手前の肩ぐらいまでのキャスター付き棚に収められズラリ。中には特撮・アニメ・フィギュアなどの柔らかい本も。第三の通路は料理・人物伝・芸能・映画・江戸・東京・生物など。第四の通路は自然科学・思想・哲学、対面には文学の文庫。第五の通路には風俗・児童書・ノンフィクション・世界各地の歴史・紀行文などが。特徴的なのは各ジャンル棚ごとに、重要な新書・文庫も並べられていること。さらにレジの左横には、出版・古本関係のスペースがしっかりと取られ、青木氏の本も多数並べられている。

この店舗スペースに、整然と並ぶこの量は驚異的である。まるで小さい図書館のように、知識が広く敷き詰められている。有隣堂『美術の中の横浜／宮野力哉』を購入。

ソウル 釜山
とっておき
グルメ&
ショッピング
食べる、買う。
韓国の休日
産地名
品種
等級
玉数

竹内書店

知的に清々しい良いお店

営業時間 10時〜20時 **定休日** 日 **電話** 03・3601・8468

改札を出てもそこはまだ建物の二階。左の階段から地上に出て、高架下の道か、「ユアエルム」内を突っ切って西側へ。線路に沿ってのびる青戸銀座通り会を北東へ。ちょっと閑散とした商店街の尻尾が、環七にぶつかる手前にお店がある。

巨大な緑の日除けの下には、雑誌ラック・100均単行本手作り棚・文庫ワゴンが並ぶが、本の量はそれほど多くない。かといって放置されてるわけではなく、整理整頓はしっかり行き届いている。

入口と示されたサッシを開けて中へ。ちょっと薄暗くちょっと民藝調な店内…何だか折り目正しくピシッとしているので、一瞬高級店なのか?と思ってしまう。壁には木製の作り付けの棚、真ん中に平台付きの背中合わせの棚とガラスケース、店奥にはテーブルだけの帳場と、その後ろに住居部分との境の役割をしている不思議な本棚。その棚の前には、応接セットが置かれている。レジにも応接セットにも誰もおらず、裏の住居部分から生き物の気配…。結構大きなガラスケースには、本や何やら高そうな物が収められている。

左の壁棚はビジュアル本から始まり、書・茶・文化・博物学・自然・哲学・思想・文学評論・探偵&幻想文学・日本文学と確認したところで、住居部分から突然悲鳴が響き渡る!

「フゥガァ〜〜〜〜ッッ!グルルゥ〜〜〜ゥンフッフィヒィ〜ンヒン…」。そして何かがこちらに迫り来る! よく見ると、後ろ足の不自由なパグ犬が這ってこちらに向かって来ている! そしてそのすぐ後ろから壮年の店主が登場し、「大丈夫だから。大丈夫だよ」と優しく声を掛ける。犬が次第に落ち着いたところで「すいません、もうすぐ出ちゃうんですよ。だから店閉めちゃうんで」「あっ、判りました。何時くらいに出られるんですか?」「後三十分くらいで。こいつを病院に連れてかなきゃいけないんですよ。本当にすいません。あ、まだ大丈夫ですよ」…それは一大事だ。「判りました。素早く見ますので」と言い、店主と笑顔のコミュニケーション。とはいえ、そんな状態で長居するのは気がひける。パグは私を見ながらフガフガ言っている(フフ、可愛いじゃないか)…本当に高速で棚を見始める。

向かいの通路棚は、時代小説文庫と教養系文庫、裏側には文学&ミステリ文庫・歴史・江戸・東京本が収まっている。右の壁棚は、ビジュアル本・食・戦争関連・映画・骨董・写真・建築・美術と並ぶ。通路には唐突に小さめの100均文庫棚が置かれている。店奥の境棚には、箱入りの学術&資料本・美術本がズラリ。脇には豆本や震災図なども。

高速で見たためそれほど正確ではないが、良書が多いお店である。全体的にキレイで、見ていて非常に気持ちが良い。古い本はそれほど多くないが…。値段は手にしたものに限って言えば、ちょっと高めな印象。でも文庫は安かった。

しっかりと欲しかった本を見付けたので、店主に声を掛けようとすると、奥から計ったように姿を現してくれた。本を受け取ると「本当にすいませんね」と謝りながら精算。「いえいえ、病院大変ですね」と返すと「もうほとんど介護ですよ」と笑いながら答えてくれる。「幾つなんですか?」「十四歳」「長生きですね～」と純粋に驚くと、まいったなぁ～という感じで笑顔を見せる店主。そして「本当にすいません。今度はゆっくり来て下さい」。さらに「毎度どうも、ありがとうございました」と嬉しい言葉を掛けてくれて送り出し。

外に出ると、何だか清々しい気分が心を満たしてくれていた。パグの健康を願いつつ、言われた通りにまた来ようと空を見上げると、商店街の上を雲が乾いた空気と共に流れて行く。新潮社『火と水と木の詩／吉村順三』を購入。

岡島書店

博物学や武道が充実

電話 03・3692・7729

駅南側に出て、さらに南の奥戸街道へ向かう。街道に出たならばひたすら東へ。ポツポツ残る古い商店建築が、心のザワつきを持続させてくれる。500メートルほど進みたどり着く渋江公園前交差点脇に、街道筋にしっかり溶け込んだお店を発見。

大きな〝誠実買入〟の看板に小さな店名。出入口の両脇にスチール棚と平台が一つずつ。右には文学・復刻本・ノベルス、左には実用系単行本が収まっている。

サッシを開けると、すぐの場所に棚が迫りちょっと入り難い。小ぶりな店内の両壁は本棚、真ん中に背中合わせの棚が一本、奥に帳場があり、ご婦人が薄型テレビを鑑賞中。

右壁は海外文化・風俗・博物学・オカルト・探偵小説とマニアックさを見せ、幻想文学・日本文学・文学評論・地方都市・江戸・東京・民俗学・美術・思想・辞書と走り抜けて行く。足元には未整理本やビジュアル本あり。向かいには、新書・映画・落語・官能小説が並び、下にはアダルト雑誌。棚脇の大判ビジュアル本棚を見て左側通路へ。

左壁は、刀・剣術・武道・ヨガ・宗教・道教・風水・占術・古代史・歴史・魚・料理・動物と並ぶ。向かいの通路棚は、岩波文庫・講談社学術文庫・ちくま文庫・時代小説文庫・一般文庫。荒俣宏&藤森照信が多く、そこから南方熊楠・今和次郎などがグッドなつながりを見せている。下には雑誌やビジュアル本。

単なる下町の古本屋さんと思いきや、博物学・民俗学・宗教・武道の充実に驚愕。値段は普通〜ちょい高。本を手に帳場へ向かおうとすると、半藤一利風の店主がご帰還し、本の束をご婦人と共に店の奥へバケツリレー。ちくま学芸文庫『江戸・東京を造った人々1／「東京人」編集部編』を購入。

甘夏書店

畳に和める居候店

営業時間 12時〜18時 **定休日** 火、第1水

テクテクと押上一丁目交差点から、スカイツリーの偉容を左に見ながら踏切を渡り、桜橋通りを北西に進む。近接する二つの交差点を突っ切り、学校に挟まれた「森鷗外住居跡」を通過すると、水戸街道とぶつかる大きな交差点。その南角地に「一軒家カフェikka」があった。

交差点に向かった扉を開けて中に入ると、そこは完全なる落ち着いたカフェ店内。左のカウンター奥からフェルトのベレーを被った女性がタタと近寄る。「いらっしゃいませ」「あの、甘夏書店を見に来たんですけど」「あっ、そうですか。今日は甘夏さんはいらっしゃらないんですけど、それでもよろしかったら、二階のお店にどうぞ」と優しく案内される。奥の通路に進んで曲がり込み、靴を脱いで急階段をキシキシ上がり、二階へ。畳敷きの和室が広がる上がり口前には早速古本箱が出現。単行本類の安売り箱に、図録・美術雑誌箱である。右にギャラリー部屋、そして左にカットされた甘夏紙看板が下がる入口の向こうに、曳舟から移転して来た「甘夏書店」がお店を広げている。

左右にローテーブルと箱が置かれ、奥の押入れも本棚として活用されている。押入れ前の机が、今日は不在の甘夏さんの定位置であろう。

手前側のテーブルとその周りに「こどものとも」・コーヒー関連・幸田文・永井荷風・落語・江戸・東京・ファッション・食・女子・女流作家・リトルプレスなど。押入れには人文・建築・古本関連が並び、右の窓際には絵本と児童文学が揃っている。

本は少なめだが、妙に女子的に硬派な並びは頼もしい。値段は普通〜ちょい高で、素敵なブックカバーも販売中。一階に下り、ひかりのくに昭和出版「ひかりのくに」を購入。

アトリエローゼンホルツ・石英書房

元銭湯の古家に古本がはびこる

営業時間 10時～17時　**定休日** 火水木、第1・2日　**電話** 090・1808・8911

駅北口を出て線路沿いを西へ。そして踏切から始まる真間銀座通りを北へ進む。片側だけに並ぶ大きな松に、さらに大きいマンションが覆い被さっている。やがて行き当たった交差点を渡り、電気屋と質屋の看板の間の小道に入り込むと、街の喧騒が遠のいた住宅街。静かな塀に囲まれた道を、行き交う老人たちに見られながら歩いて行く。最初の脇道を西に入り込み、さらに奥部に分け入って行く。道なりに進むと小洒落たパン屋さんが現れるので、その手前の北に延びる小道を進む。

右手道路際に出された立看板を目印に、住宅横の長いアプローチに踏み込み奥に進むと、臙脂（えんじ）と緑に塗られて複雑な形状で敷地に広がる、元銭湯の古本屋が現れる。とてもお店には見えないのだが、実は立派な古本屋＋カフェ＋アトリエなのである。ここには、以前田端にあった「石英書房」が少し間借りをしているとのこと。

渡り廊下のような屋根の下に入ると、左に二つの入口がある。奥は広い吹き抜けの板の間へのアプローチで、手前は文庫ゾーンを経由して、同じ板の間へ進めるようになっている。店頭で戸惑いながらも歓迎してくれた、現在店内で絵画展を開催中の店主の母君（御歳九十歳！）に促され、まずは土足でも入れる文庫ゾーンへ。

左壁に設えた棚に、単行本少々となかなかの量の文庫が並んでいる。値段はちょい安。ビーサンを脱いで板の間に上がり込むと、足元に料理・ファッションなどのビジュアルムック＆雑誌棚が続き、その上では雑貨類やお菓子が売られている。

壁に飾られた幸福な色彩の絵画群と、オススメ絵本を見ながら入口方面に向かい、横の折れ曲がる階段で二階へ上がる。するとそこから古本棚を置いた三間が続くのだが、最初が「石英書房」の間となっていた。左に鉱物や雑貨類を集めたアンティーク棚、向かいに鉱物関連本の小さな棚が置かれている。奥へ進むと薄暗く絵本と児童文学が棚に並び、さらに奥の部屋には少量の図鑑類。すべての部屋の窓は開け放たれ、吹き込む風が白いカーテンを優雅に踊らせている。古い民家の味わいが気持ちよく、古い机やカラーテレビが、心がムズムズしてしまう郷愁を湧き起こす。

階段上に立って、しばらく低い吹き抜けを見下ろしてから、板の間に戻り、右側の広いカフェスペースにお邪魔する。とは言っても、ぶち抜きの日本間に大きなテーブルを据え、壁に自然・暮らし・女性関連オススメ本ラック、リトルプレスラック、それに詩集や長田弘や哲学や永六輔の棚を配した空間である。

ではそろそろ精算をと、元気でフレンドリーな女性店主に声をかけると、板の間の奥に潜む急階段を指し示し「この上にも本があるんですよ」とニッコリ。言われるがまま手をつくようにして上階に向かうと、日本家屋特有の薄暗さの中に、壁一面の本棚が浮かび上がる。スピリチュアル・健康・自然・エッセイ・教育・カルチャー。さらに奥の部屋にも小さなラックがあり、猫の本が集められている。

古本を探す楽しさよりも、複雑な古屋内をあっちへこっちへ上へ下へと、ギシギシ行き来するのが誠に楽しいお店である。それはまるで、受動的で物静かな民家アトラクション！　各部屋には椅子とテーブルが必ず置かれているので、この不思議な空間に溺れながら本を読むことが出来るようになっている。値段はちょい安。角川文庫『魔女の呪い ハーディ短編集』小学館ライブラリー『多摩川探検隊／辻まこと』を計300円で購入。

日置書店

アダルト以外は超激安

電話 0434・87・1723

降り立ったのは郊外の駅のホーム。橋上駅舎に上がって北口に下りれば、ほとんど道路の横長な駅前。西に足を向けると、箱型の古びた商店建築が並び建ち、すぐの脇道を北に入る。するとその先は斜めの道に通じており、正面にはさらに古さを増し閉店してしまった商店群が現れる。三本の大木を背景にし、右から元文房具店・店種不明・元お菓子屋、そして木戸で塞がれた空地を挟み、大きな黄色いテント看板の古本屋さん。極上のうらぶれたロケーションである。感極まりながら、サッシ扉の向こうへ飛び込む。

コンクリ土間の縦長&質素な店内。スチール棚を連ねて四本の細い通路を生み出し、奥にはアダルト部屋がしっかりとある。左奥手前に本に軽く囲まれた帳場があり、おばあさんがスピーディーに仕事をこなしている。左半分はコミックで埋まり、右半分に日本文学文庫・ミステリ文庫・時代小説文庫・教養&雑学文庫・ラノベ・海外文学文庫・ノベルス・コミック文庫・一般単行本、それに最下段に埃まみれの古めの文庫が捨て置かれている。

所々に乱雑な横積みゾーンが存在し、並びはあくまでも一般的。コミックとアダルトが主力商品なのであろう。四冊を鷲掴んでおばあさんにグッと差し出す。すると小さな声で「…ごじゅうえん…」…？　良く聞こえなかったな。４５０円かな？　確かめてみると、「50円です」「ご…ごじゅうえん！　一冊１００円じゃないんですか？」「新しいのが一冊だけだから」…ということは、一冊10円で新しめの文庫だけ20円ということか！　絶句するほど鬼安！　徳間文庫『奥只見温泉郷殺人事件』『天竜駒殺人事件』共に中町信、講談社文芸文庫『告別／福永武彦』、草思社文庫『野宿入門／かとうちあき』を購入。

THE APPLE AND THE BUTTERFLY
17-5

つなん書房

お店も本も生きた化石化

電話　047・363・6472

松戸駅で新京成線に乗り換え、郊外の少し起伏のある果てしない住宅街を、盛土された路線で切り抜けて行く。乗車時間わずか四分の二駅目で下車すると、車窓と変わらぬ住宅街。

いつの間にか降り始めた冷たい雨に眉をひそめ、北口から踏切を渡り、駅前のメインストリート的坂道を南西へ下る。100メートルも進むと信号があるので、脇道を東南へ。何処かとの抜け道になっているのか、こちらに向かってひっきりなしに車が坂道を下って来る。そして行く手右手に〝古書買入〟とある店名袖看板を、ちょっと遠目に確認する。

住宅兼店舗らしく、軒には青瓦が雨に濡れて鮮やかに輝き、赤い日除けは弛んで薄汚れてボロボロ。その下のサッシ四枚の向こうに見える店内は、少し荒れ気味だが蛍光灯を輝かせて、しっかりと営業中である。

ぬぅぅ、私鉄小駅住宅街の忘れ去られたような個人店…古本魂がメラメラ燃え上がり、拳をギュッと握り締める。中に入ると、電子チャイムがピロンピロン鳴り響き、すぐに奥からカーテンを捲って、小さなショートカットのおばあちゃんが現れた。そのまま奥の帳場に腰を下ろすが、埋もれるように見えなくなってしまう…。本棚はすべて武骨実直なスチール棚で、両壁に高く貼り付き、真ん中に分厚く背中合わせの棚が二本。また帳場下や背後にも本棚が置かれている。

右端はコミック通路で、ほとんどの本がビニール梱包され、活発な気配を漂わせている。だが、真ん中通路に移ると途端に淀んだ空気がまとわりつき始め、時間の停まった古本屋さんの光景。右側に雑本単行本・海外文学・ミステリ&エンタメ、それに上段に取り残されたような全集端本類と古めの本、足元は低い本タワーが連なっている。埃まみれで動いていない棚が、ドキドキを加速させる。

左側は時代小説文庫（ここは動きの気配あり）・日本文学文庫・歴史となり、最下段は文庫ストックで埋まっている。帳場下の廉価コミック・ノベルス・新書を眺めて左端通路。右側は女流作家文庫・カラーブックス・出版社別文庫・雑学文庫・日本文学文庫・官能小説が収まり、下段は何処も文庫の墓場となっている。左側は、ビジネス・ガイドブック・実用・タレント・ハウトゥノベルス・新書ノベルス（オカルト系多し）・ノベルス・辞書・アダルトとなっており、足元には本タワー、最上段は単行本の墓場となっている。

コミックとノベルスと時代小説文庫以外は、完全に時が停まってしまっている。棚にはブランクもあるが、本棚の奥・本の墓場・本タワーの中に何か素晴らしいものが潜んでいる気配を勝手に感じ取る。埃との格闘を厭わぬ方には、ぜひとも挑んでいただきたい。本には値段が付いていないのもあるが、おばあちゃんにその場で吟味してもらうのだろう。

帳場に向かい三冊を差し出す。「ありがとうございます」と立ち上がった彼女の後ろには、巨大な柱時計が！…これは、おばあちゃんよりデカイのでは…と度肝を抜かれていると、「４００円です」と激安値をあっさり告げられる。東方社『英語屋さん／源氏鶏太』（ひゃっほう！）、ペップ出版『悪友記／吉行淳之介（著者代表）』、ちくま文庫『死体と戦争／下川耿史』を購入。

あぁ、こんな住宅街に、今まで潜んでくれていて、ありがとう！

まだまだあります、古本屋

ＪＲ常磐線

◉三河島駅　駅北側の尾竹橋通りには「稲垣書店」がある。土日月が営業日と誠に変則的だが、それでも店内の映画・芸能・役者関連書は見て買う価値あり。通りの南方にある「TOKIOブックチェーン 日暮里店」は予想を超えない棚造りの安めの大衆店である。

◉北千住駅　東口の学園通りには「なざわ書店」がある。店内は整頓が行き届き、端正で硬めである。千住桜木交差点近くには「おたけちゃん書店」があるが、最近はあまり店を開けていない模様。

◉亀有駅　北口ロータリー前には新刊書店のような老舗店「栄眞堂書店」があるが、実は新刊と共に古本や紙物、レコードなどを販売している。環七通りにはリサイクル系の「BOOKトミー」があり、古本も一応扱っている。安さと時代小説文庫の多さが特徴だが、100均文庫にちくま文庫も紛れ込んだりと、ちょっと定点観測してみたいお店である。

◉金町駅　駅北側の網の目のような商店街ゾーンにはいかにも街の古本屋といった「五一書房」がある。裏通りには「文福」があり、本を買うとオリジナルのちりめん紙の栞がもらえる。昌明通り商店街には、幻の古本屋とも言えるなかなか開かない「金町一草洞」がある。もし入れたら、レコードと詩集やセレクト文学、それに鳥類など、独特な世界を楽しめるだろう。

◉柏駅　「古本カフェ かわうそ堂」は繁華街から離れた街中にある。カフェテーブルを囲んで新し目の本が並べられているが、しっかりした方向性が頼もしい。

◉我孫子駅　水戸街道を越えると、大きな店舗の「本のさんぽ道」がある。基本はリサイクル系であるが、所々に古い文学本や人文書が安値で混ざるので、少しだけ油断のならぬ兆候が見て取れる。

京成線・新京成線

◉新三河島駅　尾竹橋通りにある「丹青通商」は、古書と電子部品を扱う超変わり種なお店。古い本が多く、文庫を中心にして絶版の世界を強固に作り上げている。

◉**お花茶屋駅**　駅前の「BOOKS - U お花茶屋店」は便利なリサイクル系のお店。プロムナードお花茶屋に入り込めば「ブックステーション お花茶屋店」。こちらの店は実は古い絶版文庫の棚があり、意外に楽しめる。「青木書店」は車やバイクなどに特化したお店で、奥の通路にバイクが置かれているのに驚いてしまう。

◉**押上駅**　スカイツリー足元近くの都営住宅一階には「シネマッドカフェ」。映画ポスターに囲まれたカフェ内に、映画関連書を集めた本棚が一本置かれ、止めどない映画愛を表している。駅北側にはリフォームと古本屋を兼業する「イセ屋」がある。店内の棚はほとんど時間を停めているが、本はすべて激安で、時々恐るべき掘り出し物が発見されたりする。

◉**市川真間駅**　線路際には渋い店構えの「智新堂書店」。奥へ進めば進むほど硬くなる教養度の高いお店である。「春花堂」は通路と暗い部屋で出来たお店で、雑本十日本文学を並べていたが、止む終えず引っ越すことになり、すぐ近くに移転開店している。

◉**京成大久保駅**　ゆうろーどという名の長い商店街にある「キー・ラーゴ」は、店頭から店内奥に至るまで、一切気の抜けない名店である。古書棚・冒険小説・映画本が熱い。

◉**八千代台駅**　団地発祥の地には「雄気堂」が何気なくあるが、千葉が断然誇って良い、スゴいお店である。教養度の高い専門書も充実しているが、右側に固まる文学・文庫群が、安値で品揃えが良く、時に見たこともない本を並べているので、毎回唸らされている。

◉**みのり台駅**　マンション一階店舗の「永末書店」はすべての棚に心を細かく砕いた、丁寧な棚造りのお店である。児童文学と絵本が充実。

◉**五香駅**　「BOOK BOY 六高台店」はリサイクル系のお店で、電動工具や大工道具と共に古本を販売している。

◉**高根公団駅**　踏切近くの「鷹山堂」は、マニアックな古い本が所々に集まる楽しいお店である。ミステリやジュブナイル、絶版漫画も大いに気を吐いている。

オールドブックゼウス

ガラス張りの中には古本が

営業時間 12時～24時 **定休日** 無休 **電話** 03・3674・4115

南口に出るとロータリーは、帰宅を急ぐ学生でごった返している。東の平和橋通りへ向かい、歩道橋を駆け上がる。通りにナナメに架かる橋を渡り、東側の歩道へ。そこから通りを南東に進み、ひとつ目の歩道橋同様ナナメな脇道、小松通りを東に進むと、すぐに左手にお店が見えて来る。

この辺りの道の直線とナナメの違和感は、新旧街路のせめぎ合いっぽい。お店はコンクリ打ちっ放しビルの一階で、店舗部分だけガラス張りになっており、ビルの解剖図解を見ているよう。軒部分にはカフェバーのような爽やかな水色の店名看板、路上にも同色の立看板が置かれている。それにしても、ギリシャ神話の神の名を冠したこのお店…日本風に言えばさしずめ「古本アマテラス」といったところか。

前面の右側部分は少し奥まっており、レンガが敷き詰められ、ちょっとした花壇スペースもある。が、愛でるべき植物は一本も生えておらず、代わりにネコ避けの黒いトゲがビッシリと生えている…近所のニャンコの悪さにかなり困っているらしい…。

ガラスに貼られた「泪橋古書展」のお知らせ（この古書展は現在開催されていない）と『あしたのジョー』のコピーを眺めて店内へ。有線放送がやかましく流れ、微動だにしないお客さん一名が立読み中…。左右の壁は本棚、右側は入口側にコの字に棚が組まれており、奥にはアダルトゾーン、真ん中には背中合わせの棚が三本、入口左横にワゴンとラック、奥にガラスケースと帳場があり、横向きにパソコンを操作する店主の横顔が見えている。

ワゴンには60円均一のコミック、ラックには江戸関連ビジュアルムック・絵本・児童文学が並ぶ。絵本箱＋「東京人」箱が足元に置かれ、入口右には図録が並び人文系の単行本が横積みされた棚がある。全体を見渡すと棚のほとんどは、コミック・廉価コミック・コミック文庫となっている。真ん中通路は絶版漫画と少女漫画で構成。

右側の本棚コの字ゾーンには、奥に向かってスチール棚が一本連結され、この辺りが古本屋的なキモとなっている。コの字棚には100均文庫・時代小説文庫・官能文庫・生物・新書・写真関連。そして奥に向かって、オカルト・哲学・古書・鉄道・映画・性愛・江戸・歴史が続き、向かいには古雑誌・廉価オカルト本・中公文庫・ちくま文庫・岩波文庫（カバー無し時代）・昭和初期新潮文庫・落語・乱歩・風俗などが並ぶ。

レジ周りのガラスケースには、絶版漫画・映画パンフ・カルタ・探偵小説などが飾られている。一見厳重に見えるのだが、実は鍵はかかっていないので、店主に断れば自由に開けて見ることが出来る。

コミックやアダルトに関しては街の新古書店と言えるが、古本部分はしっかりとポリシーの見える棚造り。とにかく所々にヒョコッと古書が紛れ込んでいるのが魅力（そのほとんどにパラフィンではなくトレーシングペーパーが掛けられている）で、値段が安めなこともその魅力に拍車を掛ける。このまま古書棚を広げれば、かなり面白そうなお店になりそうだが、あえて抑制している雰囲気。どうやら古書展やネットの方で、本領発揮していそうである。

春陽堂『禁じられたフィルム 映倫日記／小林勝』、四六書院『風変りな人々／丸木砂土』（裸本。だが、ひゃっほう！）を購入する。

川井古書店

高架下の小道にも古本はある

電話 047・378・7214

　南口へ出て西側の階段を下りる。線路沿いに続く高架と小さなビル群に挟まれ、谷底のように細い道がのびている。そこを真っ直ぐ、鋭角に切り取られた青空に見下ろされながら進む。無味乾燥な高架側とは正反対に、向かいには小さな商店や飲み屋が連なっている。途中、横断歩道を渡りさらに先へ進むと、飲み屋の隣に目指すお店が現れる。

　アパートのような奥行きのある建物の一階部分に店舗があり、軒には大きく張り出した緑の日除け、その下に安売り文庫&ノベルスの平台、雑誌ラックが一台、絵本の収まる「小学館のフォト絵本」回転棚が置かれている。やけに掴み易いサッシを開けて中へ入ると、店内は古臭く冷やっとしている。壁は本棚、真ん中に背中合わせの棚が二本。奥に棚に囲まれた帳場があり、その前にも棚が一本。帳場内では渡辺文雄似のオヤジさんが腕組み。通路は狭く、何もかも人間サイズのスペースより少し縮小した感じである。

　入口右横には郷土資料。これは他の棚上部にも姿を見せる。右壁棚は美少女コミックと廉価コミック。帳場前には古い岩波文庫が並ぶ。向かいは日本文学文庫・雑学文庫。真ん中の通路は右に女流作家文庫・教養系文庫・官能文庫、左に海外文学文庫とノベルスが並ぶ。奥に表裏両方に戦争関連が並ぶ棚あり。レジ周りは新書・資料本・歴史で固められている。左端通路の右側は時代小説文庫、左の壁際に歴史・文化・郷土本・アダルト・異色の歴史&SM棚となっている。

　周囲にバッチリ溶け込んだ街の古本屋さんだが、古い本もほどほどに並び、棚を見る喜びを味わえる。文庫などの値段は安いが、古い単行本にはちゃんとした値段が付けられている。徳間文庫『チャイナタウンヨコハマ／陳立人』を購入。

古ツア定点観測店

雄気堂

八千代台駅
京成線

最初に訪れてから、ずっと虜になっているお店である。もちろん頻繁に行けるわけでないのだが、ここで体験した、欲しい本が次々と安値で見つかる快感が、ずっと、いつまでも、時限爆弾のように、心の奥底でくすぶっているのだ。人文専門書も素晴らしいが、やはり絶版文庫を多く含んだ棚と、古い新書サイズの並ぶ小さな棚、そして小さいが様々な年代の大衆文学が並ぶ右側スペースに、どんな時でも恋い焦がれている。あまり目に出来ない、ミッシングリングをつないでくれるような棚造りが、目の前に展開していくのだ。その最下段を詳しく精査するために、何度通路の床に膝をついたことか。結局帰る時には、常に十冊近く抱えてしまう、背徳的な楽しさ。それがまたもや快感となり、次にここへ来る原動力となっている。

smoke books

こつ然と現れる若者店

営業時間 10時～16時　**定休日** 月金日　**電話** 047・705・0816

見事な夕焼けを背にして、総武線で千葉方面へ。北口を出ると、真ん中の植木にクリスマス電飾の飾りが残る、白々としたロータリー。左から回り込んで、正面の駅前商店街を北東に進む。道筋には昔ながらの鄙びた商店も多く、賑わう地元感に満ち満ちている。ここを抜けると千葉街道にぶつかるので、信号を渡ってから東に100メートルほど進むと、もはやお店の前。ここを訪れるのは今日が三度目なのである。先週は臨時休業、昨日は不定期休、そして本日もしつこく訪ねてみたら、無事に開いているお店に出会えたのだった。

二軒長屋建築の左側が店舗で、軒には"BOOKS"の看板文字。左脇に透明看板や営業形態などが貼り出されている。歩道には"OPEN"立看板・踏み台・絵本箱・雑誌・日本文学箱（主に新潮文庫）が流れ出している。入れ物などはすべて木製である。

開け放しの扉から店内に入ると、大きめに流れる音楽の中を、黒縁眼鏡のオシャレな男子的店主が動き回っている。私に気付き、口から小さく「いらっしゃいませ」。それに対して、私はナナメに会釈してしまう。天井が高く波板スチールがむき出しで、床廻りはすべて木製。棚や机も木で統一されているが、その種類は様々で寄せ集め的である。右壁にタンスの引き出しを外したような深い棚があり、正面右側に大きく採られた帳場。その下部も二段の深い棚になっている。左壁にはディスプレイにも使える壁棚が設置され、それが奥まで続いて行く。下にはミニ回転ラックを載せた机や低めの平台。奥壁にも深い棚があり、床の所々には木箱が置かれている。

右のタンス的棚には、全集類・日本近代文学・幻想文学・日本現代文学・日本語・本・読書・俳句・地球科学・動植物・岩波写真文庫など。棚があまりにも深いので、手前に本が面出しされ、奥に本が並ぶカタチとなっている。帳場下の本はカラフルで、ヒップホップやブラックミュージック。そしてその周辺文化や日本アングラ音楽などが飾られている。

立ち上がって、足元の雑誌・児童文学&絵本箱を覗き込む。この時店主がこちらに何か言っているのに気付く…が、音楽のせいでよく聞き取れないのだ。「えっ?」と耳に手を当て、古臭いポーズで聞き返すと「ごちゃごちゃしててすみません」と何やら恐縮している。「いえいえ」とニッコリ笑い、害意の無いことを伝えておく。左壁には、まずは絵本やカルチャー雑誌が飾られ、その真下のミニ回転ラックに映画本がグルグル。壁棚は、食・料理・音楽・植草甚一・探検・冒険・アメリカ・ヨーロッパ・美術・工芸と続く。奥の壁棚には海外文学と文庫本が詰まっているようだ。

意識的に古い本が集められているようで、それらはお店の雰囲気作りに一役買っている。棚造りは丁寧で、セレクトにもこだわりあり。店主の世界観がしっかりと店内を支配している。ただし左壁には新刊も混ざっているので注意が必要。値段は普通。

欲しい本が何冊か見つかるが、がんばって一冊に絞り、背中を見せて作業中の店主に声を掛ける。「すいません」…気付かない。音楽のせいだな。一歩踏み出しまたもや「すいません」…まだ気付かないか。さらに後ろに立って「すいません」…ダメなの? 届かないの? ついには真横にたって「すいません」…くるっとこちらを向いてくれた。というわけで精算にこぎつける。お店は改装中で、それで少々雑然としているとのこと。がんばってください! そして東京からも見える知識の煙を、狼煙のように立ち昇らせてください!

最後にショップカードをいただこうと思い、その旨を告げ了解を得て、テーブルのカードに手を伸ばす。すると「それは名刺です」と黒いカードを渡される…失礼しました。晶文社『映画への戦略/足立正生』を購入。

三栄堂書店

橋のたもとの昭和店

電話　047・422・0644

駅南口を出て、ロータリーから京成本線を潜り、南にのびる賑やかな通りを進む。やがてぶつかる本町通りを東へ。五分ほど歩くと、小さく水位の高い海老川にたどり着く。橋を渡った所に…お店がある！　うら寂しい片屋根アーケード商店街の端。そこは川岸でもあり、横には小さな水門が見えている。

屋根下の軒には、割と新しめなペタンコの看板。その下はサッシとガラスで構成されている。出入口は左右二ヶ所。真ん中に１００均文庫のワゴン、左側に１００均コミックのワゴンが置かれている。本は微妙に古め。薄暗く天井の高い店内…静かである。奥行きはそれほどなく、壁は一面古い棚で覆われ、真ん中には背中合わせの棚が一本。左側通路は電気が点けられているが、右側は暗いままである。

左壁棚は紐で括られたコミックの揃いから始まり、文学評論・文学紀行・古典・句集・民話・郷土本・ビジュアル本・日本文学・美術・民俗学と帳場後ろまで続く。古い本多し。棚が天井まで続くため首痛し。向かいには、雑本・実用ノベルス・新書・ハヤカワミステリ・ハーレクイン・囲碁・将棋・性愛・アダルトと並ぶ。右側通路奥の壁には全集、壁際には70年代〜新しめの日本文学・戦争・歴史・時代劇・ビジュアル雑誌ラック・海外文学文庫と収まる。通路奥には再びの１００均文庫ワゴンもあり。向かいの通路棚には、日本文学文庫・岩波文庫・雑学文庫がズラリ。絶版もチラホラあるが、読みくたびれたような本が目に付く。下には「太陽」がキレイに並べられている。

雰囲気の良い昔ながらの古本屋さんである。心に余裕があれば、必ずや摑み所の無さを楽しめるはず。値段は安め。福武文庫『野分酒場／石和鷹』を購入。

東京
日本文学
地球環境問題とは何か
日本の米
ドンカメ
宣言
マイケル・ジョーダン
偉大なる復活
SECOND
COMING
新ブライダル事典
東海村原発殺人事件
生田直親
松本
松本人志
愛情物語
赤川次郎
Cocktails

鈴木書房

毎日通いたい激安雑本店

営業時間 11時〜22時　**定休日** 水　**電話** 043・241・8005

改札を出て半地下のような構内から南口へ。ロータリーを抜け、北西にのびる西千葉マロニエ商店会を進む。人けは無く、強い日差しが通りのコントラストを際立たせている…まるで戒厳令の出た街のよう…。

200メートルほど進むと、右に〝古本売買〟の力強い相撲文字の看板。しかしさらに近付くと、この看板がひしゃげているのに気付く。トラックにでもぶつけられたのだろうか…まるで身悶えしているかのようだ。

マンション一階店舗、茶色い長い日除けの下には、均一棚が三本、左に雑誌ラックが固まっている。文庫・新書（少なめ）・コミック…すべて一冊30円・五冊100円の超安値！　本は意外にもちゃんとしております。これならがんばれば、五冊抜ける時もあるかも…まぁがんばる必要はまったく無いのだが。

中に入ると古い本の匂い。天井が低めで事務所的な印象である。壁際は本棚、真ん中に長めの背中合わせの棚が二本。入り口左側にレジ兼作業場があるが、店奥にも向かい合うように作業場らしき大きな机が置かれている。

入口右横には、児童文学・辞書・実用・ビジュアル雑誌の棚。右端の通路、壁棚は一冊50円・五冊200円の単行本エリアからスタート。もうこんなに安いと喜びというよりは、逆に気が引けてしまいます。内容は文学から実用まで、実に多種多様。古い本もチョロチョロ混ざっている。表の均一棚と同様、五冊抜き取る豪傑は出現しているのだろうか…気になるところである。

その後には、ビジネス・詩歌・日本文学・歴史・全集など続いて行くが、量も少ないながら空きの列も多い。最後にはアダルトDVD。向かいの通路棚には、コミック・ハーレクイン・ノベルス・文庫と並び、ここも一冊50円・五冊200円となっている。最後にVHSビデオ棚。真ん中の通路は両側共コミックとなっている。

ここでお店に、初老の男性と日傘を差したご婦人が一緒に入って来た。「ただいまぁ」「お帰りなさい」…どうやら店主夫婦のようだ。ご婦人は「暑い暑い」と言いながらすぐに奥に、店主はレジで店員さんと言葉を交わしながら一服中。仕入れた同人誌の値付けについて、熱心に話し込んでいる。「これだとプレミアはつかずに普通の値段ですね」「そうかぁ〜」「でも『BASTARD!!』の作者の同人誌は高いですよ」…奥が深そうだなぁ。

左端の通路は、壁際にアダルト&エロ・音楽・美少女コミック・同人誌・全集・歴史・民俗学・教科書&専門書が並ぶ。その他にもレジ横にはCD棚とLP&EPのラックがあり、懐かしいジャケットたちが収まっている。向かいの通路棚は、日本文学文庫・ノベルス・新書が並ぶ。

ここにある本はとにかく安い。しかしどうやらお店の方は、ネット販売に力を入れているようで、棚も空き気味、並ぶ本も雑本的。毎日顔を出していれば、いい本に巡り会うこともあるかも。その証拠に、明らかに地元住民な方たちが、次々と店に入って来るのだ。そして気になるのは、レジ後ろのビニールに包まれた裸のVHSビデオ…一体何のテープなのだろうか？奥の作業場では店主たちがパソコンに向かい、仕入れたビデオの話をしている…。講談社文庫『夜の神話／たつみや章』を購入。

まだまだあります、古本屋

JR総武線

◉秋葉原駅　電気とアニメとアイドルの街にも古書は潜んでいる。南側の高架沿いにある「買取商店幸智」は中古DVD店だが、雑本と共に電気関係の専門書も扱う。駅北側では、フィギュアのお店の中に「ジャングル秋葉原古書部」と名乗る古本棚がある。プロレス・アイドル・オカルトと血気盛んな品揃え。巨大ビルの「まんだらけコンプレックス」には三階に特撮・アニメ・漫画系の古本棚が設置されている。鉄道模型専門店「ポポンデッタ」には鉄道古書＋鉄道雑誌、ゲームソフト店「フレンズ」にはゲーム攻略本棚がそれぞれ存在する。

◉浅草橋駅　神保町から「遊星堂」が移って来たが、木曜日のみ開店のほとんど事務所店営業。

◉錦糸町駅　駅北側にある「救世軍バザー」には、雑然とした様々な物品の中に雑本の古本棚が立っている。「ほんジャマ一家」にはちょっぴりの単行本や文庫が通路奥に集められている。

◉亀戸駅　亀戸十三間商店街にあるのは雑本店の「古書ミヤハシ」。下町に根を張るチェーン店のひとつである。

◉平井駅　蔵前橋通りには「漫画人Books本店」がある。店名通りコミックばかりだが、五本の本棚に文庫が固まっている。

◉新小岩駅　北側蔵前橋通り沿いにあるのは、懐かし漫画専門店の「誓和堂」。それらに則した古書や文庫に雑誌もしっかり揃えている。

◉小岩駅　駅から北にちょっと離れた「ブックバザール小岩店」はリサイクル系のお店。蔵前橋通りにある「高橋書店」は細長く、店内の100均棚が見所。駅南側には個性派リサイクル店の「どですか書店」がある。

◉市川駅　駅北側の市川八幡宮前には「即興堂」がある。美術に強いお店だが、文学古書棚も魅力的。

◉本八幡駅　駅近くのドン・キホーテ四階にはリサイ

クル系の「ロシナンテ」。京成線踏切際の「山本書店」は千葉の玄関口を守る本格的な古本屋である。

◉船橋駅　「わかば堂書店」は小さな商店街の奥にあり、ゲームとコミックを扱うが、単行本や文庫も少しだけ並べている。

◉津田沼駅　南口のMorisia七階には、秋葉原にもあった「ポポンデッタ」が入っている。鉄道模型と共に、当然鉄道古書も並んでいる。

◉幕張駅　駅前商店街を南へ進んで行くと現れるのは「草古堂 幕張店」。良質で手抜きのない品揃えの、地に足の着いたお店である。

◉新検見川駅　駅南側にある「草古堂 検見川店」は幕張の系列店。しかしこちらはわりと大衆寄りの品揃えとなっている。

◉西千葉駅　千葉大学の近くには、喫茶カウンターも併設する「ムーンライトブックストア」があり、硬めに教養度の高い本を揃えている。

◉千葉駅　「トレジャーリバーブックカフェ」はアートやファッションのビジュアル本を集めたブックカフェ。見た目はカフェそのものだが、本を見るだけでも利用可。

東武亀戸線

◉亀戸水神駅　駅西側の商店街にある「古本屋JON」は地元民しか知らぬ、新しめの本を安値で扱う大衆店である。

◉小村井駅　明治通にある「BOOK-R小村井」は、店内にスロットマシーンやＤＪブースを備えた異色店。本は激安である。

つくばエキスプレス

◉つくば駅　天久保大学通り商店街という小さなショッピングモールには「学園都市古書センター」がある。広い店内は学術本や専門書を中心に硬めとなっているが、一般の文庫や小説類もちゃんと場所を取っている。「文庫堂 天久保店」は、駅から三キロほど北の遠方にある。倉庫のようなお店で、教科書と学術書と共に雑本を取り扱っている。

古本屋レクイエム

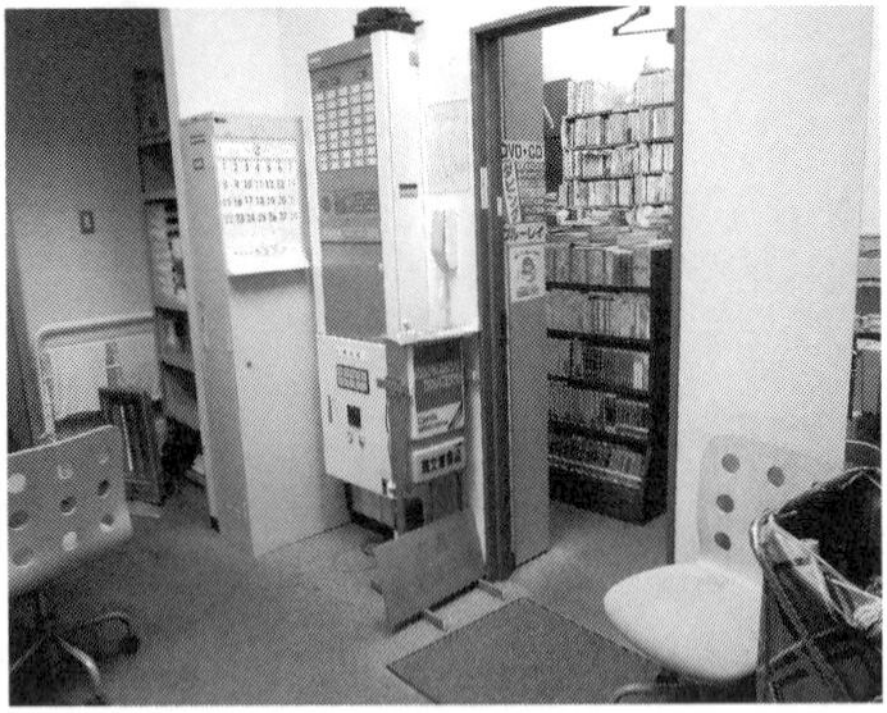

麗文堂書店

市ヶ谷駅
JR総武線

かつてこれほど入り難い古本屋さんが存在しただろうか。市ヶ谷のお店の初期は、ビル一階の奥深くにある、まだほんの少しは入れる可能性のあるお店であった。この時代に勇気を奮って入店したからこそ、後期の入店難易度の高い最終形態になっても入れたのであろう。奥のバックヤードスペースにある、中の見えない管理人室の扉。明らかに関係者しか訪れない場所である。そこを開けると老人が座る管理人室。室内を通り抜け右の扉に入ると、ようやくそこが古本屋さんなのである。しかも倉庫や事務所ではなく、かなりちゃんとしたお店だったのである。並ぶ本は硬めで本格的。だからこそ「このロケーションはどうしたことだろう」と、戸惑うことになる。そんな風に予想外の楽しみを与えてくれたお店も、新潟に事務所店として移転してしまい、今はもうない。

5 地下鉄エリア

東京メトロ丸ノ内線
都営大江戸線
都営新宿線
東京メトロ千代田線
東京メトロ銀座線
東京メトロ日比谷線
都営三田線
都営浅草線
東京メトロ南北線
東京メトロ有楽町線
東京メトロ東西線
東京メトロ半蔵門線

昭友社書店

新宿最後の古本屋

営業時間　13時〜19時　**電話**　03・3354・1369

喧騒激しい新宿通り沿いの角地にあり、二十年以上前から同じ姿でたたずむ。店前にはビデオ（100円&500円あり）・雑誌・図鑑、そして棚には二重に安売り文庫。新しい物もあるが、古く動いていない本も。特に純文学系はその傾向にある。ショウウインドウがあり、刺青写真集と刺青ビデオ、芸術系ヌード写真集が飾ってある。右側の角面にも100均壁棚あり。

出入口は二つ。左から入ると、そこは行き止まりの広めの通路。左側に伝統芸能の棚、その横から並ぶ文庫（時代小説・歴史・官能・ミステリー&ハードアクション）はさながら男の夢である。奥は文学・思想・ビジネスなど硬めの本があるが、段々とバラエティ豊かな本が増えていく。膝上の平台はパンフが詰まったカゴがズラリ。きちっとファイリングされたチラシやポスターもある。奥の膝上は雑誌が充実。右は本の山の奥に図録や写真集が。最奥には漫画&絶版漫画。レジ前に行くと横に少量の絶版文庫。その前を通り右側のエリアへ行くと、本が胸の高さ位まで積み上がっている。棚には写真集。本の山の向こうには絶版漫画の棚が見える。しかし近付くのは至難の技であろう。さらに奥に小さいスペースがあり、そこはアダルトで埋められている。中公文庫『ペンギン・ブックス／J・E・モーバーゴ』を購入する。

右のサッシを開けると再び路上へ。この店は随分前から認識していたが、表の文庫を眺めるだけで中に入ることはなかった。原因は昔からウインドウに飾られている刺青の写真集かもしれない。それにしても新宿駅近くの正統派な古本屋は、ついにここ一軒になってしまった…。

伊呂波文庫

坂の途中の優良店

営業時間 12時〜20時　**定休日** 月　**電話** 03・5351・4881

川を越えた急な坂の途中にある。店前は小さいダンボールに入った均一本と棚ざしになった雑誌。店の中を覗くと、電気が点いていないようで暗い。構わず扉を開けて入った瞬間！　明かりがピカピカッと点る。レジの店主がスイッチを入れたようだ。

店内は逆〝山〟字型。真ん中の左は一面がコミック。右は文庫と様々な本。建築や図案・イラスト関係が戦前のものも混ざり、いい棚を作っている。『近代建築ガイドブック　関東編・関西編』の二冊を売られているとは！

レジ前を右に入ると、角の棚は写真集。そこから映画・隠秘学・幻想文学・伝統芸能と続くのだが、品揃えがスゴイ。奥にはアダルト、折り返して新書と文庫。こちらの文庫もピンポイントで心を打ち抜く！

再びレジ前を通り左側へ。まずは図録類が出迎えてくれますが、ここでもツボを押さえまくり。何だかクラクラしてくる、そして何故か気ばかりが焦る…。クラクラしつつ左に目をやると、犯罪・文学・江戸といったジャンルが新旧取り混ぜ並んでいる。対面はコミック。床には珍しい雑誌類が、これも新旧取り混ぜキレイに積み重ねられている。

店自体はそれほど大きくはないが、棚をいかに輝かせるかという事を、心血を注いで熟考しているのが伝わってくる。しかしその偉業を成し遂げている店主はといえば、二台のテレビでそれぞれ違う番組を一度に鑑賞中…。違うドラマのセリフがゴチャゴチャと重なり合い……あぁ、本に集中したいのに気にすれば気にするほど何故か聞き入ってしまう！…とにかく軍資金をしっかり携え、もう一度訪ねたいお店である。岩波新書『画家と画商と蒐集家／土方定一』、フィルムアート社『ATG映画を読む／佐藤忠男編』を購入。

プリシラ古書店

女子と男子どちらにも有効

営業時間 13時〜20時 定休日 月 電話 03・5340・7972

青梅街道を西に向かうと、すぐに杉山公園交差点。そこから中野通りを南下して、ひとつ目の信号を西へ。住宅街の中をニュルニュルと抜けて行く道は、ポツポツと商店などが続き、最後は立派な商店街となって環七に突き抜ける。さらに道を西に進み、坂を下って二うねり。今度は坂を上って上に出ると、大体中野通りから400メートルの地点。周りは変哲のない住宅街なのだが、左のマンション一階に古本屋の姿を発見する。

角部屋の店舗は、大きく二面の窓が採られており、脇道側に店名看板と入口が設けられている。店内に入ると、奥のカウンターレジから、ハンチングを目深に被った青年が「いらっしゃいませ」。店内はシンプルで清潔で、通路が広め。右壁から奥壁にかけて白い本棚、真ん中に背が低めの白い背中合わせの本棚、左壁は一面の白いボックス棚となっている。入口脇には、観葉植物と水色のフレームチェアが置かれている。

フローリング床を踏み鳴らし、まずは右壁。インテリア・カフェ・アニメ・児童文学・絵本・セレクト日本文学・SF・サブカル・出版。奥壁に海外文学・女性・恋愛・TV&映画原作本・「暮しの手帖」関連・社会・現代思想。フロア棚は、右側に絶版漫画・岡崎京子・セレクトコミック、左側に広告・アニメ・美術・写真・アイドル写真集の構成。棚脇には古めの「anan」や音楽雑誌。左壁は雑誌がメインで、ファッション・カルチャー・音楽・映画・デザイン・コミック・グラビアと、尖ったものが集められている。

女子本と男子本が拮抗する、若者文化なお店である。古い本は絶版漫画と雑誌に多い。値段はちょい安〜ちょい高。思潮社『ジャンキー／ウィリアム・バロウズ』を購入する。ちなみにこのお店、東高円寺からも歩いて来られます。

口書店
サンロード
SUNROAD
124
平成二十八年
神宮館
この台
1冊200円
地球一周の船旅

古書ドリス

幻想文学・アート・アメコミ・バンドデシネ

営業時間 12時〜20時　**定休日** 水　**電話** 03・6666・9865

A6出口から表に出ると、目の前は下町のメインストリート、清澄通り。しかし南にちょっと進んで、すぐに脇道を東に入り、束の間の賑やかさとお別れする。細い路地を一本やり過ごし、横断歩道のある道を南へ。すると行く手に見えている森下公園手前の左側に、三階建てビル一階の、飾り気の無い新しいお店を発見する。

元々は四国・徳島にあったお店である。しばらく四国から足が遠のいているので、次に足を踏み入れた時には、どうにかして行きたい！と思っていたお店である。ところがこちらがモタモタしている間に、先にお店が上京して来てしまった！　喜ぶべきことなのであるが、徳島のお店を見る機会を失ってしまったのは、悲しむべきことなのである…。

それでもちょっとニヤつきながら、店名や営業時間の貼紙がされているサッシ扉の前に立つと、本がギッシリ詰まった大きな棚と、広々とした店内が丸見えになっている。足元には店頭箱が幾つか置かれている。素通し感に緊張しながら中に入ると、左奥の低いカウンター帳場から「いらっしゃいませ」の声が掛かる。入った所はちょっと広々としており、何だか身の置き所が無い。なので岩陰にササッと身を隠す野生動物のように、壁棚に近付き庇護を求める。

壁棚は、下半分は大判本が、上半分に単行本が収まる形で、その境目では棚の深さの違いが小さな平台を生み出している。左壁は手前にだけそれがあり、後は広々としたカウンター帳場となっている。右壁には柱を挟んで棚が一面に据えられている。奥壁とカウンター横には、縦長ガラスケースと通常の本棚が。フロアには手前側に、側面に棚を備えた立方体の平台、奥では片面の腰高棚が一本のラインを造っている。帳場には、関西弁のイントネーションで喋る若かりし頃の谷啓風青年がひとりと、若い女性がひとり。横に立つご近所の方だろうか、その人とお店のこれからや東京での生活について、和気藹々と語り合っている。

そんな中、私が庇護を求めた左壁棚には、建築・本・古本・美術・絵画・児童画・谷内六郎・美術展図録。そのままフワフワと手前平台に移動し、上面に面陳されたビジュアル本・アート本、側面のアート&カルチャー雑誌・音楽・写真関連・写真集を眺めて、ギクシャクと大通りを横断するように右壁棚へ。

最上段にはメビウスやエンキ=ビラルが飾られ、アメコミ洋書&和書・バンドデシネ・映画。奥には女流作家・食・女性風俗・人形・アングラ系カルチャー・魔術・オカルト・怪奇・博物学・日本幻想文学・詩・シュルレアリスム・海外幻想文学と文庫も少々交えながら、濃厚で凝った棚が連続して行く！　人形！　幻想！　怪奇！　ファンタジー！　棚下段には大判のビジュアル本がズラズラと並び続ける。奥壁のガラスケースは、上に黒山羊のバフォメット像が鎮座し、中には昭和初期の和洋性愛関連が飾られている。横の棚にはＳＦ・海外文学・自然・哲学・心理学・植物・民俗学。そして建築・美術関連の写真集。フロア棚には、性愛・エロ・女性・現代思想・サブカル・カルトコミック。

東京の下町に、良いお店がやって来ました！　幻想文学や特殊アートへの偏りが、実に徹底的！　まるで新世代の京都「アスタルテ書房」（店舗は二年間の閉店セール中）である！　ようこそ、東京・森下へ！　値段は普通〜ちょい高だが、プレミア値が少し抑え気味のお手頃価格が嬉しい。新潮文庫『ワイルド詩集／オスカア・ワイルド著 日夏耿之介譯』、彰国社『そうだ！　建築をやろう／竹山実』を購入。

何だかこの界隈、古本屋がジワリジワリと増えて来ている。森下から清澄白河まで歩漁すれば、カバンがドッシリ重くなるのは確実か。

井上書店

東大前の研究室店舗

営業時間 10時〜18時 **定休日** 日祝 **電話** 08・3811・4354

本郷通りを北へ。目指すはその本郷通り沿いの、東大正門前にあるお店である。壁には大きな縦長店名看板があり、最上部の銀杏の葉と開いた本をモチーフにしたマークが素敵。奥まった入口に真ちゅうの曲線把手が美しい扉、両脇に重厚な函入り本が並ぶウインドウ。右には動植物、左には歴史・文化が並んでいる。

真ちゅうの把手をグッと摑み店内へ。そこは静かな古本の世界。壁には木製の本棚が設置され、真ん中にも重厚な木製背中合わせの棚が二本、脇にも棚が置かれている。左奥にカウンター付きの乱雑な帳場があるが、そこには誰もいない。代わりに右壁際の棚の間と入口側左奥に、パソコンを操作する男性が二名。通路には横積みされた本が溢れ、棚の下半分を隠している所が多い。しかし、そのほとんどが函入り本…。

右壁は漢方や東洋医学、そして店員さんを挟み、奥に科学・気象が並ぶ。科学には子供用の入門書も混ざり込む。向かいの通路棚は、博物学・生物学・剝製・動物・昆虫・魚類・家畜・岩石・鉱物・化石。そして棚脇手前には植物、奥には昆虫が収まっている。帳場の右横には洋書と科学者関連。真ん中の通路、右側に植物・微生物・森林、左側に社会制度や文化諸々の様々な歴史本が並んでいる。棚脇には一般的な生物・昆虫・地学などのガイドブック。左端通路の壁際は、民俗学・食・東洋美術・美術図録が並び、向かいには地方史・評伝・宗教・アジア・中国……渦巻くほどの茶色い専門書の嵐である。

古書価は基本四ケタの専門書値段。探している本か専門的知識が無いと、知の炎に火傷するのは必至。その熱さに耐えながら本を抜き出し、店員さんに声を掛ける。左奥の帳場を示され、共に移動して精算。「ありがとうございました」の声に送られ、無事に表へ。

十二月書店

都会の谷の小さな洋間店

営業時間 13時～19時　**定休日** 日月祝　**電話** 03・6457・5612

東口地上へくるくると上がり切ると、そこは短い横丁。谷底のような牛込柳町交差点に出て、南東側に信号を渡る。そこから一本東側の裏通りに入れば、小さなお店が少しだけ並んでいる。雑然とした「わさびめし」屋の隣りに、申し訳なさそうに四冊100円の文庫箱&ミニ棚を並べた、小さなお店がひっそりと、活字文化の花を咲かせていた。

　路上に小さな〝古本〟の立看板があり、戸も半開きになっている。古い洋館の通路のような店内に入ると、奥の帳場に座るボーイッシュなお姉さんが「いらっしゃいませ」。落ち着いた濃緑の壁紙が貼られた両の壁際に、様々な棚やテーブルなどが連続し、そこに各々古本が収められたり置かれたりしている。左側には入口横から、心理学・精神科学・オカルト・ビジュアルムック・日本現代文学・コミック・海外ファンタジー・さらに心理学・ペーパーバック・文庫・文学全集と奥まで続く。右には児童文学・新書・文学・心理学・文房具販売・実用・語学・古書入りトランク（大衆小説・学術書・囲碁・風俗・少女漫画・海外文学など）・絵本・児童文学と並び、足下には料理本の箱なども置かれている。

　心理学・児童関連が目立ち、古書もしっかり存在感。値段は普通で、プレミア本や珍しい本には隙の見当たらぬしっかり値が付けられている。床に積み上がった未整理の児童文学が大いに気になってしまったので、店主に声を掛けると、今この場で値付けしてくれるとのこと。では、この二冊をお願いします。すると彼女はネット検索をして値札をペタリ。一冊は高額な絶版本だったので、あかね書房『金のゆりのひみつ／A・ゴレモス』だけをいただくことにする。都会の谷底の、洋館の一室の如き小さな古本屋さんであった。

手文庫

文庫がメインの路地裏店

電話　03・5577・4102

小川町・淡路町・新御茶ノ水の三駅が複雑に融合した地下から、A6出口を駆け上がる。靖国通りを西に進み、地図の「神谷書店」手前の路地にスッと曲がり込む。南に進んで小さな十字路を過ぎると、右手黄色いリサイクルショップの隣りに、小さな袖看板が下がるだけの、地味で目立たぬお店があった。

外には何も出ていないので、ガラス扉を開いて中に入ると、簡素で長細いワンルーム的空間。左壁に五本の飾り気ゼロのスチール棚が並び、入口右横には二段のボックス棚。フロア真ん中には、使われていないアンティーク風折り畳み机と未整理文庫の山があり、右壁下には二段の低い棚が置かれている。そして奥の帳場には、ちょっと予想外の奥様風店主が座っており、文庫の山に挑みながら「いらっしゃいませ」。そして店内は、想像以上に古本屋さんである。

左に並ぶのはすべて文庫本で、奥に一列に文庫が並び、手前に文庫揃い梱包ブロックが飾られている。なので奥の列がちょっと見難かったりする。教養文庫・講談社学術文庫・中公文庫・ミステリ&エンタメ・旺文社文庫・日本純文学系文庫・海外文学文庫・大量の岩波文庫と続く。ちょっと古めの70〜80年代品切れ絶版がよく目立つ。入口横には絵本が集まり、右側の棚には少量の雑貨と共に、暮らしや骨董などのビジュアルムック&単行本が並ぶ。

ほとんど文庫本のお店と言っても、過言ではない。しかし店内に祝花が飾られ、まだそれほど開店から日が経っていないようなので、今後の大きな変化も充分にあり得るであろう。角川文庫『野鳥とともに／中西悟堂』を購入する。

タナカホンヤ

ギャラリーにでもスタジオにでも

営業時間 12時〜20時 **定休日** 月、他不定休 **電話** 090・5436・6657

不忍池方面改札から出て地上へ。すぐに不忍通りから離脱し、交差点から西南に進む。突き当たりで南を見ると、裏通りにしては幅広で、遠くで緩やかにカーブして行く旧街道的風情。そのまま南に進み、左手に並ぶ住宅やちらほらある店舗を眺めて行くと、真っ白な空間を内蔵したシンプルアート系なお店が現れる。

その前面は豪快に開け放たれ、中が丸見え素通しとなっている。左に残るサッシドア上部には、墨書された店名があり、右端にある自転車の上には、動物の絵が描かれた儚い店名ボードが置かれている。…サッシ扉の向こうに人影…中にスッと入り込み、即座にその髭面の青年店主とにこやかに挨拶を交わす。緩やかに傾斜する真っ白い店内は、元はガレージだったのだろうか。

入口付近には文庫箱や文学棚が固まる。天井の照明は、ギャラリー時のためのミニスポットライト。左は白いボックス棚から始まり、白い胸高のスチール棚が壁に貼り付く。奥に長テーブルの帳場が置かれ、その前にもスチール棚が置かれている。ジャンルは、海外文学・エッセイ・日本文学・絵本・思想・冒険・紀行・建築・美術・デザイン・映画・写真など。

本の量はそれほど多くはないが、棚造りには店主の心と意志が込められており、ジャック・ロンドン、ブルース・チャトウィン『ソングライン』、復刻版『ビートルズレポート』などに心揺さぶられる。値段はしっかりな高めで、見返しに挟まる値札の数字も物理的に大きめ。

古本屋以外にも、時にギャラリー、時にかき氷屋、時にスタジオなどに変化する、自由闊達なお店である。すえもりブックス『ル・コルビュジエ 建築家の仕事／ブッシュ・コーアン作ラビ絵』を購入。

古書ほうろう

道灌山下の庶民の本棚

営業時間 12時〜23時（日祝12時〜20時） **定休日** 水、年末年始 **電話** 03・3824・3388

駅から地上へ出て、目の前の不忍通を北上。道灌山下交差点近くにお店はある。なお、西日暮里駅も最寄である。

前面はガラス張り。左はショウウインドウとなっている。店頭右には１００均の雑誌ラックが二台、その他にはカゴに入った１００円雑誌も。窓には本類を中心とした、地元関連のチラシが多数貼られている。中は広く奥行きのある店内。木目が浮き出た床の上に、整然と並ぶ大量のスチール棚…七十本近くあるのだろうか。入口左にレジ、右側のガラス裏にはミニコミ誌などが置かれた棚があり、壁はぐるりと本棚で埋められている。店内は手前２／３と奥１／３に分けられる。その境は通路で分けられ、手前側には長めの背中合わせの棚が三本。ただし左端のみ途中に通路が空けられている。奥には行き止まりの通路が三本あり、右端はわりと広くテーブルや椅子が置かれている。

右壁際は新入荷本から始まり、岩波文庫（青・黄）・中公文庫・岩波現代文庫・同時代ライブラリー・インド・東西文化・思想・哲学・歴史・戦争・書物&古本関連・デザイン・建築と続く。帳場では、若々しいガンジーのような店主が、口笛を吹いたりしながら店番中。

まずは右端の通路に進む。左の通路棚に四本の５００均単行本棚！「これが５００円は安い！」と思わせる本たちが、巧みな挿入のされ方をしている。奥には文学評論・詩集・セレクト日本文学。

二番目の通路は、江戸&東京・旅&紀行・アウトドア・料理&酒・児童文学。左には、一部面出しされたセレクト文庫・純文学&教養系文庫・海外文学文庫が揃う。セレクト棚、いいセレクトされまくり！　思わず手に取る回数が多くなる…。

三番目の通路は、右に時代小説文庫と作家五十音順日本文学文庫・ＳＦ&ミステリが並ぶ。通路を挟みスポーツや鉄道が収まっている。

左端通路には、３００均単行本棚が四本、１００均文庫&単行本棚が四本の構成。最奥に延びていた通路は、今は暖簾で封鎖されている。

奥のスペースは広くなって見通しが良い。目録・ちらし・インディーズ本などが置かれたテーブルを真ん中に、端に美術・写真と回転式漫画ラック。そして壁際に大量の音楽本&雑誌・音楽ＣＤが並んでいる。端の一本に伝統芸能・映画・演劇が少量収まっている。左端には１００均コミックと通常値コミック、それに絶版漫画も並んでいる。

おぉぅ〜ジャンルに偏りなく、しっかりといい本を揃えている印象…欲しい本がたくさんあり過ぎる！お客さんの出入りが多く活気があり、本の買取も頻繁である。そのためかレジの若い男女二人はとても忙しそうだ。

それでもお客さんにしっかりと、買取値の決定理由について説明している。値付けの理由、値が高い&低い理由、引き取れない理由…丁寧な仕事ぶりである。お値段は普通。そこまでの古い本はあまりないが、質とセレクトで充分フォロー出来ている。精算時に棚脇を見ると、パネルに入ったお店のイラスト見取り図…「花鳥風月」や「上野文庫」のと同じ、池谷伊佐夫氏の手によるものである。レジには谷根千関連の本も並んでいる。新学社文庫『花物語／吉屋信子』、ＢＮＮ『神話製作機械論／安田均』を購入。

HADEN BOOKS

ブックカフェの知的な洗練棚

営業時間　12時～21時　定休日　月　電話　03・6418・5410

Ａ４出口を駆け上がって、通りを根津美術館方面へ。テロテロと５００メートルほど歩き、根津美術館交差点を渡って、地下の千代田線を伝うように通りを北東へ。すぐに一本目の小道を東南に入り、さらにすぐに北東に入ると、閑静な裏通りのビル二階に、ガラス張りのブックカフェがひっそり存在していた。

黒い石板の階段をテンテン上がると、左に細長いテラス席があり、正面に重厚なガラス扉。中に入ると、目の前には壁棚と戸棚に挟まれた行き止まり通路。壁棚には大判の写真集が主に並び、アート・建築・文学・絵本・児童書を従えている。新刊と古本が混合し、新刊にはスリップが挟まり、古本には表４に値段シールが貼られている。ここは新刊率が高いようだ。向かいの戸棚上段海外セレクト文学、そして脇にはファッション関連単行本…こちらは古本が幅を利かせており、下にも未整理の古本が横積みされている。

左のメインフロアに進むと、窓際の通路のようなスペースにテーブル席がまずあり、ステップを何段か下ったフロアにテーブル席のある大きな空間が広がっていた。ここには通路席との仕切りのように、三段×二列の本棚があり、海外文学・食・幻想文学・思想・カルチャー・エッセイ・沢木耕太郎・開高健・吉行淳之介・角田光代・文学文庫が収まっている。しっかりすべて古本で、文庫は安め～普通だが、単行本は普通～ちょい高。

棚は洗練されているが、何かが潜む気配があり、ただのお洒落な棚でないところに好感を抱く。あんまり緊張しなかったので、今度はゆっくりお茶かお酒を飲みに来よう。深夜叢書社『蘭の季節／川崎賢子』、葉文館出版『プラネタリウムにて／本多正一』を購入する。

文行堂

和書と書画以外にも古本が

営業時間 11時～18時　**定休日** 日祝　**電話** 03・3831・4611

地下で松坂屋に直結した改札口からA1出口で地上へ。大きな中央通りを南下する。上野三丁目交差点を過ぎて、そろそろ左にお店が…と歩き続ける。

実は今日目指しているのは、和書や書画のお店なのである。なので最初から半ばあきらめムードで、まったく期待していなかったのだ。だが、左手ビル群のとある一階に見えたのは、何と店頭安売りワゴン！　しかも文庫がビッシリ詰まっている！　おぉ、何という予想外の光景！

ビルを見上げると、看板には篆書体で書かれた店名と共に〝古典籍・名家短冊・書簡幅物〟の文字。視線を店頭に移すと、キレイなビルのエントランス部分には、間違いなく見慣れた二台のワゴンの姿。左側には棚まで備え、文庫をしっかりと収めている。文庫は文学やエンタメを中心とした、至って普通の文庫本で、200円前後の値が付けられている。ワゴン下部にも文庫・新書・単行本が置かれているが、こちらはずいぶんホコリまみれ。その他にも、和本・絵地図・色紙・掛軸・木箱が並んでいるところが非常に愉快。本来ならこちらの方がメインなのである。雑踏から抜け出し、足を止めてワゴンを覗き込む人も多い。一冊抜き取って、奥に見えるガラス張りの店舗へ。

ウインドウには高値のちりめん本・和本・絵地図・色紙などが飾られている。店内も、大きな平台・ガラスケース・掛軸収納棚が設置され、通常の古本屋さんとは趣きを異にしている。ただし入口右横に、少量の文庫山と、日本美術の古い本が集まっている。他は、和本！　短冊！　色紙！　掛軸！

奥のガラスケースカウンターで緊張しながら精算。応対はとても丁寧。文春文庫『心に残るひとびと／文藝春秋編』を購入。

木挽堂（こびきどう）書店

歌舞伎座の横で歌舞伎命

営業時間 12時〜19時　**定休日** 毎月27〜末日　**電話** 03・6426・1362

地下鉄から地上に出て歌舞伎座の前に立つ。晴海通りを築地方面へ。そしてすぐに歌舞伎座に沿う脇道、木挽町通りに入る。喫茶店横のビルの小さな階段に気付くと、そこの銀色の防犯扉に、役者絵と店名のシール、それにパネルが下がっている。

階段に入り込むと、奥はペパーミントグリーンの極狭鉄製螺旋階段。上がり切ると二階の扉が開け放たれており、ゴチャッとした狭めの店内が見えている。ここは歌舞伎&演劇の専門古書店なのである。縦長のワンルームマンションのような室内。右に横積みされた本の山が厳重に取り囲む帳場。

左壁の真ん中辺から壁際に棚、右奥にも壁際に棚が設置されている。天井からは華やかな色彩の役者浮世絵が、万国旗のように下げられている。通路にも積み上げられた雑誌&本。額装された絵や隈取りが並んでいる！　入り口の左横には、様々な役者の手札サイズモノクロ写真が飾られている。古い物ばかりなので、時代との直結感が物欲を激しく刺激し始める！　様々な時代の歌舞伎座自体のブロマイドもあり。他にも色紙や…この〝黙阿弥〟と書かれたお札は一体…？　本棚はドッサリの歌舞伎関連本や雑誌からスタート。古い本が多く、戸板康二&宇野浩二の歌舞伎大好きっぷりが如実に現れた棚もある。奥に進むと本は益々古くなり、やがて舞台美術・演劇・謡曲・浄瑠璃などとなって行く。生々しい隈取りたちを挟み、奥の棚には文楽や落語、右壁に映画・演劇が並んでいる。

正に歌舞伎座の横という立地に相応しいお店である。伝統という判りやすい力にも、真に歴史があることを直に感じられる。本はちょっと安めな印象。しかし手にした本は、何故か蔵書印のあるものが多かった。洸林堂書店『演出者の手記／小山内薫』を購入。

殺人事件
木谷恭介
祥伝社文庫
号の殺人
西村京太郎
になれる本
PHP文庫
552
フ
3
3
ペテルブルグから
〈上〉
愛の
フ
3
4
ペテルブルグから来た
〈下〉
に
1-104
¥571

酒井古書店

煙草と文庫を求めて人々は集う

営業時間 10時半〜19時　**定休日** 土日祝　**電話** 03・3551・5356

新大橋通りを南下し、明正通りを左へ。霊岸島の交差点を過ぎると、角地に建つその姿を確認することが出来る。…酒屋さん？　店の外壁は横も正面も大量のタバコ自販機で覆われている。外に出ている本棚と看板で、何とか古本屋と認識出来る。それにしても店名に入っている〝酒〟の文字が、より一層酒屋を連想させる。

歩道に出された棚には１００円文庫が並ぶ。『カムイ伝』の初期コミックも三巻から売られていたりする。後ろを振り返ると細い入口。両脇をタバコの自販機に挟まれ、右側には文庫の詰まった１００均棚が一本。足元には雑誌の入ったラックが数個。入口左側には、外と店内に跨って１００均棚が設置され、入口をより細く狭くしている。

そして中に入るとそこは文庫天国！　文庫を満載した薄い棚が多数林立中！　店内の壁は、左奥のレジ以外はすべて本棚で埋められている。真ん中左側には、背中合わせの棚が手前と奥で微妙に互い違いに置かれ、通れるか通れないかの微妙な隙間を作り出している。右側にも背中合わせの棚が一本。

左の壁際は、日本のミステリ&アクション小説からスタート。多作な作家になればなるほど棚の占有率が高くなっている。五十音順に並んでいるわけではないが、作家ごとにしっかりブロックが作られているので、決して見にくくはない。奥に進むと段々古くなり、推理小説の棚…むぅ、空気が変わった…濃厚な棚が独特の雰囲気を醸し出し始めている。さらに歩を進めると、探偵・幻想小説が並び、濃度が否応なしに上昇していく。レジ前に来ると、上には東洋文庫・下には推理ノベルス・ミステリに関わる新書・東京・落語が収まっている。おぉ、レジ脇には、各社の様々な年代の目録が並んだ棚が！　向かいには時代小説&歴史文庫・江戸文化&風俗が大量に並んでいる。レジ右横には、国内紀行&旅行・外国紀行&旅行が棚一本ずつ並んでいる。真ん中の通路に入ると、左側は教養系の文庫中心の棚。各社思想関連・岩波・講談社学芸・ちくま・教養などが並ぶ。

通路なのかどうか分からない微妙な隙間を抜けると、入口側の棚にはノンフィクション・戦史&戦記が並べられている。隙間を再び戻ると右側には、フランス文庫・岩波青・音楽・映画が収まる。右側の通路へ行くと壁際には、海外幻想・日本SF・海外ミステリ・海外文学・現代日本文学・雑学&エッセイ。そして入口横には、新書が文庫に比べ控えめに並ぶ。左の通路棚は、海外SF・海外ミステリ・文学評論・日本近代文学・俳句・詩歌・古典となっている。

とにかく文庫! 文庫! 文庫!…オフィス街にこんなお店があったとは…。日本・海外共にミステリが大充実。作家ごとに出版社の垣根を飛び越えて、夢のように本が集まっている。作家によってバラつきはあるが、とにかくドキドキする棚作り。もちろん珍しい本には、しっかりとした値付けがされている。お客さんはひっきりなしに訪れるが、本を買っていくのは半分ほど。では後の半分はというと、タバコを買っていくのだ。タスポを持ってない人が、奥のレジまで次々と飛び込んで来る。彼らにとってこのお店は、どんな風に見えているのだろうか。レジには視線の鋭い店主と、タバコ補充に忙しい奥さんらしき人。この二人の仕事連携プレイは素晴らしい。お互いに気を配り、お互いにテキパキとフォローし合っているのだ。店には駆け込みで七十冊の本を売りに来た人も。

それにしても文庫本という小さなメディアの多様さには、今更ながら驚かされる。今後も古本屋や新刊書店を訪ね歩くとして、生涯どのくらいの文庫に出会えるのだろうか…。過去の大量のエッセンスが、独自の視点で凝縮された古本屋。まだまだ新しい出会いの旅は続きそうである。ちくま文庫『清水町先生/小沼丹』を購入。

小川書店　白金高輪・三田店

通路の本は登るためにある

営業時間 11時〜20時　**定休日** 火　**電話** 03・3441・5548

白金高輪駅近く、桜田通り沿いにある。ちょっと寂しい、車だけがブンブン通る巨大な道に古本屋…おぉ、まるで知の灯台のようである。店頭には二本の均一本棚。文庫・ハードカバー・ノベルスが詰まっている。

その裏にも、ダンボールの上に横積みされた様々な本が。本越しに見える店内には先客がチラホラ。心強さを感じ、自動ドアを開けて店内へ。

途端にドドドッと迫り来る本の山！　棚に収まっている本より、通路に横積みされている本の情報量が多いようだ。幡ヶ谷の「なつかし屋」（店舗は閉店）よりは余裕があるが、とにかく通路の本がスゴイ！　縦に横に積まれ立て掛けられ、絶妙なバランスの本タワー。その雄姿はまるでモニュメントバレーの奇岩！　崩れないことを祈るばかりです。

店内の基本形態は、左右の壁は本棚、真ん中に背中合わせの棚、奥にレジがありその横には二階への階段が確認できる。右側壁際の棚から検分。

所々本タワーが障害となり見えない部分が多いが、文化・オカルト・歴史・郷土史・文学評論などが、発掘されかけた遺跡のように確認できる。向かいには、雑本・戦記・戦史・芸術・新書・文庫・辞書が収まる。下段には「東京人」や「太陽」などの雑誌が。レジ横にも巨大な文庫山。微妙にナナメになっているので平衡感覚がおかしくなりそう…。

レジでは店主が電話の真っ最中。はばかることなく大声で楽しそうに話している。どうやら店の調子を聞かれているようだが「え？　笑いが止まらないよ。えぇっ？　気がおかしくなりそうで、泣き笑いだよ…」と笑いながら話している。その笑いが救いです！　ファイトっ！と密やかに心で声を掛け、レジ前を通過。

二階への階段にはビジュアル本や文庫の揃いが積ま

れている。上はお店というわけではないようだ。左の背中合わせの棚には、パラフィンに包まれた古い文学本や伝統芸能本。その横は新しめの文庫が入り口まで並ぶ。下段にはアダルトが横積みで収まっている。壁際にはまたも巨大な本タワー。画集や写真集・図録などが、後ろに何とか垣間見える状態。隣りの日本文学と歴史・時代小説の棚は開けており、見やすくなっている。

……ん？　あの最上段に横に入っている本は！『笠井潔探偵小説集』！　ぜひ手に取ってみなければ…と思えども、手のまったく届かない高所。脚立や踏み台なども見当たらない。店主は未だ電話中…。仕方ない、本を買うついでに話しかけてみる。「棚の上にある本を見たいんですけど」「あぁ、ちょっと待ってね」と言い、電話相手にも「ちょっと待ってて」。二人で通路を文学棚の前へ。「どれ？」「あれです」と指差すと、店主はおもむろに靴を脱ぎ、背中合わせ棚の平台に乗った！　そして足を素早く壁際に積まれている本の上に乗せた！…いいんだ、本に乗っても…バランスを取り、片手をグイッと伸ばし、本を手に地上へ素早く舞い戻る。「ハイ、どうぞご覧ください」何と身軽な…と思い本をチェック。値段を確認すると安いっ！　帯と付録は付いてないが安過ぎるっ！　遠慮なく買わせていただきます！

ここは普通に安く嬉しさがこみ上げてくるお店です。そして本も店主もバランスを取るのが上手かったのです。岩波書店『日本の写真家12／堀野正雄』、作品社『天使 黙示 薔薇／笠井潔探偵小説集』を購入。

雄文堂

慶應大前に古本屋復活

電話 ０３・３４５１・７０５３

駅から地上に脱出するとＪＲ田町駅と繁華な飲食街に挟まれた地帯。賑やかな通りを西に向かうと、大きな桜田通りに行き当たる。そこから進路を北に採り、三田三丁目交差点、三田二丁目交差点と、近接交差点を通過する。通りの先に立ちはだかるのは、巨大な絶景の東京タワー。さらに進み続けると、左手には縦に豪壮な慶應大学東門が登場する。まだまだ進むと、小さな古本屋さんにたどり着く。

ここは長らく開かずのお店であったのだが、いつの間にか娘さんが稼業を継ぐことを決意し、営業再開されていたのである。イチゴ色の日除けの下には、文庫を少し並べた小さな１００均台。右の扉から中に入ると、左右の壁棚、真ん中に平台付き低めの背中合わせの棚が一本の、シンプルな構成。左奥が帳場となっており、眼鏡のお嬢さんが店番中。

右壁は、ノンフィクション・選書・新書・ちくま学芸文庫・岩波文庫・原書・歴史・文明・ビジネス・宗教・経済・現代思想・経済・法律と、古い学術書も交えた硬い並びを見せている。向かいには海外文学文庫・雑学文庫・コミック文庫が並び、狭い平台には背が擦り切れ気味のちょっと古い文庫がミッチリ。狭い帳場前を通って左側通路へ。壁棚は日本文学・ポケミス少々・セレクトコミック・オカルト・医療・歴史小説・スポーツ・海外文学・社会・コミック・美術・映画・音楽など。向かいは日本文学文庫・ノベルス・時代小説文庫が並ぶが、いやにソノラマ文庫やハヤカワ文庫（日本ＳＦ）が多い。

小さなお店で、以前からの在庫と新たな在庫がせめぎ合っている。社会科学＋若者カルチャーといったところであろうか。値段は普通〜ちょい高。集英社コバルト文庫『小説!!! ルパン三世／辻真先』を購入。

大亞堂書店

貸本屋兼業の前時代店

営業時間 9時半〜21時 **定休日** 日 **電話** 03・3811・5280

駅を出て「こんにゃくえんま」に向かうと、こんにゃくえんま前交差点前に、堂々たる姿を見つけることが出来る。看板文字は右から左へ読む、縦書き並び。竣工当時そのままに思える二階木製縦長の窓、そして前面を覆う黄土色のスクラッチタイル。店前には大小の平台やラックが置かれ、絵本・コミック揃い・雑誌・文庫・新書・値段の書かれた帯を巻いた単行本が収まっている。一部のものを除き、特価というわけではないようだ。

右の入口から中に入ると、何だか煤けて黒茶な雰囲気…しかし棚に収まっているのは、すべて紐で括られビニールカバーで包まれたコミックの揃い！ 古めの絶版コミックもそこかしこに。しかし棚の貼紙を見ると、これらはすべて貸本であることが判明！ 売られているのは表に出ている分だけなのである。

一旦表に出て左側の通路へ。こちらはしっかりと古本屋。通路の両側は、平台上にかなり無造作に積み上げられた本が、胸までの高さになっている。種類も、古書・文庫・単行本・紙物・ビジュアル本など様々。その上に見える通路棚には、日本文学・海外文学・文庫・戦記などが。向いには区史・美術・映画・建築などの本がチラッと見えている。奥のレジ左横の壁棚には、古い本がビッシリと詰まっている。古典・国史・資料・学術本などがメインのようだ。左側にさらにもう一本通路があるようだが、暗いのと、本の質&量&店の雰囲気に怖気づき、入ることは叶わなかった。

本はわりとしっかり過ぎるお値段。古い戦前の本も多く、一般的な古本屋としての機能は店頭に移されているようだ。それにしても、格子の天井・木製の棚・コンクリの床…古本屋のイメージとして完璧な姿が素敵である。新潮文庫『接近／古処誠二』を購入。

坪井書店

旧中山道の庶民店

営業時間 10時半〜21時半　**定休日** 火　**電話** 03・3962・5326

Ａ１出口を出ると、巨大な中山道から分岐する王子新道が左手に見える。そこを東に進むとすぐに旧中山道仲宿の交差点が現れるので、クロスする旧中山道を南東へ…しかし通りの名前だけは江戸時代だなぁ…。緩やかにカーブする商店街をブラブラ進んで行くと、ちょっと視界が開ける左手に〝古本〟の文字を確認。

低層マンション一階のお店で、軒に黄色い日除け。路上には１００均文庫棚・競馬新聞ラック・コミック棚。その後ろの出入口周りには、コミック棚や雑誌ラックや灰皿が置かれている。中に進むと奥行きのある店内で、左右両壁は本棚（右壁棚前には低い本棚が長く置かれている）、真ん中に上部が棚の長いラック、奥の帳場ではスナックのママさんのような女性が静かに背後の棚に身を預けている。

入口の右横にはＡ５判コミック棚、右壁は図録・美術・実用・ガイド・日本文学・復刻本・文学評論・江戸・東京・郷土本・歴史・辞書となっている。向かいは上部にスポーツ・囲碁・将棋、下部のラックにビジュアルムックや雑誌が並ぶ。左側の通路は、入口近くにコミックと美少女コミック、壁際に日本文学文庫・時代小説文庫・雑学＆教養系文庫・実用ノベルス・ノベルス・新書・詩歌。向かいにはアダルトとコミックが収まり、ママさんが寄り掛かる棚には古本関連本。

しっかりとした街の古本屋さんである。ノベルス系が妙に充実しており、値段は安め〜普通。帳場に声を掛けると、ママさんはゆっくりと目を開けて「いらっしゃいませ」…まるで瞑想を破ってしまったかのよう…。講談社文庫『腑抜けども悲しみの愛を見せろ／本谷有希子』を購入。

ブックセンターハスネ

板橋に展開する雑本チェーン

電話　03・3966・7237

　西口を出て高架下を潜り、東側の蓮根駅前通りを北に歩いて高島通りへ。蓮根駅前交差点を渡って、通りを西へ。300メートルほど進んで青い歩道橋を潜り、次の交差点を南に進んで行く。新蓮根団地を突っ切って行くと、そこは長い商店街である。さらに500メートルほど進むと、信号のある場所で志村坂下通りに行き着く。ここから西に進路を採り100メートルほど進むと西台交差点バス停の斜向かいに、逆さになった〝本〟の文字。

　レンガ張りビルの一階が店舗で、軒には店名の無い巨大看板。その下に黄色い日除けがあり、細い縁に小さな店名を確認。路上には立看板があり、店頭右側には文庫・ノベルス・単行本・コミックの100円棚…すげぇ、100均なのに南條範夫のコーナーがある…。左には漫画&グラビア雑誌の並んだラック。

　真ん中の入口から中に入ると、中央左にスチール棚のフレームで作られた帳場があり、古本屋然とした壮年のオヤジさんが、折り目正しく「いらっしゃいませ」。店内は横長で壁際は本棚。真ん中に二本の背中合わせの棚があるが、右壁にぴったり着けられているので、すべての通路は袋小路となっている。帳場裏にはアダルトコーナー。手前通路には文庫少々・児童文学・コミック。真ん中通路はすべてコミック。そして最奥が古本通路となっている。帳場横のコミック揃いから始まり、カルチャー・ガイド・雑本・作家五十音順日本文学文庫・エロ雑誌・ビジュアルムック・美術図録・囲碁・落語・日本文学・思想・時代小説文庫・雑学文庫・教養系文庫・官能文庫と続いて行く。

　雑本度の高い街の古本屋さんである。が、古い本もあるので、棚はしっかり確認してしまう。値段は安め。文春文庫『文人たちの寄席／矢野誠一』を購入。

石黒書店

電話 03・3442・6948

ブリキ看板に似合わぬ正統派店

駅のA1出口から地上へ。目の前に横たわる桜田通りを北上。するとすぐに、交差点横の開けた角地にあるお店が目に入ってくる。いい感じにサビの浮かんだ店看板。日除けは赤・白・黄のだんだら模様…お肉屋さんみたいだ。その下に100円特価本と、カバー無しの「一冊でも100円、二冊でも100円、三冊でも100円」の文庫が乗せられた平台。その横は文庫・単行本の棚と、日焼けを防ぐネットの掛けられた雑誌ラックが置かれている。

店内に入ると、入口に対して店舗がナナメに広がっている。壁は一面棚、左奥にレジ、真ん中には背中合わせの棚が横向きに一本、入口側の棚は角地に向かう前面に合わせてナナメ。

入口左横の棚には新しめな文庫本、角を浅く曲がり海外文学&海外文庫・古典・日本文学文庫・日本近代文学。向かいには、江戸・料理・歴史・時代小説、下に辞書類が積み重なっている。レジ横の壁には日本文学史や文壇事情、レジを跨いで大充実の日本文学評論&評伝が並んでおり、角を曲がった壁棚でもそれはしばらく続く。その横には山岳本がズラリと並び、最近の小説類と続いて、何故か棚の一番下に陶器のお茶碗が詰め込まれている…売り物だろうか…。通路棚には、刀・陶芸・お茶・世界史など。入口右横には、カメラ&写真雑誌や自然関連の本が並ぶ。

店内はとにかく古い本がいっぱいで、魅力ある品揃え。街の古本屋風外観に完全に騙されてしまったようだ。棚は古い本が多いからと言って、決してホコリを被って停まっているわけではない。古い本のまま棚の中で生き生きと輝いているのだ！ お値段も安めなのが嬉しいところ。筑摩書房『太宰治研究／小山清編』を購入。

BOOKS & CAFE FUGAKU

こだわりの古本カフェ

営業時間　19時〜22時半　定休日　水、第3日　電話　03・5860・6169

松屋隅田公園改札から地下道に出る。立食い蕎麦屋背後の階段で地上に顔を出し馬道通りを北上して行く。言問通りを過ぎ、駅から一キロ強。歪な交差点で進むべき道は土手通りとなり、北西に曲がり込む。さらに二つ目の地方橋交差点で今度は東へ。すぐに暗渠に架かった小さな橋に出会い、辺りはさらに下町度を上げて行く。道の名は「地方橋通り」に。一つ目の信号で交差点際に立看板があるのに気が付く。〃一つ目路地左折スグ〃の指示通りに、南に歩いてすぐの小道を東へ。小さな建物が肩を寄せ合う四軒目の一階に、古本ワゴンの姿。

サッシ扉のお店に近付くと、それは文庫と新書を詰めた100均ワゴン。軽い戸を開けて中へ。右側にはハヤカワポケミスを並べたカウンターとテーブル席がひとつ。左側には椅子一脚と、カクカク壁に張り付く本棚たち。中央には雑誌ワゴンと平台、それに背中合わせの棚が一本。奥には少し高くなる帳場兼キッチンがあり、その前にも背の低い棚が一本置かれている。平台には雑誌・中井英夫・サブカルが並び、背中合わせの棚には文芸全般・女流作家・漫画評論・サブカル・風俗・文明・浅草・江戸・児童文学などが続くが、ちょっとカオス気味である。奥の棚には大判本やビジュル本が集まる。左壁際には、海野十三全集・久生十蘭・夢野久作・寺山修司・現代思想・料理・菓子・猫・古本&本・映画・澁澤龍彥・文庫・新書・出版関連と並んで行く。

新しい本が多いが、こだわる作家の本には古いものあり、それらにはしっかり値が付けられている。だが所々に安値の本もあり。ちくま文庫『いつも夢中になったり飽きたりしてしまったり／植草甚一』『新版 熱い読書 冷たい読書／辻原登』を購入。

Gallery and Books ヴァリエテ本六

営業時間　12時～17時（第2・4火13時～16時）　定休日　日月、第1・3火、水祝　電話　03・3811・7466

本郷古本屋街一のヴァラエティ

　南北線に乗り込み本郷方面へ。それにしてもこの南北線、どこの駅でもボシャボシャと水が流れているが、大丈夫なのだろうか…大事な水脈などを枯らしていなければ良いのだが…。

　地上に出ると目の前に本郷通り。そこを南へと進み、すぐの本郷弥生交差点を渡り、西側歩道を進む。すると、「ここは日本橋から4㎞」と知らせる道標の向こうに、目指すお店が見えて来た。

　このお店は、本郷古本屋街の中では異質な香りを放っているので、この界隈をうろつき始めた時から気になっていたのだ。古いモルタル看板建築風建物で、軒に〝H6〟の大きな看板文字…これがお店の名である〝本六〟のローマ字表記、つまりは〝本郷六丁目〟ということか。

　その下は複雑で洒落た木枠ガラスのファサードが展開。左右の扉はナナメに設置され、真ん中の台形ウインドウには児童文学・絵本・文学や同設ギャラリーで扱う絵画が飾られている。それにしても、通りから眺める者を幻惑させる多面的店頭…ちょっとしたミラーハウスのようでもある。

　左の入口横には木箱が置かれ、中にちょっとくたびれた文庫が収まっている。さて、そちらから中に入ろうとしたところ、扉の〝慶應書房〟の金文字に気付く。右扉にはしっかり現店名の金文字…ここでさらにハッとして表に戻り、上を見上げると、そこには〝慶應書房〟の店看板。勝手に隣のかと思っていたが、良く見るとしっかりこの建物に設置されていた。おぉ！　これこそ古本屋さんに残る「古本屋遺跡」ではないか！　思わぬ発見に喜びを覚え、ここでようやく店内へ入ると、静かで薄暗く奥に入り込むと空間が広がるイメージ。

入口近くの左右の壁際に本棚、それに挟まれるように背中合わせの棚が横向きに一本、床には180円文庫やパンフ類・絵本の収まる木箱、真ん中棚の裏には教会のような木製ベンチとテーブル、店奥の左右隅にも本棚が設置されている。その他の部分にアーティストの作品や雑貨・安売り本が置かれている。

左の壁棚には、古典・児童文学・旅・女性実用。右壁に思想・エッセイ・随筆・ノンフィクション。真ん中の棚には、文庫と新書、裏側には海外文学と日本文学が並ぶ。ベンチの背には飾られた絵本たち。テーブル脇に最近刊文学の詰まる棚あり。壁に掛かる絵や写真を眺めながら奥へ。左側には海外文学文庫と日本文学文庫、右側には東京・建築・新書・教育。そして事務所への入口上には、古めの児童文学と大量の赤瀬川原平本。

やはりこの土地には無かった、新しい息吹を吹き込むお店といえよう（開店は2006年）。つまりは学術的ではなく趣味的であり、体系的ではなく直感的な棚造りが、いいコースをついていて楽しませてくれる（東京&建築がおススメ）。半分はギャラリーとして使われているので、余裕のある空間構成になっている。値段は安め～普通。

奥に座るメガネの女性に声を掛け本を渡す。するとお釣りを受け取る段階で面白いことが始まった。彼女がお釣りを計算した後に操作し始めたのは、プラスティック製・円筒形の中に硬貨が詰まった小さなコインマシーン！「ガショガショ」操作しているのを見て、思わず「凄いマシーンですね」と聞くと「うちのレジこれなんです。レジ買えないから。うはは！」と豪快な答え。どうか、どうかレジを買わずにこのままで、このままでお願いします！　理論社『倒立する塔の殺人／皆川博子』、講談社現代新書『春の雲／岡潔』を購入。

青聲社

いつの間にか古本率が大幅アップ

営業時間 15時～19時 **定休日** 水 **電話** 03・6902・2580

出口6の講談社前から音羽通りを南へ。すぐの大塚警察署前交差点を西に入り、急勾配の三丁目坂をカーブを描きながら台地の上へ。何だか殺風景な東大目白台キャンパスの敷地が終わる所で、南への細道に入り込む。途中には、今日も元気な「沼田書店」。この通りを抜けると、目白通りと目白台三丁目交差点で合流する。おぉ、対岸左手のビル一階にお店の姿が見えている…と、このコースが正しいのだが、私はあえてお店へのアプローチに、南側からのアタックを提唱したい！

早稲田から神田川を越え、新江戸川公園と椿山荘に挟まれた、猫が数匹昼寝する水神社の階段下に立つ。斜面の境内と塀の間で、上へ上へと延びて行く階段が胸突坂。江戸時代をダイナミックに自分の足で感じながら、ゼイゼイ上がり切り、永青文庫を横目にして、大谷石の塀沿いに目白通りへ向かうと、銀杏並木の向こうに突き出す丹下健三設計の東京カテドラルが、リンゴンと鐘を響かせている。ここで通りを北西に進めばお店の前！…はぁ、パーフェクトな道のりだ…。

入口上には、濃紺テント地の抑制の効いた店名看板。店頭には、小さな１００均棚と１００均雑誌箱と１００均横長ビジュアル本箱が置かれている。ここでついつい加藤直之の画集を夢中になって眺めてしまう。店内は奥行きの深い、黒タイル床のシックな空間で、入口横に古道具棚と雑誌棚が固まり、右壁に美しい造り付けの本棚が、奥へ奥へと続いている。左側はテーブルや棚が置かれ、古道具や紙物ゾーンとなっている。

壁棚は、六段・五段・六段と変化を見せ、入口近くの六段棚はピッシリ詰まった文庫ゾーン。出版社ごとに、漫画のコマ運びのような動きで、各社噛み合いながら並んで行く。セレクト良し、絶版もありの棚である。奥に進むと少量の新書と共に、単行本ゾーンがスタート。落語・寄席・古本・上方芸能・映画・東京・風俗・骨董・世相・日本文学・ジャーナリズム・サブカル・出版・詩などが、緩やかにつながり合いながら並び、何処を見ても同じようなのだが、実は何処も違った並びを見せる、境目の無い継続的な棚造りがされている。最奥には古いものも含め、「彷書月刊」がズラリ…。

キレイで見応えのあるお店である。棚にはまだ少し空いている部分があるが、方向性の確かさが各所から感じられるので、しっかりとした全貌を見せるようになるのも時間の問題であろう。値段はちょい安〜ちょい高と本により様々。それよりも何よりも一番気になるのは、棚の上に鎮座する〝アレ〟である。何故ここに「本牧亭」の看板が飾られているんだっ!?　奥で精算をしながら聞いてみると、どうやらついこの間、幕を閉じた時の物というわけではなく、いつか何処かで使われていたものが巡り巡ってここにあるとのこと。D文学研究会『日野日出志を読む／清水正』、光文社新書『森山大道 路上スナップのススメ／森山大道・仲本剛』、かまくら春秋社『僕が愛した路地／田村隆一』を購入。

というのが過去のこのお店の姿だったのだが、四年ぶりに訪ねてみると、いつの間にか店内の半分に置かれていた古道具は隅に追いやられ、代わりに古本棚と古本が蔓延(はびこ)っているではないか！　そんな古本カオスな状況に喜びつつ、入口近く以外は結構雑本的な並びを見せ、さらに古書が多く混ざり込む棚を冒険。未整理本の山や店内に引き込まれた自転車をものともせずに、光文社『山窩物語 鷲の唄／椋鳩十』、全國書房『アヴェマリア／谷崎潤一郎』、都市出版社「都市No.4」（中平卓馬のグラビア、ほぼベタの都市写真にビリビリ痺れる）を探し出し、計1100円で購入する。

五十嵐書店

2フロアの早稲田初現代的店舗

営業時間 10時半〜18時半　**定休日** 日　**電話** 03・3202・8201

　明治通りと早稲田通りがクロスする馬場口交差点から、早稲田通りを東へ下る。左側にやがて現れる三軒の古本屋をやり過ごすと、姿を見せるコンクリ打ちっ放しのビル…オシャレビルである。ブティックかギャラリーのようである…ということは、自然緊張することになる。角地に建っているので一端が鋭く尖り、通りと通路に面した三面はガラス張りになっている。ネイビーブルーの日除け、壁には金属製のプレート。お店のロゴは、可愛い開いた本のマークと、洗練されたオリジナルフォントな店名で構成されている。

　自動ドアから中に入ると、天井の高い静かな空間。土地の形に合わせ斜め奥へと続いている。入口右横には、店の案内パネルと本の乗った丸テーブル、下には何やら芸術作品。右壁の柱にはシンプルなラックが設置され、写真集・図録・作品集などが飾られている。右壁には、美しい作りつけの棚が奥まで続く。途中には薄いガラスディスプレイあり。上から二段目にバーが設置されているのは、ハシゴを掛けるためなのだろう。左壁沿いには、机のようなディスプレイ台と低めの棚。真ん中には入口側から、ディスプレイテーブル、そして低めの背中合わせの棚が二本続いている。奥にレジがあり、奥左に地下への階段がある。

　ツルツルのコンクリを滑るように進み、まずは右壁前へへばりつく。そこは、芸術・写真・建築・民藝・詩・日本文学・哲学・思想・宗教・芸能と静かに燃え上がる棚。山中散生の本を手に取り、中身を確認しようと、苦労して外函から取り出すと、パラフィンがビリビリ…これをどうやって再び函に入れろというのか?!…あぁ、「黄麦堂」（店舗は閉店）で、ビリビリのパラフィンが巻き付く本を見るやいなや「これ取っちゃっていいよね」と豪快に剥ぎ取ったおばさんが脳裏に煌く…その後苦労して時間を掛け復元作業に従事し、何とか元の状態で棚へと収める…疲れる。

真ん中の小さなテーブルは写真関連本が飾られている。名取洋之助・濱谷浩・土門拳…。続く背中合わせの棚には、右側に文庫本が収まり、ここはミステリや大衆文学も並んでいる。お店の中ではちょっと異質とも言えるバラエティーさ。左側には、新書・講談社学術・中公文庫が並ぶ。奥の棚、右側は岩波文庫の赤と青。左側には、岩波文庫の緑と古めの絶版文庫が並ぶ。左壁際は、プレミア本や生原稿が飾られたディスプレイから始まり、幻想文学・東京・映画・趣味などが続く。おぉ！　レジ横に今和次郎の『考現学』オリジナル本がっ！…欲しいけど高い…。

後ろ髪を引かれつつ、地下一階へ…うぅっ！　ここはかなり特殊な空間。上階の形がそのまま反映されており、壁はすべて本棚（一部ディスプレイ棚あり）なのだが、ほとんどが函入りの学術本なのである。ジャンルも国文学・歴史・古典……とてもとても太刀打ち出来るフロアではない。尻尾をクルッと巻いて一階へ。ふぅ、助かった。

本は質の良いものがビッシリ。セレクトされた棚は見てるだけで気持ちよくなれる。値段は普通〜高め。いい本にはしっかりした値段が付き、スキ無しの達人な構えである。これ以上達人の前に、無防備な姿をさらすわけにはいかない！　本を手にレジへ向かうと…エプロンを付けた男性が…こ、これは寝ている！　寝ているぞっ！　こんな所で達人のスキを見つけられるとはっ！　フフフ、と意味無く勝ち誇った気持ちで「すみません」と声を掛ける。すると慌てず騒がず少しの間を置き「いらっしゃい」。さすが達人である。この寝ていても「私は起きていましたよ」とアピールするのは、古本屋さんとしての重要なスキルなのではないだろうか。丁寧に包装してもらった本を手に外へ。INAX BOOKLET Vol.5 No.4『建築の忘れがたみ』を購入。

古本と雑貨クラシコ書店

女子度&お洒落度高し

電話　03・5261・2342

神楽坂口から、坂を東へ下る。一本目の脇道の向こうに見える赤城神社は、赤い鳥居が無ければ、もはや神社とは判らぬ建物になってしまった…何故こんな未来的に…。そのまままさらに坂を下り、二本目の脇道を北へ。坂奥の居並ぶ飲食店の間を抜け、奥の道を再び東へ。坂を下って静かな丁字路を南に進むと、左手の色タイルが張られた建物一階に、目的のお店を無事発見。

様々な渋い色のタイルに囲まれた店頭は少し奥まっており、黄緑のガラスウインドウは外国のお店のようである。上部に金文字の欧文で"clasi,co shoten"とあり、左側ドア横には何故か壁掛け時計。金のドアノブを回して店内へ。

入ってすぐ左には、どうも引きたくなってしまうクジと小さな棚があり、一冊〜三冊500円という不思議な値段設定の安売り本が詰まっている。ウインドウ裏には山口瞳や柳原良平キャラ人形。フロアには二つの机が置かれ、外国製の洒落た文房具が飾られている。左壁奥には雑貨棚と、日本文学単行本&文庫棚。右壁が一面の本棚で、奥がカフェカウンターとなっている。右壁に近付くと、細かく仕切られた白い木製本棚。最下段には雑誌・図録・大判本。そして右から、日本語・出版・編集・本・古本・歌舞伎・文学評論・『断腸亭日乗』・海外文学（文庫含む）・江戸・写真・街・都市・旅・田辺聖子・向田邦子・暮らし・エッセイ・美術・焼物・切手・食・ファッションなどが並ぶ。カウンター周りに『大相撲殺人事件』などのディスプレイ小説本あり。

全体に女子的なお洒落度が高いお店なので、女性客が次々と来店。値段は安め〜普通。カウンター越しに精算していただく。文春新書『随筆 本が崩れる／草森紳一』を購入。

古書 朝日書店

細かいジャンルがピカリと光る

営業時間 13時半〜23時 **定休日** 日 **電話** 03・3641・6697

永代通り沿い、深川不動尊参道のはす向かいにある。店頭には扇形に配置された雑誌ラックと観葉植物。手書きの紙パネルが看板の代わりを務めている。

中に入ると新しく広々とした空間。棚は新刊書店のような滑らかな薄茶の木材。壁はすべて本棚で、平台付きの背中合わせの棚が手前と奥に一つずつ。右奥にレジともう一つの出入口。奥は左にスペースが広がっており、遠めにはギャラリー的な雰囲気。

左の壁際は、歴史&時代劇・時代小説文庫・文学文庫・ミステリー文庫・教養&エッセイ文庫・宗教・民俗学・江戸&東京関連などが並ぶ。向かいの通路棚手前には、伝統芸能・骨董・実用書が並び、奥には外国文学が文庫・単行本取り混ぜ収まっている。その裏側、手前には紀行・写真・生物、奥には心理学・落語・俳句が並ぶ。この二つの棚の平台には、ビニールに入った古いグラフ誌が面出しされて置かれている。右の壁際は文学評論から始まり、戦記&戦史・美術・新書・コミック、そして未整理本が横積みされている。レジ前を通り奥のスペースへ。右には前述したように裏路地とつながる出入口、壁は住居への通路以外はすべて本棚。入口横の棚は大きめで、下部がショウケースとなっており、開かれて置かれた画集・写真絵葉書・浮世絵・版画など和を中心にしてディスプレイ。上部は画集や図録など大判の美術関連本が並んでいる。左奥のスペースは壁沿いにコの字に棚が並んでおり、右手前には警察・公安・犯罪・刑務所・ドラッグ・ヤクザなど。正面には右が精神科学、左が文学。左手前にはアダルト・性愛・社会・建築が並んでいる。

充実しているのは歴史と美術だが、他ジャンルも選ばれた本たちが誇らしげに収まっている。中公文庫『ピンカートン探偵社の謎／久田俊夫』を購入。

たなべ書店 本店・南砂町駅前店

両店とも薄暗く広く奥深い

営業時間 10時～20時 **定休日** 元旦 **電話** ◉本店03・3640・0564 ◉駅前店03・3640・0655

東改札口を経て2b出口から地上へ。目の前の大通り、丸八通りを北へ、団地と公園に挟まれた道を進む。公園を過ぎると、右には「たなべ書店 駅前店」の電飾看板が。しかしここではそのまま通り過ぎて元八幡通りを横断しつつ、西側の歩道へ。さらに北に進み、歩道にはみ出した植木を過ぎると、大きな古本屋さんの日除けが見えて来た。まずは本店（写真）へ。

本店の店構えは駅前店とそっくりである。細長いマンション一階の店舗で、通りに面した店頭は、賑やかな100均壁棚で構成されており、文庫・コミック文庫・廉価コミック・コミック揃い・新書・ノベルス・単行本が収まっている。

〝映画博物館〟のプレートがある入口を潜ると、薄暗く奥深く、細く高い棚が縦に連続する店内。入口左横の開放的な帳場の周囲には貴重な古い映画パンフが多数飾られ、左の映画パンフ棚・児童書・青年漫画・漫画全集・絶版漫画・「ガロ」などへと続いて行く。入口前の棚脇には〝文庫・単行本は駅前店〟の大きな表示板あり。入口右横の新刊本コーナーを見ながら右奥に進むと、右端の通路二本に古本が集まっているのを捕捉！ 後はすべてコミックとなっている。右壁は児童文学からスタートし、絵本・ビジュアルムック・ゴジラ物を集めたボックス・自然・各種雑誌と続いて行く。通路が狭く、まるで壁に挟まれているようで、本の背は少し見難い。左側には美術・書・大判ムック・写真集・美術図録・辞書・辞典・宗教。奥壁の官能文庫&新書を流してから、奥側から二番目の通路を見て行く。右側は陰陽道・宗教・文化・サブカル・ノンフィクション・風俗・アウトロー・映画DVDが並び、歴史・時代劇小説・日本古典文学&古典文学全集・文学評論・俳句・文学アルバム・日本近代文学・

「日本の名随筆」と見て行くと、いつの間にか入口の前。左壁は入口側から、出版&本&古本・民俗学・建築・食・カメラ・写真・登山・中国文学・村上春樹・東京・江戸・映画・落語・音楽・アイドル系写真集が並ぶ。

通路をズラズラと進みながら、奥へ奥へと入り込んで行くのは、中々に楽しい。棚は良い水準を保ち、しっかりとしている。値段は普通。精算を済ませ、続いて駅前店へ向かう。岩波新書『東京の美学／芦原義信』m光文社文庫『遠野物語／森山大道』を購入。

＊

駅前店は横に広がるお店である。色褪せ気味の黄色いプラ日除けの下には、右寄りの出入口を挟み、左に五本、右に三本の壁棚。

中へ入ると、店内にはスリムな棚が林立し、多数の通路を作り出している。フロアは店内は手前と奥に分けられている。手前は右にレジ&作業場スペース、フロアに横向きに背中合わせの棚が三本、壁際は本棚で覆われている。奥はフロアが一段下がり、縦に背中合わせの棚が七本、壁際は本棚、そしてこちらには出口専用扉がある。入口側一番手前の通路は、壁棚に古典・歴史・近現代史、向かいに歴史&時代小説文庫が並ぶ。第二通路は手前が大量の新書、奥が最新入荷本と特集棚・文化・建築・音楽・映画。第三通路は手前が実用・海外文学・文学評論・江戸・東京・囲碁・将棋、奥がまたもや新書・ガイドブック・実用・辞書となっている。この棚の裏にはノベルスがびっしりと並ぶ。左の壁棚は、歴史&時代小説とミステリ&エンタメが続き、途中から「あやしい本」というナゾの棚が四本ほど出現！　オカルト・宗教・偽史・サブカル・陰謀・アウトロー・犯罪などなど、怪しい本も怪しくない本も絡まり合っている。奥は完全なる大量な蔵書の文庫本フロア…さながら文庫の図書館のようである。

それほど古い本は無く、70年代～現代で構成されている。いい本を見つけるためには、端から端までしっかり見るのがベスト。値段は定価の半額が中心である。丸善ライブラリー『パリ・一九二〇年代／渡辺淳』、岩波文庫『千鳥／鈴木三重吉』を購入。

古書肆スクラム

社会の垣根をブレイクスルー

高架ホームの妙典駅。扇形に近い改札から南口に出て、西南に進んで白い砂の公園をナナメに横切り、マリン通りをヒタヒタと南東へ。低層ビルや住宅が、直線道の間に規則正しく収まる光景が、どこまでも続いて行く。

500メートル進んで新浜通りに入って西南へ。そして次の交差点で再び南東に進み、さらに次の信号で西南へ。静かな完全なる住宅街である。行く手の右側に下道公園の緑が見え始め、その向かいの低層マンション一階に〝古本〟と大きくプリントされた二本の幟が翻っている。

近付くと、大きなガレージを改装した店舗である。軒に簀子風板製の看板があり、店頭には100均文庫棚・100均文庫プラ箱四つ・地図&ムック箱がひとつずつ置かれている。ちょっとスロープになっている店内に進むと、右壁に三本のスチール棚があり、比較的新しめのミステリ&エンタメ系単行本が安値で収まっている。

そしてメインフロアとなるのは、左にガッポリと設えられた柵付きの大きなウッドデッキで、左壁に大きくシックな本棚を備えている。真ん中には丸テーブルが置かれ、奥にはカウンター平台と本棚が一本。その本棚を整理しているのは、「東京ベンチ」の砂金氏である。あちらのお店をしばらく休業とし、この古本販売をベースとする就労支援事業所に全力投球中なのである。

相変わらずの行動力と目線の高さに、気高さを感じながらも、心と視線はたちまち古本棚に釘付けとなる。絶版漫画・児童文学・ミステリ少々・古雑誌・歴史・戦争・日本近代文学・日本文学・実用・古書新書・仙花紙本…古書が意外に目立ち、それがとても心地良い。カウンターにはビニール袋入りの古雑誌が置かれ、棚には全集・文学・歴史などが集まっている。

とにかく古書が多めなのが魅力である。こちらも基本は安値だが、古書にはプレミア値が付いているものも。

笑顔の砂金氏とは、古本売買を源にした、社会の妙な垣根を緩くブレイクスルーする話など。いや、話だけに終わらず、実際に行動に移すところが氏のスゴいところである。その間に、働くみんながあっちへこっちへと入り交じり、店頭箱を公園に遊びに来た子供が覗き込み、近所のオジさんも古本を買うついでに買取の話などをして行く。こんな風に何気なく、地元にお店の存在がジワリジワリ浸透して行くのか…などと殊勝に感じつつも、ちくま文庫『兎とよばれた女／矢川澄子』、秋田書店『悪魔の手鞠唄／横溝正史原作 つのだじろう画』、そして偕成社ジュニア探偵小説3『怪獣男爵／横溝正史』（カバーなしで値段がなかったが、なんと300円！…う〜ん、氏がこの本の価値に気づきながらも安値にしてくれたフシが…だがそれでも、どひゃっほう！）を見つけ、掘り出し物を見つける快感に酔い痴れる。

あぁ、今日も古本修羅で、すみません。このように良い本を安値で見付けたお店は、記憶に強く刻まれ、すぐさま再訪したくなってくる。というわけで、また即物的な夢を求めて、買いに来ます！ スクラム〜、ファイト！

まだまだあります、古本屋

東京メトロ丸ノ内線

◉四谷三丁目駅　外苑東通りにある「だあしゑんか」はチェコ料理レストランで、入口付近にチェコ絵本や関連書が集められている。

◉新宿御苑前駅　新宿御苑近くの雑居ビルには、写真ギャラリーを併設した「蒼穹舎」があり、ギャラリーを抜けた空間に写真集に加え幻想文学なども集めている。

◉新宿三丁目駅　「エジンバラ」は二十四時間営業の高級喫茶店だが、入口付近とカウンター近くに、ＳＦなど濃密な古本棚を並べている。「ブルックリンパーラー」はブックディレクターが選書した本に囲まれた、地下の広いブックカフェである。様々なジャンルの本がコンビニ的にセレクトされ、ほとんどは新刊で古本は１／５ほど。

◉中野富士見町駅　バス以外の交通機関から隔絶されたような聖堂通りには、土曜日に奇跡が顕れる。ひとつは「元禄堂」といい、倉庫前に土曜日だけダンボールを四十箱ほど並べて営業。ほとんどは紙物だが、一見の価値大いにあり。道の先の救世軍男子社会奉仕センターでは土曜日に「救世軍バザー」が開かれるが、センター内には小さな古本屋一軒分ほどの古本が集まり、激安で販売されている。

◉東高円寺駅　青梅街道から一本入った裏通りにカフェの「イココチ」がある。けっこう立派な古本棚を置き、ビジュアルムックを中心に並べている。

◉南阿佐ヶ谷駅　区役所近くのビル二階には「中央線物産館」があり、地域雑貨や作家の作品を扱うと共に、古本を箱に詰めて床に並べている。風俗関連本が多い。また青梅街道から奥に入った住宅街では、住宅の一部をお店として開放した「あきら書房」に度肝を抜かれる。土足のまま上がり込む室内にはスチール棚が立ち、硬めの本やレコードを収めている。

都営大江戸線

◉森下駅　新大橋通りの新大橋のたもとには「文雅堂書店」がある。店内は乱雑だが、古書の多い雑本の中に、時々光る本が安値で混ざっている。しかし最近タイミングが悪いのか、あまり開いているのにお目にかかっていない。下町商店街ののらくろーどには「古書本の木」がある。外身は下町の古本屋のようだが、中は若い選定眼が集めた良質な棚が巡らされている。

◉本郷三丁目駅　かねやすがある、交差点脇の雑居ビル一階奥には「大学堂書店」が古本で迷路のような通路を作り上げている。教養と大衆が融合した、本郷では珍しいタイプの一般に寄ったお店である。同じく交差点近くの古い雑居ビルの四階には、東欧・北欧の雑貨を販売する「Mitte」があり、各国の洋書絵本を備えている。春日通りの「琳琅閣書店」は中国・アジア関連と中文書の専門店。本郷通りの「大山堂書店」は赤門前の、哲学・心理学を集めた細長いお店である。「山喜房佛書林」は仏教系のお店だが、古本は函入りの専門書しか置かれていない。脇道にある「木村書店」は動植物と科学史の古本屋で、店内がギュウギュウな上、洋書が多い。「泰雲堂書店」は社会制度・産業・経済などの学術&資料本を集めた研究室のようなお店である。武骨で素敵なバルコニーを持つ「棚澤書店」は法律関連や数学関連を並べているが、店頭箱に専門とは無関係な本が出ていることがある。

都営新宿線

◉曙橋駅　「雄松堂書店」は大きなショウルームを持つ稀少本の専門店。洋書を主に扱い、予約しないと入れない。

◉馬喰横山駅　「イズマイ」はコーヒーとパイが売り物のカフェだが、店の一角に暮らしや料理、旅などの本を揃えている。

東京メトロ千代田線

◉**赤坂駅**　「双子のライオン堂赤坂店」は、新刊・古本・バーゲンブックを取り扱い、様々な本との出会いを提供する、セレクトブックショップである。現代思想・自己啓発・社会などが目立っている。

◉**湯島駅**　「STORE FRONT」はマンション一階奥にある、ギャラリーに併設の古本屋空間である。丁寧に美術史と流派をなぞるように集められた専門書が、棚を埋め尽くしている。

◉**根津駅**　丘の上にある「EXPO」はアンティーク&懐かし物雑貨屋だが、店頭には古書棚、店内には古雑誌や紙物も並べている。根津神社正門前の「ツバメブックス」は洋雑貨と一緒に、洋絵本や美術ビジュアル本、文学を取り扱う。言問通りの弥生坂上には「古書カフェ 狐白堂」がある。オカルトや不思議に関わる本を集め、独特な棚造りを実践している。

◉**千駄木駅**　へび道南端にある「bangobooks」は小さなお店に、いつでも古書を満載し、戦前辺りにタイムスリップしている。不忍通りに面した「BOUSIN-GOT」は人気の古本カフェで、品揃えの良い幻想文学と海外文学でお客さんを取り囲んでいる。ちょっと脇道に入ると茶葉屋の「喜多の園」があるが、古本も展示販売する変わり種で、店主の蔵書を惜しみながら、売ったり売らなかったりしている。さらに裏通りの細道にある隠れ家のような「結構人ミルクホール」は、おひとりさま歓迎の喫茶店。静かな空間には、サブカル系の古本棚を備えている。

◉**北綾瀬駅**　「BOOK GARAGE」は都立東綾瀬公園の向かいにある巨大リサイクル店。その多くはコミックだが、文庫棚が三十本ほどあるので、古本好きも安心出来る。都営六ツ木アパートの商店街には「コミックハウストワイライト」がある。店名から察せられる通り、コミック中心の文庫が置かれた雑本店である。

東京メトロ半蔵門線

◉**神保町駅**　神田古書センター二階には、「中野書店」の跡地に、漫画専門店の「夢野書店」が新たに出来ている。ちなみに他の神保町のお店については、拙著『古本屋ツアー・イン・神保町』をご覧下さい！

◉**清澄白河駅**　深川資料館通りは、今やちょっとした古本屋通りともなっている。きっかけのお店は「しまぶっく」で、何度か通り沿いに移転を繰り返し、今の店舗は三代目。アート＋女性＋文学＋人文がメインとなっている。「smoke books 清澄白河店」は真っ白で汚れないお店にアート本を収集している。「EX-LIBRIS」はアンティークショップに、お洒落に絵本や旅本を集めた兼業店である。

◉**住吉駅**　住吉銀座商店街にある「書店山北」はうらぶれた怪しいお店で、新刊と古本を曖昧に販売している。

東京メトロ銀座線

◉**表参道駅**　表参道ヒルズの裏通りには洋服屋の「Rags Mcregor」があり、その店内奥に音楽関連・ビートニクス・写真集・三島由紀夫の古本を集めている。「Rainy Day Bookstore」はカフェも兼業するスイッチ・パブリッシング経営の新刊＋古本のお店。意外に古本が多くマニアックな部分もあり、嬉しい。神小通りにある洋服屋の「かぐれ」には、book pick orchestra選書による古本棚が置かれている。青山通り東側の裏通りには自動車古書専門店の「ロンバルディ」が潜んでいる。

◉**青山一丁目駅**　青山の裏通りにある、地上にガラス張りの三角屋根を突き出しているのは「BOOK CLUB KAI」である。地下に下りると精神世界やオカルトを集めた、広いサロン的店内の一部に、稀少本や絶版本のコーナーが設けられている。

東京メトロ日比谷線

◉**日比谷駅**　日比谷ビル街にある「酒井好古堂」はある意味紙物の究極、浮世絵専門の古書店なのである。複製版画や絵葉書以外は、アンティーク的高値ばかりなので、覚悟を持って入店すべし。

◉**八丁堀駅**　繊維問屋の集まる裏通りビル二階には「書肆 逆光」がある。古本と共にアンティーク雑貨を飾っているが、品揃えは端正で美しい。美術・工芸、それに文学が細やか。

◉**入谷駅**　国際通り近くには雑本大衆店の「サンカンオー」。店内は乱雑な倉庫状態で本に値段も付いていないが、帳場で聞くとパソコンで調べて教えてもらえる。

都営三田線

◉**白山駅**　京華通りには、二種類の「誠文堂書店」が存在する。ひとつは新刊書店に古本棚が混ざったお店。もうひとつは純粋な古本屋で、狭い通路にこれでもか！と多ジャンルの本を詰め込んでいる。二階はコミック売場となっている。

◉**板橋区役所前駅**　板橋区役所近くには、半地下のお店「いのいち」がある。コミックや文庫が多く大衆的だが、珍しい本にはスキ無しのプレミア値が付けられている。

◉**本蓮沼駅**　蓮沼アスリート通りには古めかしい「三和サービス」というクリーニング屋があるが、入口から中を覗き込むと、右側に結構な量の古本が積み重なり販売されている。安値の雑本小天国である。

◉**蓮根駅**　高島通りには「ブックセンターサカイ」があり、小さな大衆店だが、古本通路もしっかりと存在し、なかなか楽しめる。

◉**高島平駅**　市場通りにはこぢんまりとしたリサイクル店の「リブックス」があり、西改札口から北に向かうと、大きなリサイクル店の「ブックバンク」がある。最近刊本の足が速い棚造りがされている。また大型チェーンの「ドラマ」があり、店頭の１００均ワゴンがちょっとだけ面白い。

都営浅草線

◉**日本橋駅**　丸善の三階には世界のプレミア古書を扱う「ワールド・アンティーク・ブック・プラザ」がある。とても買えはしないが、思いっきり目の保養が出来る。「地図の宝島 ぶよお堂」は文字通り地図の専門店だが、新刊ばかりではなく、古い観光地図や市街地図・地形図なども置き、紙物としての魅力を発揮している。

◉**蔵前駅**　衝撃の外観を持つ店舗「浅草御蔵前書房」は江戸通りにある。近代的ビルの中に混ざる、あまりにも古い木造商店建築の中に、相撲関連書を得意としながらも、古い一般書も多く並べている。

◉**浅草駅**　江戸通りの松屋の先には「チケットビートル」というチケット屋があるが、店頭と店内で洋画VHSビデオと共に実用書や新しめのミステリ古本が並べられている。伝法院通りには江戸の街並を模擬的に復活させた中に、「地球堂書店」が紛れている。びしっと日本文学や伝統芸能に強いお店である。千束通りには入口が二ヶ所ある「おもしろ文庫」がある。カオスな店内が雑本の中に何かありそうな気配を感じさせる。

東京メトロ南北線

◉**後楽園駅**　白山通りにある「白木書店」は、表に新聞スタンドを置き、看板に新刊書籍と書かれているが、入り難い店内で恐らく売れ残りの文庫やコミックを安値で販売している。

◉**東大前駅**　東大前とはいっても、本郷通りに面した本郷古本屋街の北端である。「伸松堂書店」はガチガチの法律書専門店。「柏林社書店」は重厚な看板建築の美術工芸書専門店。「第一書房」は歴史・東洋・民俗学・考古学に強い専門書店だが、大きな店頭棚には時々歴史本に混ざり、お店にはそぐわない面白い本を並べていることがある。

◉**本駒込駅**　「相馬古道具」は本郷通りにある古道具のジャングルのようなお店である。油断なくそんな古道具たちの間に目を凝らせば、古本や雑誌や小冊子、紙物などを発見することが出来る。

東京メトロ有楽町線

◉新富町駅　「閑々堂」は美術図録や作品集の専門店で、店内に大きなボックス棚を備えているが、事務所然としていて入り難い。だが店頭にも大型本が入る安売ボックス棚がある。

◉麹町駅　プリンス通りにある「紀尾井茶房」は純然たる街の喫茶店だが、小さな三本の棚を店内に置き、ミステリ多めな文庫や単行本を販売している。

◉護国寺駅　「沼田書店」は、文房具屋でもあり、元貸本屋でもあり、店内の半分にもうだいぶ前から動かぬ本を、並べ続けている。奥の通路には入れないので、見られないところが多い。

東京メトロ東西線

◉早稲田駅　西の馬場口交差点から、東の馬場下町交差点までの、早稲田通り沿いに集まる古本屋群を総称して、早稲田古本街と呼ぶ。まだ坂の上の「平野書店」は日本近現代文学に強いお店。「三楽書房」は硬めに古書全般を揃えている。その二階にある「丸三文庫」は、早稲田で一番若々しいお店と言え、映画本を中心に、サブカルや探偵小説なども押さえている。「古本茶屋岩狸」は文学を中心にちょっと古めの本を座敷のある店内に集めている。「古書現世」はマスコミ関連に強いお店だが、店内千円以下棚にも通常棚にも、相場より安い良書が多く見受けられる。早稲田通りから一本裏には「古書英二」があり、古書全般を安値で販売している。「安藤書店」は日本文学を核に、数々の初版本も扱っている。「文英堂書店」は、パッと見は他店同様渋めに感じるが、店内は意外に硬軟入り混じっている。「岸書店」は歴史や民俗学、宗教に強いお店で、隣りの「さとし書房」は一般書の他に赤本や参考書を置いている。「浅川書店」は日本近代文学・外国文学が目立っている。「三幸書房」は新しめの人文系や児童文学評論などが並んでいるが、この辺りでは珍しく美少女コミックも並んでいる。「二朗書房」は海外＆日本文学多いお店だが、海外文学の古い本が特に目を惹く。「飯島書店」は古書全般を揃える、わりと軟らかめに寄せたお店である。国文学に強い「渥美書房」坂下から移転して来たが、店舗がずいぶんと小さくなっている。「谷書房」は硬めの古書全般を並べて、白い本の背で店内を白く輝かせている。「照文堂書店」は古めかしい店構えで、法律関連や教科書を主に揃えている。「虹書店」は沖縄・戦争・社会運動と、かなり硬派な棚造りに定評がある。「古書畸人堂ガレージ店」は倉庫のような店内に安値の本を並べているが、開いていることが極端に少ない。そして早稲田大学の西門近くには系列店の「古書畸人堂」がある。西早稲田交差点を越えると、まずは「江原書店」。店頭箱にも店内にも文庫や新書サイズ本に妙な本が混ざっていることが良くある。「ブックス・アルト」は音楽書や楽譜の専門店だが、店内が本で満杯になっていることが多い。坂の途中の「立石書店」はオールマイティなお店である。「オペラ・バフ」はオペラ関連の専門店で、ちょっとした衣装まで飾ってある。

早大南門通りには「ブックスルネッサンス」があり、人文系リサイクル店として活躍している。「あんとれボックス」は起業相談などを請け負う謎の事務所に、ビジネス・起業・会社関連の実用書を安値で並べている。裏通りの「ヤマノヰ本店」は教育や心理学メインのかなり特殊なお店である。また早稲田大学脇の裏通りには絵本や児童書の「ひとえブックストア」がある。「TIGER BOOKS」は旅本を集めたブックカフェ・CAT'S CRADLE内の壁にある、自称「世界最小の古本屋」である。

◉神楽坂駅　神楽坂頂点近くの「神楽坂サイクル」は自転車屋だが、店頭に純文学をギュッと詰めた木箱をいつも並べている。坂から一本裏手の神楽坂仲通りには和雑貨を扱う「ここん」があり、特殊なテーマ設定のもと、しっかりした古本棚を置いている。

◉東陽町　南砂住宅の商店街には「写真屋さんホックス」があるが、写真屋なのに、古本屋並みの雑本を店頭に堂々並べて販売している。

あとがき

大変に難産な本であった。いくら打ち合わせをしても、本の輪郭がまったく浮かび上がらないので、まるで幽霊と闘っているような毎日であった。

元々は自主的古本屋調査ブログ「古本屋ツアー・イン・ジャパン」があり、そこからおおかた調査しつくしたであろう首都圏の記事をまとめれば、本が出来るはずという漠然とした目論見が、大いに甘かったのである。首都圏の古本屋と言えば、とにかくその数が膨大となる。それをどうやって紹介するのか？　首都圏の範囲は？　どうすればガイドとして使い易くなるのか？

まず最初に枠組みとして決まったのは、お店をある程度セレクトして、ブログ記事を加筆訂正して紹介するお店と、新たに書き起こして紹介するページに分けることであった。簡易紹介ページジネームの参考になったスタイルは、日本古書通信社『全国古本屋地図』や光文社文庫『ミステリーファンのための古書店ガイド／野村宏平』である。多くのお店を紹介するには、このスタイルしかない、と覚悟を決めて一気呵成に書き上げることにした。地図は膨大な数になってしまうのが容易に予想されたので、最初から掲載しないことにしていた。だが、それではやはりガイドとして不便過ぎる。…いったいどうすれば？…と悩んだ末に出て来たのが、鉄道路線で古本屋の位置を捉えるというものであった。これならば、地図と文章の中間位置的なガイドになるはずだと。

などと決まればすぐ動き出せるはずだったのが、これがやはり遅々として進まない。びっくりするほど進まない。なにせ数が膨大なので、明らかにひとりで挑む作業量ではないのだ。こういうガイドブックは、恐らくチームで動くのが普通であり、効率も良いのだろう。だが、ひとりでおよそ700店と格闘するのは、終りのない泥沼を行進して行くような、先の見えない絶望の日々であった……どうにかすべての材料を編集者に渡すことが出来たとき、残り時間はもう少なくなっていた。

ここからは、編集者とデザイナーのまるでパズルの如きページ構成の作業が続き、当然校正者にもそれは影響していくので、彼らをも不安の泥沼に盛大に引きずり込んでしまう結果となる。そんな締め切り間際まで奮闘していただいた、担当編集の宮里潤氏、それに本人も恐るべき古書マニアであるデザイナーの真田幸治氏、こちらも恐るべき古書コレクターである校正担当の田中栞氏に、大いなる謝辞を捧げたい。

何はともあれ、どうにか完成にこぎつけた、前代未聞の古本屋ガイドブックである。苦しさを突破した喜びは何物にも代え難く、走り切った達成感とともに、368ページの中に込められている。この本が、少しでも皆様の首都圏古本ツアーに役立てば幸いである。

2015年9月

小山力也

東京都文京区本郷6-24-9／9時半～18時／日祝／03-3811-6580
第一書房—343
東京都文京区本郷6-26-1／9時～18時／日祝／03-3815-1072

本駒込

相馬古道具—343
東京都文京区本駒込1丁目7-16／03-3828-2344

東京メトロ 有楽町線

新富町

閑々堂—344
東京都中央区銀座1-22-12／03-3567-8901

麹町

紀尾井茶房—344
東京都千代田区平河町1-4-11／10時～18時（土11時～17時）／日／03-3265-8930

護国寺

青聲社—328
東京都文京区目白台1-24-8／15時～19時／水／03-6902-2580
沼田書店—344
東京都文京区目白台3-12-8／03-3941-6566

東京メトロ 東西線

早稲田

浅川書店—344
東京都新宿区西早稲田2-10-17／03-3203-7549
渥美書房—345
東京都新宿区西早稲田2-9-16／10時～19時／日／03-3203-1027
安藤書店—344
東京都新宿区西早稲田3-14-1／03-3203-5509
あんとれボックス—345
東京都新宿区戸塚町1-101-2アルファ早稲田ビル2F／12時～20時／金～月、水／03-6457-6848
飯島書店—345
東京都新宿区西早稲田2-9-16／10時～19時／日／03-3203-2025
五十嵐書店—330
東京都新宿区西早稲田3-20-1／10時半～18時半／日／03-3202-8201
江原書店—345
東京都新宿区西早稲田2-4-25／不定／日祝／03-3202-1355
オペラ・バフ—345
東京都新宿区西早稲田1-2-3／03-5155-3938
岸書店—344
東京都新宿区西早稲田2-10-15／03-3203-0770
古書英二—344
東京都新宿区西早稲田3-15-25／12時～19時／日祝／03-3200-5373
古書畸人堂—345
新宿区西早稲田1丁目4-20／11時～16時／日祝／03-6205-5654
古書畸人堂ガレージ店—345
東京都新宿区西早稲田3-1-3／03-6205-5675
古書現世—344
東京都新宿区西早稲田2-16-17／11時～19時（休日12時～18時）／日／03-3208-3144
さとし書房—344
東京都新宿区西早稲田2-10-16／03-3203-3804
三幸書房—344
東京都新宿区西早稲田2-10-18／10時半～19時／日／03-3203-6539
三楽書房—344
東京都新宿区西早稲田3-21-2／10時～19時／日祝／03-3203-8995
照文堂書店—345
東京都新宿区西早稲田3-12-2／03-3203-1450
二朗書房—344
東京都新宿区西早稲田2-9-13／13時半～18時半（月金14時～）／日／03-3203-2744
TIGER BOOKS—345
東京都早稲田鶴巻町538
立石書店—345
東京都新宿区西早稲田2-1-2／11時～19時／日／03-6276-4011
谷書房—345
東京都新宿区西早稲田2-9-16／03-3202-4750
虹書店—345
東京都新宿区西早稲田3-1-7／03-3203-5986
ひとえブックストア—345
東京都新宿区西早稲田1-9-36／13時～19時／日月祝／03-6205-5981
平野書店—344
東京都新宿区西早稲田3-21-3／11時～19時／日／03-3202-4911
ブックス・アルト—345
東京都新宿区西早稲田2丁目4-26／03-5285-0616
ブックスルネッサンス—345
東京都新宿区西早稲田1-1-9／03-5272-0544
古本茶屋岩狸—344
東京都新宿区西早稲田2-16-17／月／03-3203-3801
文英堂書店—344
東京都新宿区西早稲田3-13-4／03-3209-6653
丸三文庫—344
新宿区西早稲田3-21-2三楽ビル2F／不定／日／03-3203-9866
ヤマノヰ本店—345
東京都新宿区馬場下町61／10時半～18時半（日11時～17時）／火祝、第1・3水／03-3202-1751

神楽坂

神楽坂サイクル—345
東京都新宿区矢来町107／10時～19時半（土日は午後開店）／水、月末の土日／03-3268-6556
ここん—345
東京都新宿区神楽坂3-2林ビル2F／12時～19時頃（土日祝～18時頃）／不定休／03-5228-2602
古本と雑貨クラシコ書店—332
東京都新宿区神楽坂6-26-6／正午～夕方／不定休／03-5261-2342

門前仲町

古書朝日書店—333
東京都江東区富岡1-5-5／13時半～23時／日／03-3641-6697

東陽町

写真屋さんホックス—345
東京都江東区南砂2-3-1／10時～19時／無休／03-3699-6782

南砂町

たなべ書店—334
［**本店**］東京都江東区南砂4-18-10／03-3640-0564
［**南砂町駅前店**］東京都江東区南砂3-13-4／10時～20時／元旦／03-3640-0655

妙典

古書肆スクラム—336
千葉県市川市宝1-5-17

東京メトロ 銀座線

表参道

かぐれ—341
東京都渋谷区神宮前4-25-12／11時半〜20時／不定休／03-5414-5737

HADEN BOOKS—312
東京都港区南青山4-25-10／12時〜21時／月／03-6418-5410

Rags Mcregor—341
東京都渋谷区神宮前4-13-4／11時〜20時／03-3470-5161

Rainy Day Bookstore—341
東京都港区西麻布2-21-28-B1F／11時〜19時／月火／03-5485-2134

ロンバルディ—341
東京都港区南青山3-15-2／14時〜20時／ほぼ無休（イベント出店等で臨時休業あり）／03-5785-3371

青山一丁目

BOOK CLUB KAI—341
東京都港区南青山2-7-30-B1F／12時〜20時／無休／03-3403-6177

上野広小路

文行堂—313
東京都台東区上野3-16-4／11時〜18時／日祝／03-3831-4661

東京メトロ 日比谷線

日比谷

酒井好古堂—341
東京都千代田区有楽町1-2-14／11時〜19時／年末年始／03-3591-4678

東銀座

木挽堂書店—314
東京都中央区銀座4-13-14銀座メイフラワーハウス2F／12時〜19時／毎月27〜末日／03-6426-1362

八丁堀

書肆逆光—341
東京都中央区八丁堀2-3-3-2F／12時〜19時／日／03-6280-3800

茅場町

酒井古書店—316
東京都中央区新川1-10-11／10時半〜19時／土日祝／03-3551-5356

入谷

サンカンオー—342
東京都台東区千束2-25-4／13時〜25時／日祝／03-6802-4114

都営 三田線

白金高輪

小川書店白金高輪・三田店—318
東京都港区三田5-16-15／11時〜20時／火／03-3441-5548

三田

雄文堂—320
東京都港区芝5-1-12／03-3451-7053

春日

大亞堂書店—321
東京都文京区小石川2-23-12／9時半〜21時／日／03-3811-5280

白山

誠文堂書店—342
東京都文京区白山5-1-3、東京都文京区白山5丁目4-6／03-3816-3498、03-3813-9438

板橋区役所前

いのいち—342
東京都板橋区板橋2-62

坪井書店—322
東京都板橋区板橋3-15-4／10時半〜21時半／火／03-3962-5326

本蓮沼

三和サービス—342
東京都板橋区蓮沼町17-11／03-3966-7002

蓮根

ブックセンターサカイ—342
東京都板橋区蓮根3-5-23／14時〜22時／木／03-5948-7750

ブックセンターハスネ—323
東京都板橋区蓮根1-29-11／03-3966-7237

高島平

ブックバンク—342
東京都板橋区高島平7-23-21／03-3930-1884

リブックス—342
東京都板橋区高島平8-12-1／03-6909-7605

都営 浅草線

高輪台

石黒書店—324
東京都港区高輪3-8-12／11時〜19時（土〜17時）／日祝／03-3442-6948

日本橋

地図の宝島ぶよお堂—342
東京都中央区日本橋3-8-16ぶよおビルB2F／10時〜19時／土日祝／03-3271-2451

ワールド・アンティーク・ブック・プラザ—342
東京都中央区日本橋2-3-10（丸善日本橋店3F）／10時〜20時／元旦

蔵前

浅草御蔵前書房—343
東京都台東区蔵前3-12-10／8時〜19時／日祝／03-3866-5894

浅草

おもしろ文庫—343
東京都台東区浅草3-10-4／10時〜20時／不定休／03-3873-9336

地球堂書店—343
東京都台東区浅草1-39-9／10時〜17時／水／03-3841-5984

チケットビートル—343
東京都台東区花川戸1-10-13／10時〜19時／日祝／03-3845-0341

BOOKS & CAFE FUGAKU—325
東京都台東区東浅草1-18-6／19時〜22時半／水、第3日／03-5860-6169

東京メトロ 南北線

後楽園

白木書店—343
東京都文京区本郷1-33-7／03-3570-5765

東大前

Gallery&Booksヴァリエテ本六—326
東京都文京区本郷6-25-14／12時〜17時（第2・4火13時〜16時）／日月、第1・3火、水祝／03-3811-7466

柏林社書店—343
東京都文京区本郷6-25-13／9時-17時／土日祝／03-3811-5445

伸松堂書店—343

東京都杉並区和田2-21-2／土9時～14時／03-5860-2992（寄贈品受付専用）
元禄堂―338
東京都中野区中央5-22-9／090-9007-7333

新中野

プリシラ古書店―302
東京都杉並区和田1-66-21-102／13時～20時／月／03-5340-7972

東高円寺

イココチ―338
東京都杉並区和田3-57-5／8時半～23時（日月～18時）／不定休／03-6657-9289

南阿佐ヶ谷

あきら書房―338
東京都杉並区南阿佐ヶ谷1-8-3／11時～18時／無休／03-3312-3652
中央線物産館―338
東京都杉並区阿佐谷南1-14-2石井ビル2F／11時半～20時／火／03-3311-6658

都営 大江戸線

森下

古書ドリス―304
東京都江東区森下2-10-2-101／12時～20時／水／03-6666-9865
古書ほんの木―339
東京都江東区高橋8-4／12時～21時／月／03-6659-4327
文雅堂書店―339
東京都江東区新大橋2-6-3／10時～20時／無休／03-6659-4300

本郷三丁目

井上書店―306
東京都文京区本郷6-2-8／10時～18時／日祝／08-3811-4354
大山堂書店―339
東京都文京区本郷5-26-6／10時～19時（土祝10時～18時半）／日／03-3811-5903
木村書店―339
東京都文京区本郷5-30-14／10時～17時半／日祝／03-3811-3069
山喜房佛書林―339
東京都文京区本郷5-28-5／03-3811-5361
泰雲堂書店―339
東京都文京区本郷6-17-8／10時～18時／日祝、年末年始、お盆／03-3811-8940
大学堂書店―339
文京区本郷2-40-13／03-3818-5700
棚澤書店―339
東京都文京区本郷6-18-12／12時～18時／日祝（土は不定休）／03-3811-0341
Mitte―339
東京都文京区本郷3-33-3本郷ビル4F／14時～19時／不定休／03-3816-5816
琳琅閣書店―339
東京都文京区本郷7-2-4／9時半～18時半／土日祝／03-3811-6555

牛込柳町

十二月書店―307
東京都新宿区市谷柳町8／13時～19時／日月祝／03-6457-5612

都営 新宿線

曙橋

雄松堂書店―339
東京都新宿区四谷坂町10-10／9時～17時／土日祝／03-3357-1417

小川町

手文庫―308
東京都千代田区神田小川町1-7／03-5577-4102

馬喰横山

イズマイ―339
東京都千代田区東神田1-14-2／10時～21時（日～19時）／不定休／03-5823-4222

東京メトロ 千代田線

赤坂

双子のライオン堂赤坂店―340
東京都港区赤坂6-5-21

湯島

STORE FRONT―340
東京都台東区池之端2-1-45／13時～19時／03-3824-1944

根津

EXPO―340
東京都台東区池之端4／12時～20時／月／03-3824-6899
古書カフェ狐白堂―340
東京都文京区弥生2-17-12／13時～22時／月火祝／03-3868-3210
タナカホンヤ―309
東京都台東区池之端2-7-7／12時～20時／月、他不定休／090-5436-6657
ツバメブックス―340
東京都文京区根津1-21-6／12時～18時／火水木／03-5832-9598

千駄木

喜多の園―340
東京都文京区千駄木2-48-8／03-6662-6947
結構人ミルクホール―340
東京都文京区千駄木2-48-16／12時15分頃～19時／金
古書ほうろう―310
東京都文京区千駄木3-25-5／12時～23時（日祝～20時）／水、年末年始／03-3824-3388
bangobooks―340
東京都台東区谷中2-5-10／12時～19時／火／03-6326-5388
BOUSINGOT―340
東京都文京区千駄木2-33-2／夕方～23時／火／03-3823-5501

北綾瀬

コミックハウストワイライト―340
東京都足立区六木1-4-6／12時～20時／日祝／03-5697-2183
BOOK GARAGE―340
東京都足立区綾瀬7-16-6／10時～25時／03-3629-7559

東京メトロ 半蔵門線

神保町

夢野書店―340
東京都千代田区神田神保町2-3神田古書センター2F／10時～18時半（祝11時～17時半）／第1・3・5日／03-6256-8993

清澄白河

EXLIBRIS―341
東京都江東区三好3-10-5／11時～19時／月／03-5875-9740
しまぶっく―340
東京都江東区三好2-13-2／12時～19時／月／03-6240-3262
smoke books清澄白河店―341
東京都江東区三好3-9-6／12時～19時／月木

住吉

書店山北―341
東京都江東区住吉2-10-5／03-3634-1440

買取商店幸智—296
東京都千代田区外神田1-3-6／10時15分～20時／年末年始／03-6206-8684
ジャングル秋葉原古書部—296
東京都千代田区外神田3-9-2／12時～20時(土日祝11時～)／無休／03-5577-5270
フレンズ—296
東京都千代田区外神田6-14-13信越神田ビル2・3F／11時～20時／火(火が祝日の場合は水)／03-5812-2471
ポポンデッタ—296
東京都千代田区外神田3-3-3／10時～20時半(土日祝～20時)／無休／03-5297-5530
まんだらけコンプレックス—296
東京都千代田区外神田3-11-12／12時～20時／無休／03-3252-7007

浅草橋

遊星堂—296
東京都台東区浅草橋2-6-2／03-3865-2837

錦糸町

救世軍バザー—296
東京都墨田区太平4-11-3／土10時～15時／03-3626-0738
ほんジャマー家—296
東京都墨田区太平4-6-14／03-3621-9700

亀戸

古書ミヤハシ—296
東京都江東区亀戸4-18-2／03-3683-4881

平井

漫画人books本店—296
東京都江戸川区平井6-14-7／03-3614-2209

新小岩

オールドブックゼウス—286
東京都葛飾区新小岩2-9-13／12時～24時／無休／03-3674-4115
誓和堂—296
東京都葛飾区東新小岩3-1-5／13時半～19時／不定休／080-2100-4064

小岩

高橋書店—296
東京都江戸川区西小岩1-26-5／12時～23時／無休／03-3671-4055
どですか書店—296
東京都江戸川区南小岩7-27-13／03-5694-0650
ブックバザール小岩店—296
東京都江戸川区北小岩2-14-2／14時～23時／不定休／03-3650-8870

市川

即興堂—296
千葉県市川市市川1-22-10／12時～19時(木15時～)／日／047-374-3539

本八幡

川井古書店—288
千葉県市川市南八幡5-2-18／047-378-7214
山本書店—297
千葉県市川市八幡3-1-14／10時～21時(日祝～20時)／木／047-321-3903
ロシナンテ—297
千葉県市川市南八幡4-9-1MEGAドン・キホーテ本八幡店4F／047-376-3444

下総中山

smoke books—290
千葉県船橋市本中山1-7-8／10時～16時／月金日／047-705-0816

船橋

三栄堂書店—292
千葉県船橋市宮本2-1-1／047-422-0644
わかば堂書店—297
千葉県船橋市本町4-19-6／047-426-0764

津田沼

ポポンデッタ—297
千葉県習志野市谷津1-16-1モリシア津田沼レストラン棟7F／10時～21時半／無休／047-409-4320

幕張

草古堂幕張店—297
千葉県千葉市花見川区幕張町5-150／10時～22時(日～21時)／無休／043-273-4188

新検見川

草古堂検見川店—297
千葉県千葉市花見川区南花園2-1-6／0120-61-1118

西千葉

鈴木書房—294
千葉県千葉市稲毛区緑町1-21-3／11時～22時／水／043-241-8005
ムーンライトブックストア—297
千葉県千葉市中央区松波2-19-11／13時～19時／日祝、第2・3月／043-287-0526

千葉

トレジャーリバーブックカフェ—297
千葉県千葉市中央区登戸1-11-18／15時～25時(金土日11時半～)／第1・2水／043-304-6964

東武 亀戸線

亀戸水神

古本屋JON—297
東京都江東区亀戸5-13

小村井

BOOK-R小村井—297
東京都墨田区文花3-23-7／15時～25時／無休／03-3611-1322

東京メトロ 丸ノ内線

四谷三丁目

だあしゑんか—338
東京都新宿区舟町7田島ビル2F／18時～22時半L.O.(土日祝14時～22時L.O.)／03-5269-6151

新宿御苑前

昭友社書店—300
東京都新宿区新宿2-8-3／13時～19時／03-3354-1369
蒼穹舎—338
東京都新宿区新宿1-3-5新進ビル3F／13時～19時／03-3358-3974

新宿三丁目

エジンバラ—338
東京都新宿区新宿3-2-4新宿M&Eスクエアビル2F／24時間営業／無休／03-5379-2822
ブルックリンパーラー—338
東京都新宿区新宿3-1-26新宿マルイアネックスB1F／11時半～23時半／不定休／03-6457-7763

中野新橋

伊呂波文庫—301
東京都中野区本町3-12-15／12時～20時／月／03-5351-4881

中野富士見町

救世軍バザー—338

文庫堂天久保店—297
茨城県つくば市天久保3-18-1／11時〜19時／029-879-5905

JR 常磐線

三河島

稲垣書店—284
東京都荒川区荒川3-65-2／12時〜19時／火〜金／03-3802-2828
TOKIOブックチェーン日暮里店—284
東京都荒川区東日暮里3-44-8／03-3807-0180

南千住

大島書房—260
東京都荒川区南千住2-32-4／11時〜20時／03-3807-7922

北千住

おたけちゃん書店—284
東京都足立区千住桜木2-7-2／03-3888-4306
なざわ書店—284
東京都足立区千住旭町13-8／12時〜21時／不定休／03-3879-3545

亀有

栄眞堂書店—284
東京都葛飾区亀有5-32-11／10時〜24時／元旦／03-3605-3656
BOOK トミー—284
東京都葛飾区亀有5-48-6／03-3620-0799

金町

金町一草洞—284
東京都葛飾区東金町3-18
五一書房—284
東京都葛飾区東金町1-44-15／03-5660-6900
書肆久遠—262
東京都葛飾区金町3-20-6／03-5660-1545
文福—284
東京都葛飾区東金町1-40-3／080-3364-2555

松戸

阿部書店—264
千葉県松戸市松戸1395／047-363-2580

北松戸

万葉書房—266
千葉県松戸市上本郷910-3／10時〜13時半、14時半〜19時（土〜18時）／日祝／047-360-6263

南柏

書斎—268
千葉県流山市松ヶ丘1-462-135／04-7146-1887

柏

太平書林—270
千葉県柏市あけぼの1-1-3-102／11時半〜22時、12時〜21時／無休／04-7145-1555
古本カフェかわうそ堂—284
千葉県柏市旭町7-3-3／10時〜20時／木、第3火／04-7179-5811

我孫子

本のさんぽ道—284
千葉県我孫子市つくし野1-1-6／10時〜23時／無休／04-7186-3133

京成線

新三河島

丹青通商—284
東京都荒川区荒川5-1-13／13時〜22時／火／03-3805-6388

堀切菖蒲園

青木書店—272
東京都葛飾区堀切3-8-7／12時〜19時／不定休／03-3691-5003

お花茶屋

青木書店—285
東京都葛飾区お花茶屋1-25-13／12時〜19時／水／03-3603-9696
ブックスステーションお花茶屋店—285
東京都葛飾区お花茶屋1-14-10／03-3690-4853
BOOKS-Uお花茶屋店—285
東京都葛飾区お花茶屋1-19-19／11時〜19時／無休／03-5629-6612

青砥

竹内書店—274
東京都葛飾区青戸6-2-7／10時〜20時／日／03-3601-8468

京成立石

岡島書店—276
東京都葛飾区立石1-6-19／03-3692-7729

押上

甘夏書店—277
東京都墨田区向島3-6-5-2F／12時〜18時／火、第1水
イセ屋—285
墨田区押上3-3
シネマッドカフェ—285
東京都墨田区押上2-1-1／10時〜22時／月

市川真間

アトリエローゼンホルツ・石英書房—278
千葉県市川市真間2-2-12／10時〜17時／月火土、第3日／090-1808-8911
智新堂書店—285
千葉県市川市市川1-20-19／11時半〜18時／木金／047-322-1383

京成大久保

キー・ラーゴ—285
千葉県習志野市大久保1-16-13／047-493-8051

八千代台

雄気堂—285,289
千葉県八千代市八千代台西1-3-9／047-482-1448

志津

日置書店—280
佐倉市上志津1664／0434-87-1723

新京成線

松戸新田

つなん書房—282
千葉県松戸市松戸新田473-23／047-363-6472

みのり台

永末書店—285
千葉県松戸市稔台1-13-2／11時〜18時／木／047-366-0949

五香

BOOK BOY六高台店—285
千葉県松戸市六高台8-41-1／047-388-0906

高根公団

鷹山堂—285
千葉県船橋市高根台7-14-1／047-461-9006

JR 総武線

秋葉原

浦和

askatasuna records & co.—235
埼玉県さいたま市浦和区東仲町9-11／12時〜20時半／水／048-747-8989
浦和古書センター利根川書店—235
埼玉県さいたま市浦和区岸町4-20-13／048-822-8284
金木書店—235
埼玉県さいたま市浦和区常盤1-3-19／10時半〜20時／水／048-831-9258
ブックサイクル—235
埼玉県さいたま市浦和区仲町1-11-18／048-832-1611
武蔵野書店ヨーカ堂前店—235
埼玉県さいたま市浦和区仲町1-3-9／048-831-7381
んぐう堂—232
埼玉県さいたま市浦和区本太2-9-7／048-885-2988

北浦和

野出書店—235
埼玉県さいたま市浦和区北浦和3-1-4／048-831-3792
ブック&トイ・號—235
埼玉県さいたま市浦和区領家6-1-17／048-825-4328
古本喫茶酒場狸穴—235
埼玉県さいたま市浦和区常盤10-9-11／20時〜26時頃／048-834-7799
平和堂書店—235
埼玉県さいたま市浦和区北浦和3-7-3／12時〜23時（日祝11時〜22時）／火／048-834-4646

埼玉高速鉄道線

南鳩ヶ谷

しん理書房—236
埼玉県川口市上青木2-47-2／10時〜21時／048-268-2848

日暮里・舎人ライナー

西新井大師西

古本のりぼん—238
東京都足立区西新井7-21-13／03-3897-5513

東武 伊勢崎線

とうきょうスカイツリー

業平駅前書店—240
東京都墨田区押上2-1-16／13時〜22時／不定休／03-3624-2220

曳舟

TOTOとLULU—254
東京都墨田区東向島1-35-10／03-3619-7667

五反野

四季書房—254
東京都足立区弘道1-13-11／03-3849-7154
秀画堂—241
東京都足立区足立4-22-1／10時〜18時／日月／03-3840-8540

西新井

書籠高田書店—242
東京都足立区栗原1-7-24／12時〜22時／火／03-3884-4449

竹ノ塚

永瀬書店—254
東京都足立区西竹の塚2-1-28／03-3855-8716

蒲生

プラハ書房—227,254
埼玉県越谷市蒲生寿町7

武里

読書人—244
埼玉県春日部市大場1104／10〜21時（水日〜19時）／木／048-736-7680

東武 大師線

大師前

漫画人BOOKS—254
東京都足立区西新井本町1-17-1／03-3856-3338

JR 武蔵野線

北府中

BOOK-1府中店—254
東京都府中市栄町2-10-11／042-360-8666

東浦和

古本童里衣夢—254
埼玉県川口市柳崎4-2-19／048-269-4234

東川口

suiran—246
埼玉県川口市石神715／048-299-4750
武蔵野書房—254
埼玉県川口市戸塚2-25-1／12時〜26時／無休／048-295-4957

吉川

ブックスター—248
埼玉県吉川市大字保575-1／048-983-1944

南流山

ブックジャム—250
千葉県流山市南流山2-2-8／04-7158-1693

東武 野田線

東岩槻

コスモ書店—251
埼玉県さいたま市岩槻区上里1-1-41／048-794-0771

川間

生活応援隊野田店—254
千葉県野田市親野井74-1／10時〜19時半／水／04-7157-4846
よんだら堂書店—252
千葉県野田市中里90／04-7100-4610

江戸川台

ヤスイBOOK—254
千葉県柏市西原1-3-1／12時〜22時／無休／04-7155-6622

初石

古本倶楽部TOKIO初石店—254
千葉県流山市西初石3-96-2／04-7153-8621

つくばエクスプレス

柏の葉キャンパス

古書絵本ブックススズキ—256
千葉県柏市松葉町5-15-13／10時〜18時半（夏は19時まで）／無休／04-7132-5870

つくば

学園都市古書センター—297
茨城県つくば市天久保1-1-6／不定休／029-851-1825
PEOPLE BOOKSTORE—258
茨城県つくば市天久保3-21-3／15時〜22時（日11時〜18時）／月

3559-0499

東武練馬

和光書店本店—218
東京都板橋区徳丸2-7-27／03-3931-0201

下赤塚

司書房—208
東京都練馬区北町8-30-13／14時～23時／大雨の日／03-5921-6356

成増

コミックジャングル—218
東京都板橋区赤塚6-37-11-102／不定休／03-3975-6474

志木

ブックス友—218
埼玉県新座市東北2-24-17／048-474-8055

上福岡

SUNDAY GARAGE—218
埼玉県川越市大字渋井830-5／10時～17時（日～18時）／049-265-5315
トトロ—210
埼玉県ふじみ野市福岡中央2-3-1／049-266-2917
ブックブック大井店—218
埼玉県ふじみ野市鶴ケ舞3-6-6／049-266-6844

都電 荒川線

都電雑司が谷

ジャングルブックス—219
東京都豊島区雑司が谷2-19-13ステラ護国寺B1／12時～20時頃（日～18時頃）／月／03-6914-1747
旅猫雑貨店—212
東京都豊島区雑司が谷2-22-17／12時～19時（土日祝11時～18時）／月、第3火／03-6907-7715

庚申塚

かすみ書店—213
東京都豊島区西巣鴨2-34-13／13時～21時／不定／03-3917-7377

滝野川一丁目

龍文堂書店—219
東京都北区西ケ原4-21-12／03-3910-6830

王子駅前

古本カフェくしゃまんべ—219
東京都北区豊島1-7-6／月11時半～14時、18時～22時（火水18時～）／050-5891-8158
山遊堂—214
東京都北区王子1-28-11／03-3914-9400
リバティ鑑定倶楽部—219
東京都北区王子1-14-4／10時～26時／無休／03-3919-9593

梶原

梶原書店—219
東京都北区堀船3-31-11／03-3913-3803
ろここ書店—216
東京都北区上中里3-6-18／03-3914-5608

東尾久三丁目

サンマリンブック—219
東京都荒川区東尾久6-9-5／03-3800-6677

町屋駅前

古本応援団—219
東京都荒川区荒川6-4-11／03-3819-1666

三ノ輪橋

古書ミヤハシ三ノ輪店—219
東京都南千住1-16-5／03-3802-2526

JR 埼京線

板橋

板橋書店—220
東京都板橋区板橋1-49-11／03-3961-1310
木本書店—234
東京都北区滝野川6-71-5／11時～20時／不定休／03-3915-7018
坂本書店—234
東京都北区滝野川6-62-1／03-3915-3437
ブックス橋屋—234
東京都北区滝野川7-6-10／03-5907-3020

十条

鴨書店—234
東京都北区上十条4-8-1／12時～19時／月、第2・4火／03-3909-8699

赤羽

平岩書店—222
東京都北区赤羽西1-7-1／03-3900-5525

北赤羽

桐北書店—234
東京都北区赤羽北3-25

戸田公園

古本くらの—224
埼玉県戸田市本町4-9-24／12時～20時半／日／048-441-8880

南与野

アワーズ—234
埼玉県さいたま市桜区栄和3-11-13

大宮

橋本書店—226
埼玉県さいたま市大宮区桜木町2-476／048-664-2343

JR 京浜東北線

東十条

あざぶ本舗—228
東京都北区東十条3-12-3／8時～11時、15時～20時（月15時～、土日12時～18時）／水、第2火／03-6908-4992

西川口

葵書店—234
［本店］埼玉県川口市上青木1-8-3／048-255-6640
［駅前店］埼玉県川口市並木2-2-2／木／048-255-6643
一力堂宇佐美書店—234
埼玉県川口市西川口1-3-5／048-251-5551
創文堂書店—230
埼玉県川口市西川口2-2-3／048-251-0592
Bステーション—234
埼玉県川口市中青木4-2-28／048-251-1977

蕨

旭書房—231
埼玉県蕨市中央3-3-3／048-432-3700
春日書店—235
埼玉県川口市芝2616／048-265-1630
古書なごみ堂—235
埼玉県蕨市塚越1-7-17／048-445-9341
武蔵野書房わらび店—235
埼玉県川口市芝樋ノ爪1-7-55／048-261-6277

狭山市

北村書店—184
埼玉県狭山市富士見1-20-5／14時～21時／火／04-2959-5051
BOOKS ACT-1—187
埼玉県狭山市狭山市富士見1-27-25／04-2956-3649

新狭山

狭山書店—187
埼玉県狭山市大字下奥富502-3／04-2968-5867

本川越

古本カフェAgosto—187
埼玉県川越市連雀町8-2-2/13時～18時頃／水木／090-8314-2783

西武 国分寺線

鷹の台

KIKI RECORD—187
東京都小平市たかの台44-1/11時～20時／月木
古本ゆめや—185
東京都小平市たかの台36-4／042-345-8811
みどり文庫—187
東京都小平市たかの台34-1/042-347-5401

西武 拝島線

玉川上水

清水書店—187
東京都立川市幸町6-2-1/042-536-4095

西武 池袋線

椎名町

古書ますく堂—188
東京都豊島区西池袋4-8-20-105／12時～20時／ほぼ無休／090-3747-2989
新宿広場—202
東京都豊島区南長崎1-9-14／10時～20時／無休／03-5982-4400
春近書店—202
東京都豊島区長崎1-5-2／11時～21時半／月／03-3957-5454

江古田

根元書房—202
［**本店**］東京都練馬区栄町12-1／11時～17時／土日祝、夏期、年末年始／03-3991-3945
［**日芸前店**］東京都練馬区小竹町1-54-5-102／11時～22時（水14時～）／年末年始／03-5966-6019

桜台

島書店—190
東京都練馬区桜台1-44-2

練馬

一信堂書店—192
東京都練馬区豊玉北5-3-10／11時半～20時／月、第2・4火／03-3991-2829

中村橋

ドラゴンブック—202
東京都練馬区中村北3-20-6／03-5241-2470

富士見台

新井書店—202
東京都練馬区貫井3-32-5／03-3998-8312

石神井

エコキーパーズ—202
東京都練馬区石神井町7-4-3/03-3996-6122
きさらぎ文庫—202
東京都練馬区石神井町3-20-13／10時～19時／水／03-3997-0024
久保書店—202
東京都練馬区石神井町8-9-6／12時～18時／不定休／03-5393-9337
草思堂書店—202
東京都練馬区石神井町3-18-12／03-3904-2766

大泉学園

古本喫茶マルゼン46—203
東京都練馬区石神井台3-24-39／11時～19時／日／03-3996-8730
ポラン書房—194
東京都練馬区東大泉1-35-12／10時～21時（日祝～20時）／水／03-5387-3555

保谷

アカシヤ書店—203
東京都練馬区南大泉3-27-18／13時～20時／火／03-3924-7014

ひばりヶ丘

近藤書店—196
東京都西東京市ひばりヶ丘北3-5-19／0424-22-3871

清瀬

臨河堂—197
東京都清瀬市中清戸3-213-7／042-495-7739

秋津

古本らんだむ—203
東京都東村山市秋津町5-38-3／042-396-6630

武蔵藤沢

茶々文庫—198
埼玉県入間市下藤沢1122-1／11時～18時／水／04-2965-1998
古本ほんこ屋—203
埼玉県入間市東町1-11-18／不定／0429-64-2391

入間市

古書高倉堂—203
埼玉県狭山市笹井3-17-19／04-2953-4766

飯能

古書ブックブック飯能店—203
埼玉県飯能市仲町3-2/10時～24時（土日祝～22時）／無休／042-971-1880
文祥堂書店—200
埼玉県飯能市東町6-16／11時～20時／火／0429-72-4023

東武 東上線

大山

銀装堂書店—218
東京都板橋区大山東町46-5／11時～19時（日祝12時～）／無休／03-6909-6925
ぶっくめいと—204
東京都板橋区大山金井町41-3／03-5995-9331

ときわ台

高田書房常盤台店—218
東京都板橋区常盤台2-1-14／03-3965-4113

上板橋

林家書店—206
東京都板橋区上板橋2-31-11／11時～22時／火／03-3931-1613
BOOK STYLE—218
東京都板橋区上板橋2-34-14／15時～21時／日月火／03-3559-9704
ブックセンターサカイ北町店—218
東京都練馬区北町1-46-3／03-

三田商店—171
神奈川県横浜市西区久保町19-2／12時～19時／月金

鶴ヶ峰

文教堂書店—171
神奈川県横浜市旭区鶴ヶ峰2-30／10時～22時／無休／045-373-0968

二俣川

友書房—171
神奈川県横浜市旭区二俣川1-45／045-364-0831

JR 南武線

浜川崎

若木屋—171
神奈川県川崎市川崎区田島町23-12／044-322-4598

尻手

福書房—172
神奈川県横浜市鶴見区矢向3-1-17／10時～18時／土日祝／045-582-3394

鹿島田

南天堂書店鹿島田店—172
神奈川県川崎市幸区下平間199／044-544-8377

矢野口

ブックランド稲城店—172
東京都稲城市東長沼823-5／042-379-4188

府中本町

落兵衛図書園—172
東京都府中市本町2-13-30／042-368-3916

JR 横浜線

大口

遊人—172
神奈川県横浜市神奈川区大口通14-1

淵野辺

晶美堂りら書店—172
神奈川県相模原市中央区淵野辺5-8-11／12時～20時／無休／042-707-9179

相模原

博蝶堂書店相模原2号店—172
神奈川県相模原市中央区中央3-3-6／10時～21時／無休／042-768-2677

橋本

白山書店—172
神奈川県相模原市緑区久保沢3-6-7／042-782-9481

JR 相模線

上溝

博蝶堂書店相模原3号店—172
東京都町田市忠生3-17-2／042-791-1131

西武 新宿線

中井

onakasuita—186
東京都新宿区中落合2-25-6／12時～20時（日11時～17時）／火土／03-3950-3803

新井薬師前

BOOK GARAGE—175
東京都中野区新井1-36-3／12時～20時（日11時～19時）／木、第2水／03-3387-5168
文林堂書店—174
東京都中野区上高田3-416／03-3386-1836

沼袋

天野書店—186
東京都中野区沼袋2-30-7／03-3389-8425
BOOK LIFE沼袋店—186
東京都中野区沼袋4-26-13／11時～24時／03-3388-8756

都立家政

大村書店—186
東京都中野区鷺宮3-9-22／不定／不定休／03-3336-3678
ブックマート都立家政店—176
東京都中野区若宮3-19-11／11時～23時（日～22時）／無休／03-5356-9393

鷺ノ宮

うつぎ書房—178
東京都中野区白鷺2-49-27／03-3330-0733

上井草

SLOPE—186
東京都杉並区上井草2-35-2／9時～19時／無休／070-6460-6626

武蔵関

えほんのがっこう—186
東京都練馬区関町北4-2-15五十鈴ビル2F／11時～18時／水、第2・4土／03-5903-8556
古本工房セイレーン—186
東京都練馬区関町北1-3-11／13時～25時／無休／03-5991-3746

西武柳沢

エーワンブック保谷店—186
東京都西東京市保谷町6-13-12／042-452-6201

花小金井

ねこじたゴリラ堂—186
東京都小平市花小金井5-29-10／10時～18時／不定休／042-452-6200

久米川

下井草書房—186
東京都東村山市本町4-3-3／10時～18時／日／042-397-2069
ブックステーション久米川店—186
東京都東村山市栄町2-41-10／12時～20時／無休／042-306-9076

東村山

きりん館—186
東京都東村山市久米川町4-46／14時～18時
なごやか文庫—180,193
東京都東村山市諏訪町1-3-10／［有人販売］9時～16時［無人販売］16時～20時（土日祝［無人販売］9時～20時）／042-393-9449

所沢

ブックブック所沢店—186
埼玉県所沢市東住吉18-9／04-2928-8831

航空公園

古書つくし—187
埼玉県所沢市こぶし町11-22／11時～16時半／水日

新所沢

午後の時間割—182
埼玉県所沢市緑町4-44-7／12時～18時／日／04-2930-8864
祥文堂書店—187
埼玉県所沢市松葉町30-22／10時～19時／火／04-2998-3330

神奈川県茅ヶ崎市若松町14-26／0467-82-1823
MOKICHI—157
神奈川県茅ヶ崎市元町13-1／11時～23時／第3火／0467-84-0123

平塚

萬葉堂書店—157
神奈川県平塚市八重咲町12-29／12時～16時／不定休／0463-22-0866

鴨宮

古書店楽々堂—157
神奈川県小田原市矢作122-4／0465-44-4162

小田原

お濠端古書店—154
神奈川県小田原市栄町2-5-11／11時～20時半／不定休／0465-23-5071
高野書店—157
神奈川県小田原市栄町2-14-29／0465-22-6649
猫企画—157
神奈川県小田原市栄町1-1-7-B1F メトロマルタ内／10時～20時／090-6310-8605

京急本線

新馬場

街道文庫—160
東京都品川区北品川2-6-12／11時頃～21時頃（午前中歩く会のある水日、金土13時頃～）／街道歩きのある水土日／03-6433-0349
古書わらべ—170
東京都品川区北品川2-3-7／03-6433-2685

青物横丁

古本うさぎ書林—170
東京都品川区東大井1-3-36／12時～19時（ただし現在は不定）／土日祝（ただし現在は不定）／03-3471-5232

梅屋敷

ブックアニマル梅屋敷店—170
東京都大田区大森中2-2-10／03-3763-5655

京急蒲田

ディーン蒲田店—170
東京都大田区蒲田4-2-7／10時～25時／無休／03-5703-6136

鶴見市場

普賢堂書店—162
神奈川県横浜市鶴見区市場上町7-12／13時～20時（土日祝11時～）／火／045-521-5336

戸部

古書輸林書房—164
神奈川県横浜市西区戸部本町10-12／11時～19時（日～17時）／月金／045-290-3383

日ノ出町

黄金町アートブックバザール—170
神奈川県横浜市中区日ノ出町2-145番地先 日ノ出スタジオIII棟／11時～19時／月／045-231-9559

黄金町

紅葉堂長倉屋書店—170
神奈川県横浜市中区曙町4-56／10時～26時／1月1・2日／045-262-1191
誠和堂書店—170
神奈川県横浜市中区曙町4-50／045-261-4374
たけうま書房—170
神奈川県横浜市中区末吉町4-74末吉ショッピングセンター2F／13時～20時／月火／045-315-5190
バイアップ—170
神奈川県横浜市中区伊勢佐木町6-141／045-252-7393
博文堂書店—166
神奈川県横浜市中区伊勢佐木町7-154／045-253-0380
BOOKS Garage—170
神奈川県横浜市中区曙町4-48／045-261-4114

南太田

久保田書店—170
神奈川県横浜市南区庚台26-11／045-241-2225

井土ケ谷

駄菓子屋ばぁば—170
神奈川県横浜市南区井土ケ谷下町27-2

弘明寺

パンドラブックス—170
神奈川県横浜市南区六ツ川1丁目283／045-721-0419

上大岡

読書館上大岡店—171
神奈川県横浜市港南区最戸1-6-5／045-715-1755
ホンキッズ—170
神奈川県横浜市港南区上大岡西2-4-2／045-844-2052

杉田

ふるほん村杉田店—171
神奈川県横浜市磯子区杉田1-17-1 プララ杉田2F／10時～23時／無休／045-772-9664

金沢文庫

INFINITYぶっくす—171
神奈川県横浜市金沢区泥亀1-25-3／10時～21時

横須賀中央

市川書店—171
神奈川県横須賀市安浦町2-15／046-822-6810
沙羅書店—167
神奈川県横須賀市上町1-45／046-824-3732
BOOKS2106—171
神奈川県横須賀市上町1-1-2／10時～22時／046-884-9194

県立大学

港文堂書店—171
神奈川県横須賀市安浦町1-21／046-822-4561

京急 逗子線

新逗子

勿忘草—168
神奈川県逗子市逗子4-12-18／11時～17時／水／080-6751-1204

京急 空港線

大鳥居

マンガハウス—171
東京都大田区萩中3-19-11／12時～17時（土日祝10時～）／木金／03-3742-2288

穴守稲荷

BOOK & BAR羽月—171
東京都大田区羽田4-5-1／8時～22時（土9時～、日祝10時～19時）／第2日／03-3741-1817

相鉄線

西横浜

神奈川県横浜市磯子区西町10-2／10時～20時／日／045-751-3508

新杉田

神保書店—142
神奈川県磯子区杉田4-2-25

洋光台

公文堂書店日野店—142
神奈川県横浜市港南区日野中央1-17-1／045-842-8879

港南台

ぽんぽん船港南台店—142
神奈川県横浜市港南区港南台5-8-17／045-831-3539

JR 横須賀線

鎌倉

ウサギノフクシュウ—143
神奈川県鎌倉市御成町13-38萩原ビル2F／11時半～20時／月水／080-4623-3521

鎌倉キネマ堂—143
神奈川県鎌倉市小町2-11-11／11時45分～19時／無休／0467-22-6667

公文堂書店—140
神奈川県鎌倉市由比ガ浜1-1-14／10時半～18時／木、第2・3水／0467-22-0134

古書藝林荘—143
神奈川県鎌倉市雪ノ下1-5-38／11時～18時／月／0467-22-6533

ヒグラシ文庫—143
神奈川県鎌倉市小町2-11-11大谷ビル2F／16時～23時半／無休／080-2561-7419

books moblo—143
神奈川県鎌倉市大町1-1-12 WALK大町 II 2F-D／10時～18時／月／0467-67-8444

游古洞—143
神奈川県鎌倉市御成町13-30／10時半～18時／年中無休／0467-25-5176

逗子

古本イサドとら堂—143
神奈川県逗子市逗子5-3-39／11時～22時／月／046-876-8606

東逗子

海風舎—143
神奈川県逗子市沼間1-2-20／046-872-2091

JR 京浜東北線

大井町

海老原書店—156
東京都品川区東大井5-5-8／11時半～21時／無休／03-3474-5551

松林堂書店—156
東京都品川区東大井5-1-9／11時半～21時（土日～19時）／不定休／03-3471-5409

大森

松村書店—144
東京都大田区山王3-3-1／13時～19時半／日／03-3777-7446

蒲田

石狩書房—156
東京都大田区新蒲田3-13-13

一方堂書林—145
東京都大田区西蒲田7-28-5／03-3734-3531

南天堂書店蒲田店—156
東京都大田区西蒲田7-62-3／03-5710-3772

鶴見

閑古堂—156
神奈川県横浜市鶴見区鶴見中央4-15-3／045-501-0481

西田書店—148
神奈川県横浜市鶴見区豊岡町30-25／9時～19時（祝10時～）／日／045-572-3495

JR 東海道線

川崎

大島書店追分店—156
神奈川県川崎市川崎区追分町6-8／044-366-3393

近代書房—156
神奈川県川崎市川崎区砂子2-8-17／10時～20時／木／044-222-3482

ブックスマッキー川崎店—156
神奈川県川崎市川崎区砂子2-11-20／044-245-1464

朋翔堂—146
神奈川県川崎市川崎区東田11-1／044-233-2059

横浜

喫茶へそまがり—156
神奈川県横浜市西区岡野1-15-12／12時半～20時半（金土14時～22時）／木日／045-594-7026

戸塚

ブックサーカス—150
［**戸塚モディ店**］神奈川県横浜市戸塚区戸塚町10ラピス1ビル2F／10時半～23時（日祝～20時）／無休／045-862-3020
［**トツカーナ店**］神奈川県横浜市戸塚区戸塚町16-1トツカーナモール4F／10時～22時（日～21時）／無休／045-881-2826

ブックショップすずらん—156
神奈川県横浜市戸塚区吉田町885／045-865-3663

藤沢

湘南堂ブックサーカス藤沢店—157
神奈川県藤沢市藤沢539／11時～20時／0466-25-5331

太虚堂書店藤沢駅北口支店—152
神奈川県藤沢市藤沢460-8／10時～21時45分／無休／0466-28-7355

葉山古本店—157
神奈川県藤沢市藤沢93／10時半～17時半／金／0466-25-3620

光書房—157
神奈川県藤沢市藤沢1015／10時～20時／無休／0466-27-8344

古本小屋本店—157
神奈川県藤沢市川名1-7-5／0466-23-8751

ぽんぽん船藤沢店—156
神奈川県藤沢市南藤沢2-1-1／0466-50-6955

リブックス藤沢店—156
神奈川県藤沢市南藤沢2-1-1フジサワ名店ビル5F／10時～21時／0466-26-1411

辻堂

tiny zoo—157
神奈川県藤沢市辻堂元町3-15-29／12時～18時／火水／0466-36-3553

古本の店つじ堂—153
神奈川県藤沢市辻堂1698／0466-36-5741

洋行堂—157
神奈川県茅ヶ崎市浜竹2-8-6／11時～18時／不定休／0467-88-7464

茅ヶ崎

書肆楠の木—157
神奈川県茅ヶ崎市幸町13-5／11時～20時／火／0467-82-8975

古本大學茅ヶ崎店—157
神奈川県茅ヶ崎市幸町23-6／0467-86-9991

古本屋パラレル—157

相原書店—125
神奈川県横浜市神奈川区斎藤分町2-10／12時〜19時／不定休／045-413-4588
高石書店—125
神奈川県横浜市神奈川区西神奈川3-5-1／10時〜19時／不定休／045-491-2331
Tweed Books—125
神奈川県横浜市港北区篠原台町4-6／11時〜19時（月15時〜）／火
鐵塔書院—118
神奈川県横浜市神奈川区六角橋1-4-5／10時〜21時／不定休／045-401-7129

反町

孫悟空—125
神奈川県横浜市神奈川区松本町3-21-7／045-320-4988
ひだ文庫—120
神奈川県横浜市神奈川区松本町2-20-1／045-321-8888

みなとみらい線

馬車道

誠文堂書店—122
神奈川県横浜市中区南仲通5-57ルネ横浜馬車道2F／11時〜19時／無休／045-663-9587

元町・中華街

関帝堂書店—125
神奈川県横浜市中区山下町166横濱バザール3F／不定〜19時半／水

東急 目黒線

武蔵小山

九曜書房—134,147
東京都品川区小山3-2-3／03-3791-2094
HEIMAT CAFE—134
東京都目黒区目黒本町3-5-6／9時〜23時（金〜24時、土11時〜24時、日11時〜）／不定休／03-6452-3770

洗足

BOOKOPEN—126
東京都目黒区南1-24-7／15時〜22時／日祝／03-3717-1516

大岡山

金華堂書店—134
東京都目黒区大岡山2-2-2／03-3717-7366
タヒラ堂書店—128
東京都大田区北千束1-26-13／10時〜20時／月／03-3729-9384
古本カフェロジの木—134
東京都大田区北千束1-53-7／12時〜17時（または〜18時）※店のブログ上で毎月翌月の営業時間を掲載／不定休／03-3723-5444
ふるほん現代屋—134
大田区北千束3-33-7／11時〜22時（日祝は不定）／03-3728-2826

奥沢

PINNANCE BOOKS—129
東京都世田谷区奥沢4-26-7／10時〜22時／03-3720-7219
ふづき書店—134
東京都世田谷区奥沢3-32-16／13時〜18時／日祝／03-3728-2371

東急 大井町線

下神明

星野書店—130
東京都品川区二葉1-12-11／03-3781-7977

中延

源氏書房—131
東京都品川区中延6-3-17／03-3787-1030

九品仏

D&DEPARTMENT—134
東京都世田谷区奥沢8-3-2／12時〜20時／水／03-5752-0120
木鶏堂書店—132
東京都世田谷区奥沢7-20-17／03-6279-7370

東急 多摩川線

鵜の木

ブックマート村上書店—134
東京都大田区鵜の木2-13-12／10時半〜20時半／不定休／03-3757-4142

矢口渡

ひと葉書房—134
東京都大田区新蒲田2-20-3／9時半〜19時／第2土／03-3733-3614

東急 池上線

戸越銀座

小川書店平塚店—134
東京都品川区平塚3-2-17／11時〜20時／不定休／03-5702-3845

旗の台

みやこ書房—134
東京都品川区旗の台4-7-29／12時〜24時／無休／03-5702-1091

JR 根岸線

桜木町

天保堂苅部書店—136
神奈川県横浜市中区野毛町3-134／10時〜21時／月／045-231-4719
古本ちかいち—142
神奈川県横浜市中区野毛町3-160-4ちぇるる野毛1F／045-263-0583

関内

活刻堂—137
神奈川県横浜市中区伊勢佐木町1-4-8／11時〜20時／火
川崎書店—142
神奈川県横浜市中区伊勢佐木町6-132-1／045-261-5770
なぎさ書房—142
横浜市中区伊勢佐木町5-127-13／11時〜21時／無休／045-251-0611

石川町

books & things green point—142
神奈川県横浜市中区山元町1-7／13時〜19時／日水／050-3637-0017

山手

一寒堂書店—142
神奈川県横浜市中区上野町1-5／045-622-8254
自然林—138
神奈川県横浜市中区大和町1-15／12時〜20時／不定休／045-622-6071
BOOK STAR—142
神奈川県横浜市中区本郷町1-2／11時〜25時／無休／045-623-9917
古本イケダ—142
神奈川県横浜市中区本郷町2-37／045-621-9797

根岸

たちばな書房—139

SOMETIME—106
東京都世田谷区太子堂5-15-14／10時～21時／第3火／03-5481-3822
TROPE—106
東京都世田谷区太子堂4-28-9-2F／13時～20時／水／03-6450-7454

駒沢大学

SNOW SHOVELING—96
東京都世田谷区深沢4-35-7-2F／13時～19時／火水／03-6325-3435

用賀

からさわ書店—106
東京都世田谷区中町5-20-9／10時～18時／日／03-3703-1975
古書月世界—98
東京都世田谷区瀬田3-1-8-103／不定／水、他不定休／03-6805-6757

高津

小松屋書店—100
神奈川県川崎市高津区二子5-2-8／15時～19時／水／044-822-3098

溝の口

明誠書房—102
神奈川県川崎市高津区溝口2-7-13／11時～21時半／無休／044-811-7517
綿屋明誠堂—106
神奈川県川崎市高津区溝口1-1-2

梶が谷

グリーンブック—106
神奈川県川崎市高津区下作延2-35
橘リサイクルコミュニティセンター—106
神奈川県川崎市高津区新作1-20-3／9時～20時／第4水／044-857-1146

青葉台

博蝶堂書店—106
神奈川県横浜市青葉区桜台29-1／045-981-1417

東急 世田谷線

若林

十二月文庫—104
東京都世田谷区北沢1-9-2／14時～22時／火／03-3466-1015

松陰神社前

nostos books—105
東京都世田谷区世田谷4-2-12／13時～21時（土日祝日12時～20時）／水／03-5799-7982

上町

林書店上町店—106
東京都世田谷区世田谷2-30-5／10時～20時／日／03-3429-5391

東急 東横線

代官山

STRANGE STORE—124
東京都渋谷区鶯谷町12-3-301／不定休／03-3496-5611
蔦屋書店—124
東京都渋谷区猿楽町17-5／7時～26時（1F）、9時～26時（2F）／無休／03-3770-2525
nostos books代官山店—124
東京都渋谷区代官山町9-10-2F／9時～19時／火／03-6416-5856

中目黒

COW BOOKS—124
東京都目黒区青葉台1-14-11／12時～20時／月／03-5459-1747
杉野書店—124
東京都目黒区上目黒2-24-14／12時～22時／火／03-3712-3675
デッサン—124
東京都目黒区東山1-9-7／12時～20時／火／03-3710-2310

祐天寺

北上書房—108
東京都目黒区祐天寺1-21-16／12時～19時／不定休／03-3710-6150

学芸大学

飯島書店—124
東京都目黒区鷹番2-15-11／10時～21時半／金／03-3712-4946
SUNNYBOY BOOKS—109
東京都目黒区鷹番2-14-15／13時～23時（水木15時～22時、土日祝12時～21時）／不定休
BOOK & SONS—124
東京都目黒区鷹番2-13-3／12時～19時／不定休／03-6451-0845
古本遊戯流浪堂—124
東京都目黒区鷹番3-6-9-103／12時～24時（日祝11時～23時）／第2・4火／03-3792-3082

都立大学

博文堂書店—124
東京都目黒区八雲1-7-20／10時～19時／水日／03-3723-2783
ROOTS BOOKS—110
東京都目黒区中根1-2-10／03-3725-6358

自由が丘

東京書房—124
東京都目黒区自由が丘1-9-6／10時～21時（日祝～20時半）／年末年始／03-3718-2413
西村文生堂—112
東京都目黒区自由が丘2-11-8／11時～19時半／03-3725-3330

田園調布

古書肆田園りぶらりあ—114
東京都大田区田園調布2-39-11／10時～18時／無休／03-3722-2753

新丸子

甘露書房—124
神奈川県川崎市中原区新丸子東1-833／11時～18時／火水／044-422-1954

元住吉

凸っと凹っと—116
神奈川県川崎市中原区木月2-10-3ベンチャーマックス201／044-411-7959
ブックサーカスmotto店—125
神奈川県川崎市中原区木月1-35-47／044-435-2660

日吉

ダダ書房—125
神奈川県横浜市港北区日吉本町1-23-16／045-562-5465
BOOK JOY—125
神奈川県横浜市港北区日吉本町1-16-17／10時～23時半／無休／045-534-7353

綱島

FEEVER BUG—125
神奈川県横浜市港北区綱島西2-7-3／13時～23時（日祝11時～20時）／無休／045-717-7620

大倉山

Libnos横浜大倉山店—125
神奈川県横浜市港北区大倉山2-1-13／10時～22時／045-642-7577

白楽

小山書店—125
神奈川県横浜市神奈川区六角橋2-1-14／045-481-4296

東京都世田谷区北沢2-34-9トキワビル2F／12時～25時／無休／03-3466-1815
気流舎—92
東京都世田谷区代沢5-29-17／18時～23時(土日祝14時～)／不定休／03-3410-0024
クラリスブックス—77
東京都世田谷区北沢3-26-2-2F／12時～20時(日祝～19時)／月／03-6407-8506
古書ビビビ—92
東京都世田谷区北沢1-40-8／12時～21時／火／03-3467-0085
July Books—92
東京都世田谷区北沢2-39-14／14時～20時頃(土日祝13時～)／月火／03-6407-0889
白樺書院—92
東京都世田谷区北沢3-21-1／13時～18時／水／03-3460-8566
DARWIN ROOM—92
東京都世田谷区代沢5-31-8／12時～20時(金土～22時)／不定休／03-6805-2638
Brown's Books & Cafe—92
東京都世田谷区代沢5-32-13露崎商店5F／13時～20時／月～金／03-6805-2640
ほん吉—92
東京都世田谷区北沢2-7-10／12時～22時／火／03-6662-6573
メンヨウブックス—92
東京都世田谷区北沢2-19-5／13時～20時／月～水

豪徳寺

玄華書房—92
東京都世田谷区豪徳寺1-22-14／12時～20時半／火／03-3426-5314
靖文堂書店—89,92
東京都世田谷区豪徳寺1-18-9／03-3426-2139

経堂

うっきい—93
東京都世田谷区桜丘3-1-2／03-5426-2911
遠藤書店—92
東京都世田谷区経堂2-5-16／11時～21時／火／03-3429-5060
小野田書房—93
東京都世田谷区経堂5-38-29／11時～19時／不定休／03-3425-8200
大河堂書店—78
東京都世田谷区経堂1-24-16／11時～22時／木／03-3425-8017

祖師ヶ谷大蔵

祖師谷書房—79
東京都世田谷区祖師谷5-1-28／13時～20時／無休／03-3483-0008
文成堂書店—93
東京都世田谷区砧8-7-17／10時～18時／不定休／03-2416-2671

成城学園前

キヌタ文庫—80
東京都世田谷区成城5-14-6／13時～19時／木／03-3482-8719

喜多見

古本林書店喜多見店—93
東京都狛江市岩戸北2-19-17／12時～24時／日／03-3488-8869

狛江

ふる本屋狛江店—93
東京都調布市西つつじケ丘3-34-9／042-499-1697

登戸

ツヅキ堂書店登戸店—93
神奈川県川崎市多摩区登戸2519-7／10時半～23時半／044-933-6339

百合ヶ丘

ざりがに堂—93
神奈川県川崎市麻生区百合丘1-3-5／14時～18時／月火／044-966-0109

玉川学園前

Books三十郎—93
東京都町田市玉川学園2-21-4／042-720-3160

町田

高原書店—82
東京都町田市森野1-31-17／10時～20時／第3水／042-725-7554

小田急相模原

ツヅキ堂書店相模原店—93
神奈川県相模原市南区松が枝町23-3／042-766-1423
二の橋書店—84
東京都町田市鶴川2-19-6／13時～21時／日／042-734-6020

相武台前

青木書店—93
神奈川県相模原市南区相武台1-19-8／10時～20時(日祝～17時)／不定休／046-254-1797

海老名

えびな平和書房—86
神奈川県海老名市国分寺台2-11-24／046-235-5584

東海大学前

ZONE—94
神奈川県秦野市南矢名2086
BOOK ECO—88
神奈川県秦野市南矢名2-6-27／11時～19時／日／0463-78-3362

渋沢

ブックキングダム—94
神奈川県秦野市堀西26-9／10時～20時／木／0463-83-4550

小田急 多摩線

小田急永山

あしたやみどり—94
東京都多摩市諏訪5-6-3／042-372-3690
佐伯書店—94
東京都多摩市永山1-8-3／10時～21時／日祝／042-374-1897

小田急 江ノ島線

大和

古本市場—94
神奈川県大和市中央4-1-2／046-262-6601

本鵠沼

古南文庫—90
神奈川県藤沢市鵠沼桜が岡3-2-2／14時～23時／月／0466-23-5792

東急 田園都市線

池尻大橋

e-Books—106
東京都世田谷区池尻2-6-12／11時～19時／月／03-6450-9990
江口書店—106
東京都世田谷区池尻2-8-5／15時～20時(月・水17時～)／火／03-3421-9575
山陽書店—106
東京都世田谷区池尻3-28-7／03-3413-8695

三軒茶屋

東京都渋谷区渋谷1-1-10／10時〜19時半／日／03-3409-7755
Flying Books—59
東京都渋谷区道玄坂1-6-3-2F／12時〜20時／日／03-3463-8151
まんだらけ渋谷店—59
東京都渋谷区宇田川町31-2渋谷BEAM-B2F／12時〜20時／無休／03-3477-0777

高田馬場

BOOK TASTE—59
東京都新宿区高田馬場4-8-9／03-5389-0363
ふるほん横丁（芳林堂書店）—59
東京都新宿区高田馬場1-26-5 Flビル4F／10時〜22時半（土〜21時半、日祝〜21時）／無休／03-3208-0241
マイルストーン—59
東京都新宿区高田馬場1-23-9／12時〜24時（金〜25時、土13時〜25時、日13時〜）／年末年始／03-3200-4513

目白

貝の小鳥—57
東京都新宿区下落合3-18-10／11時〜18時／火／03-5996-1193
ポポタム—59
東京都豊島区西池袋2-15-17／12時〜18時／日月／03-5952-0114

京王線

笹塚

BAKU—74
東京都渋谷区笹塚1-58-8西谷ビル1・2F／10時半〜25時／無休／03-3374-3465

下高井戸

古書豊川堂—62
東京都杉並区下高井戸1-1-5／10時半〜20時／日／03-3322-3408
TRASMUNDO—74
東京都世田谷区赤堤4-46-6／14時〜22時／第3木／03-3324-1216
ポポ—74
東京都世田谷区赤堤4-37-5／10時半〜20時半／水／03-3328-1640

八幡山

カルチャーステーション—74
東京都世田谷区八幡山3-32-23／12時〜21時／無休／03-5317-4901
グランマーズ—74
東京都杉並区上高井戸1-1-10／03-3302-5661

千歳烏山

イカシェ天国—74
東京都世田谷区南烏山6-4-14（烏山ハウジング）

仙川

ツヅキ堂書店仙川店—74
東京都調布市仙川町1-15-5／03-3307-7261
文紀堂書店—63
東京都調布市仙川町1-30-1-104／12時〜21時／水／03-5315-9570

つつじヶ丘

手紙舎—64
東京都調布市西つつじヶ丘4-23-35／11時〜18時／月〜木／042-444-5331

調布

タイムマシーン—75
東京都調布市布田1-1-3／042-489-1577
古本海ねこ—74
東京都調布市小島町1-5-3／予約制
円居—66
東京都調布市布田1-43-3-102／11時〜20時／水／0424-83-8950

西調布

ブックスタジアム—75
東京都調布市下石原2-6-14／24時間営業／無休／042-426-3577
ブックランド—75
東京都調布市上石原2-23-5／12時〜23時／木／0424-80-6650

府中

木内書店—67
東京都府中市寿町1-1-17／10時半〜18時半／水、第1・3火／042-362-7769
古書夢の絵本堂—75
東京都府中市府中町2-20-13／042-358-0333

聖蹟桜ヶ丘

博蝶堂書店聖蹟桜ヶ丘店—75
東京都多摩市関戸4-6-3／11時〜22時／042-374-2131

京王 高尾線

山田

池畑書店—68
東京都八王子市緑町377-5／042-626-8449

京王 井の頭線

駒場東大前

河野書店—69
東京都目黒区駒場1-31-6／10時〜20時（土日祝〜18時）／年末年始／03-3467-3071

池ノ上

由縁堂書店—70
東京都世田谷区代沢2-36-27／11時〜20時／水、第1・3日／03-3422-3591

東松原

瀧堂—71
東京都世田谷区松原5-27-11／11時〜21時（土日〜20時）／不定休／03-6265-7764

永福町

エーワンブック永福町店—75
東京都杉並区永福3-49-13／03-3324-7071
ドエル書房—75
東京都杉並区和泉3-53-21／10時〜19時／不定休／03-3322-1901

三鷹台

ばくの店—72
東京都三鷹市井の頭1-31-19／11時〜19時／水／0422-76-2501

小田急線

代々木八幡

SO BOOKS—92
東京都渋谷区上原1-47-5／12時〜19時／日／03-6416-8299
リズム＆ブックス—92
東京都渋谷区富ヶ谷1-9-15／12時〜22時（土日祝〜20時）／無休／03-6407-0788

代々木上原

Los Papelotes—76
東京都渋谷区西原3-4-2-102／12時〜23時／火／03-3467-9544

下北沢

いーはとーぼ—92

銀杏書房—48
東京都国立市中1-16-37／10時～18時（土12時～）／日祝／042-572-1091
ブックステーション門—48
東京都国立市西2-21-41／12時～21時／木／042-505-5381
みちくさ書店—48
東京都国立市東1-4-11／10時～19時／無休／042-575-0909
ユマニテ書店—36
東京都国立市東2-16-33／042-572-6341

立川

地球堂書店—48
東京都立川市高松町3-13-22／042-524-2173

八王子

佐藤書房—48
東京都八王子市東町12-16／11時～21時／年始／042-645-8411
田中書房—48
東京都八王子市楢原町472／10時半～22時／日／042-623-6332
まつおか書房—38
東京都八王子市東町10-12／10時半～23時／無休／042-646-6310
有隣堂セレオ八王子店アウトレットブック—48
東京都八王子市旭町1-1セレオ八王子北館8F／10時～21時／火／042-655-2311

西八王子

散田書房—48
東京都八王子市散田町4-15-7／10時～17時／水日祝／042-667-6785
さわやか記念文庫—48
東京都八王子市横川町740／042-628-5628
古本一歩堂—40
東京都八王子市元本郷町3丁目7-4／042-622-9036

高尾

高尾文雅堂書店—42
東京都八王子市初沢町1227-4高尾名店街高尾パークハイツA-115-1／10時～20時／不定休／042-665-3944

JR 八高線

東福生

Good King's—48
東京都福生市福生2172／12時～20時／不定休／080-1195-3148

JR 山手線

池袋

光芳書店—58
東京都豊島区東池袋1-30-12／12時～20時／日／03-3984-8120
古書往来座—50
東京都豊島区南池袋3-8-1／12時頃～22時（日～20時）／水／03-5951-3939
夏目書房—58
東京都豊島区西池袋3-31-7／12時～19時／無休／03-3971-6092
八勝堂書店—58
東京都豊島区西池袋5-2-10／10時～19時／日祝／03-3981-1870
Budoshop—58
東京都豊島区池袋2-61-7／12時～19時（土日祝～18時）／水／03-3986-6221
平和堂書店—58
東京都豊島区池袋2-76-1／14時～24時／水／03-3984-9820

大塚

ペンギン堂雑貨店—58
東京都豊島区北大塚2-26-2

駒込

古書ミヤハシ駒込店—58
東京都北区中里1-2-10
停車場—58
東京都北区西ヶ原1-20-12／10時～18時半／木金／03-3949-0753
パックレコードとしょしつ—58
東京都北区田端4-3-3／14時～19時／土、第1・3日

田端

古本屋の中村—58
東京都北区東田端1-8-7／11時～23時半（祝12時～、日12時～20時、第3火～20時半）／03-5692-2550

日暮里

古書信天翁—52
東京都荒川区西日暮里3-14-13コニシビル202／12時～22時（日祝～20時）／月火／03-6479-6479
BOOK BOY日暮里店—58
東京都荒川区東日暮里5-52-6／03-5850-3108
峯尾文泉堂—58
東京都荒川区東日暮里5-1-4／10時半～19時半／木／03-3803-4659

上野

U-BOOK上野店—58
東京都台東区上野7-8-17／03-6802-8024

有楽町

宝塚アン—58
東京都千代田区有楽町2-10-1東京交通会館2F／10時～20時／無休／03-3201-5800

新橋

交通書房—58
東京都港区新橋5-19-1三陽ビル2F／月木金11時～18時半（土日～15時半）／火水祝／03-5405-4712

五反田

Good Day Books—59
東京都品川区西五反田2-4-2東海ビル3F／11時～20時（日祝～18時）／無休／03-6303-9116

目黒

弘南堂書店—54
東京都目黒区目黒1-6-13／11時半～22時／不定休／03-3490-4231

恵比寿

Selecao—59
東京都渋谷区広尾1-1-29／11時～23時／03-5467-9697
トップ書房—55
東京都渋谷区恵比寿南1-11-11／03-3711-5334

渋谷

國學院大学生協—59
東京都渋谷区東4-10-28／11時～16時（土～15時）／日（不定）／03-5466-0166
古書アップリンク—59
東京都渋谷区宇田川町37-18-2F／03-6825-5503
古書サンエー—59
東京都渋谷区道玄坂1-6-3／11時～21時／日／03-3463-8151
SUNDAY ISSUE—59
東京都渋谷区神宮前5-9-17VEXA表参道3F／03-6450-5371
巽堂書店—59
東京都渋谷区渋谷1-1-6／10時半～19時（土～17時半）／日祝／03-3400-6037
東塔堂—59
東京都渋谷区鶯谷町5-7／12時～20時／日／03-3770-7387
中村書店—56

半～21時／火／03-3391-6033
象のあし書店—45
東京都杉並区上荻1-24-19／03-3392-2145
竹中書店—45
東京都杉並区荻窪5-21-12／10時～21時／火／03-3391-7229
竹陽書房—22,37
東京都杉並区荻窪5-16-7エクセレント荻窪210／03-3398-7792
6次元—45
東京都杉並区上荻1-10-3-2F／15時～22時／不定休／03-3393-3539

西荻窪

花鳥風月—46
東京都杉並区西荻北4-3-2／03-3390-1356
かんばら書房—46
東京都杉並区西荻北4-34-8／12時～20時／木、第3水／03-3390-0983
古書音羽館—24
東京都杉並区西荻北3-13-7／12時～23時／火／03-5382-1587
古書西荻モンガ堂—47
東京都杉並区桃井4-5-3／12時～21時頃／水／03-6454-7684
盛林堂書房—46
東京都杉並区西荻南2-23-12／10時半～18時半／月／03-3333-6582
待晨堂—46
東京都杉並区西荻南3-16-1／10時～19時／日(11月と12月以外は祝、第1・3・5月も)／03-3333-5778
TIMELESS—46
東京都杉並区西荻北3-21-5／13時～22時／火、第2・4月／03-3395-8687
中野書店—47,95
東京都杉並区西荻北5-9-12／03-3395-2940
にわとり文庫—46
東京都杉並区西荻南3-17-5／12時頃～22時頃／火／03-3247-3054
ねこの手書店—46
東京都杉並区西荻南3-7-7／13時～23時／03-5370-9487
のまど—46
東京都杉並区西荻北3-12-10／12時～22時／水／03-5310-2627
比良木屋—46
東京都杉並区西荻北2-5-1／14時～21時／火／03-5311-5710
古本バル月よみ堂—46
東京都杉並区西荻南2-6-4／14時～24時／不定休／03-6454-2037
beco cafe—46
東京都杉並区西荻北3-18-6／14時～23時／火(毎月最終週は火水)／03-6913-6697
忘日舎—46
東京都杉並区西荻北3-4-2／12時～20時／月火／03-3325-5953

吉祥寺

青と夜ノ空—46
東京都武蔵野市吉祥寺南町5-6-25／12時～20時／水／070-1403-6145
すうさい堂—46
武蔵野市吉祥寺本町1-28-3／13時～20時／水／0422-22-1813
外口書店—46
東京都武蔵野市吉祥寺本町1-14／0422-22-5233
バサラブックス—46
東京都武蔵野市吉祥寺南町1-5-13／13時～23時半(土日祝10時～23時半)／月／0422-47-3764
百年—46
東京都武蔵野市吉祥寺本町2-2-10村田ビル2F／12時～23時(土11時～12時、日11時～22時)／火／0422-27-6885
藤井書店—46
東京都武蔵野市吉祥寺本町1-11-20／10時半～20時半／火／0422-22-5043
古本センター—46
東京都武蔵野市吉祥寺南町1-1-2／0422-47-0727
古本よみた屋—26
東京都武蔵野市吉祥寺南町2-6-10／10時～22時／無休／0422-43-6550
Main Tent—46
東京都武蔵野市吉祥寺本町2-7-3／10時～17時(休日～19時)／水／0422-27-6064

三鷹

上々堂—47
東京都三鷹市下連雀4-17-5／11時～19時／無休／0422-46-2393
水中書店—28
東京都武蔵野市中町1-23-14-102／12時～22時／火／0422-27-7783
点滴堂—46
東京都武蔵野市中町1-10-3-2F／12時半～21時／月火／090-6796-5281
フォスフォレッセンス—47
東京都三鷹市上連雀8-4-1／12時～19時／火水／0422-46-1004
BOOKS三鷹—47
東京都三鷹市下連雀3-20-14／0422-45-2567
無人古本屋BOOK ROAD—47
東京都武蔵野市西久保2-14-6

武蔵境

境南堂—47
東京都武蔵野市境南町3-11-13／0422-31-1518
浩仁堂—30
東京都武蔵野市境1-17-6-106／10時～18時／日／0422-55-1533
BOOKSバリオ—47
東京都武蔵野市境2-3-4／0422-38-7708
プリシアター・ポストシアター—47
東京都武蔵野市境南町3-25-18／13時～19時／月火水／0422-30-9168

東小金井

BOOK・ノーム—47
東京都小金井市関野町1-4-30／042-386-1211

武蔵小金井

中央書房—47
東京都小金井市本町2-20-2／10時～19時／042-384-8386
古本ジャンゴ—47
東京都小金井市中町4-14-14／13時～22時／不定休／042-385-1775
古本はてな倶楽部—32
東京都小金井市貫井北町3-31-20／10時～21時／月／042-315-6791

国分寺

国分寺超山田堂—48
東京都国分寺市本多1-5-4／15時頃～23時頃／無休／042-329-3966
才谷屋書店—48
東京都小金井市貫井北町5-12-5／0422-53-8581
中央書房支店—48
東京都国分寺市南町2-17-11／042-328-8511
古本雲波—34
東京都国分寺市本多1-1-17／11時～20時／水木／042-321-2258
まどそら堂—47
東京都国分寺市南町2-18-3／13時～19時／木／042-312-2079
ら・ぶかにすと—48
東京都国分寺市本町3-11-16／12時～20時(木金12時～23時)／042-359-0830

国立

古本屋索引

各古書店は駅ごとに五十音順に並べ、それぞれ「店名(※太ゴシック)／住所／営業時間／定休日／電話番号」の順番で表記。不明の場合は表記していない。※データは2015年10月現在のものを参照

JR 中央線

東京

八重洲ブックセンター アウトレットブックコーナー—44
東京都中央区八重洲2-5-1-8F／10時～21時(土日祝10時～20時)／元旦／03-3281-3606

大久保

修文書房—14
東京都新宿区北新宿1-7-18／03-3361-2064

市ヶ谷

六本脚—44
東京都千代田区三番町24-3-3F／13時～17時半／土日祝／03-6825-1164

飯田橋

Arteria—44
東京都新宿区新小川町4-18／11時～19時(土～17時)／日祝／03-3513-5405

新宿

disk unionシネマ館—44
東京都新宿区新宿3-28-4新宿三峰ビル3F／11時～21時(日祝11時～20時)／無休／03-3352-2703
BIBLIOPHILIC＆book union新宿—44
東京都新宿区新宿3-17-5カワセビル3F／11時～21時(日祝11時～20時)／無休／03-5312-2635

中野

観覧舎—44
東京都中野区中野5-52-15中野ブロードウェイ4F／12時～20時／無休／03-5343-2444
古書うつつ—44
東京都中野区中野5-52-15中野ブロードウェイ2F／午後～夕方／水木／03-5380-0860
古書ワタナベ—44
東京都中野区中野5-52-15中野ブロードウェイ4F／03-3388-8788
タコシェ—44
東京都中野区中野5-52-15中野ブロードウェイ3F／12時～20時／無休／03-5343-3010
ブックス・ロンド社—44
東京都中野区中野5-52-15中野ブロードウェイ2F／11時～19時／水／03-3387-3107
古本案内処—16
東京都中野区中野5-50-6／11時～22時(土日祝10時～)／火／03-3228-1005
まんだらけ中野店—44
東京都中野区中野5-52-15中野ブロードウェイ1-4F／12時～20時／無休／03-3228-0007

高円寺

藍書店—44
東京都杉並区高円寺南3-69-1／11時～20時(日13時～19時)／水／03-3330-6314
アニマル洋子—45
高円寺南2-22-9／11時～19時／年末年始
アバッキオ—45
東京都杉並区高円寺北2-38-15／18時半～23時(土日祝12時～21時)／月／03-6657-9033
Amleteron—45
東京都杉並区高円寺北2-18-10／14時～20時(コアタイム)／不定休／03-5356-6639
越後屋書店—45
東京都杉並区高円寺北2-25-6／12時～21時／不定休／03-3337-5334
えほんやるすばんばんするかいしゃ—45
東京都杉並区高円寺南3-44-18-2F／14時～20時／水／03-5378-2204
円盤—45
東京都杉並区高円寺南3-59-11五麟館ビル2F／13時～22時／火／03-5306-2937
大石書店—45
東京都杉並区高円寺南3-45-18／11時半～19時半／日／03-3311-6646
五十歩百歩—45
東京都杉並区高円寺北2-21-6松田ビル3F／13時頃～22時頃／水／03-6317-2384
古書サンカクヤマ—18
東京都杉並区高円寺北3-44-24／12時～21時／水／03-5364-9892
ゴジラや—44
東京都杉並区高円寺南3-67-1／14時～21時／火水／03-3336-3178
コミックスコレクターズ—45
東京都杉並区高円寺南4-21-6／12時～20時半／月
古書十五時の犬—45
東京都杉並区高円寺北2-24-14／03-3310-1615
七星堂古書店—45
東京都杉並区高円寺北2-4-7-2F／13時～21時／不定休／070-5028-7707
中央書籍—45
東京都杉並区高円寺北2-12-6／16時～20時(土日祝12時～20時)／無休／03-3338-0961
都丸書店—44
東京都杉並区高円寺北3-1-16／13時～18時／火水日／03-3337-3690
BLIND BOOKS—45
東京都杉並区高円寺北2-7-13高円寺銀座ビル2F／18時～25時頃／水／03-5373-0907
古本酒場コクテイル—45
東京都杉並区高円寺北3-8-13／18時～24時／火、第2・4月／03-3310-8130

阿佐ヶ谷

銀星舎—45
東京都杉並区阿佐谷北1-45-4／13時～22時／不定休／03-3330-2888
古書コンコ堂—20
東京都杉並区阿佐谷北2-38-22／12時～22時／火／03-5356-7283
千章堂書店—45
東京都杉並区阿佐谷北2-13-19／10時半～21時半／水／03-3338-6410
ネオ書房—45
東京都杉並区阿佐谷北1-27-5／03-3339-6378
古本ブック流通センター—45
東京都杉並区本天沼1-25
穂高書房—45
東京都杉並区阿佐谷北1-3-16／03-3336-0062
ゆたか。書房—45
東京都杉並区阿佐谷北4-6-28／13時～21時半／月／03-3338-7155

荻窪

岩森書店—45
東京都杉並区荻窪5-30-12／11時～21時半／火／03-3398-9392
ささま書店—23,45
東京都杉並区荻窪4-31-11／11時

◉初出

本書は、ブログ「古本屋ツアー・イン・ジャパン」（http://furuhonya-tour.seesaa.net/）に掲載された文章を改稿したものです。

◉参考

本書に掲載した各種データは２０１５年10月現在のものです。データについては、「日本の古本屋」（https://www.kosho.or.jp/）や各店のホームページを参考にしています。

FURUHONYA TOUR IN SYUTOKEN ENSEN
KOYAMA

古本屋ツアー・イン・首都圏沿線

二〇一五年十月二十三日　初版第一刷発行

著　者　小山力也

発行人　浜本　茂

印　刷　中央精版印刷株式会社

発行所　株式会社　本の雑誌社
〒101-0051
東京都千代田区神田神保町1-37 友田三和ビル5F
電話　03（3295）1071
振替　00150-3-50378

定価はカバーに表示してあります
ISBN978-4-86011-277-6 C0095